U0645839

总编辑手记

陈福郎 著

Manuscripts of Editor-in-Chief

厦门大学出版社 国家一级出版社
全国百佳图书出版单位
XIAMEN UNIVERSITY PRESS

关于本书

　　本书作者是一位老编辑、老出版，在厦门大学出版社担任主要领导长达 20 年，收入本书的文章，见证了一家出版社从初创时期的艰苦探索，在改革发展中成长壮大，直至成为国家一级出版社的历史进程。本书所呈现的作者在编辑工作中的感悟与心得、精品图书的策划与审读、编辑出版理论的研究，以及对一家出版社在特色品牌的创建与培育、核心竞争力的打造、发展战略的制定与实施，队伍素质建设等进行的全方位展示，不仅有理论价值，也有实际的参考意义。全书分四辑：编辑絮语，审读文档，出版理念，制胜留痕。本书是编辑出版从业人员的良师益友，也是高等院校传媒专业、编辑出版专业师生的教学参考书。

陈福郎，男，1951 年 4 月 11 日生，福建省武夷山市人。毕业于厦门大学中文系。1997 年 3 月评聘为编审，1999 年 11 月任厦门大学出版社总编辑。系中国作家协会会员、中国图书评论学会理事、福建省出版工作者协会常务理事。

陈福郎 1987 年从厦门大学党委宣传部调入厦门大学出版社，1993 年 2 月任厦门大学出版社副总编，1994 年 10 月任常务副总编，1999 年 11 月起任总编辑至 2011 年 8 月。他长期主持出版社的编辑工作，依据社情进行选题建设，坚持特色实施三项战略：坚持学术为本，实施精品战略；发挥学科优势，实施品牌战略；立足高校阵地，实施目标市场战略。由于这三项战略得以实施，使出版社的编辑工作出现了良好的局面。由于他在出版领导岗位上卓有建树，曾荣获中国高校首届优秀出版人物奖（20人）、福建省首届优秀出版人（10人）、福建省新闻出版系统先进工作者等荣誉称号。厦门大学出版社具有良好的社会声誉，被新闻出版总署评为国家一级出版社、全国百佳图书出版单位，是福建省唯一的国家一级出版社。

作为出版专业技术人员，陈福郎工作业绩突出，策划编辑的《当代中国女性文学史论》被列入第四届世界妇女大会赠书，策划编辑的学术大书《透视中国东南：文化经济的整合研究》荣获第十四届中国图书奖，策划编辑的大型文献图书《台湾文献汇刊》（7辑100册）被列入国家主席胡锦涛访美时向耶鲁大学的赠书，策划编辑的《东亚华人社会的形成和发展：华商网络、移民与一体化研究》荣获第二届中国出版政府奖提名奖。

在个人著述方面，他成果丰硕，著有长篇传记文学《海峡枭雄——开台先驱郑芝龙》《国学骑士辜鸿铭》两部，长篇小说《浪迹天涯》《怪味嬉皮士》《混世龙王》三部，主编散文集《凤凰树下——我的厦大学生时代》，发表散文随笔、文学评论、图书评论、出版理论文章200多篇。出版学论文《试论大学出版社的特色与价值取向》是第六届国际出版学研讨会中国高校出版社唯一入选论文。多次荣获全国和省级文学奖。

1993 年参加第六届国际出版学研讨会

2011 年赴澳大利亚举办书展

前言

要不要出版这本书我踌躇了良久。书籍是人类进步的阶梯，这是永不过时的至理名言。然而，在知识大爆炸的信息时代，书籍的出版量呈几何级数般地递增，这本书的出版，至多也不过是一朵过眼浮云。但转念一想，在中国大学出版界像我这样几十年一面淡定坚守、一面追潮逐浪者也不多,将从业中的一些浅陋见识,爬梳整理一番,对编辑出版业者,对莘莘学子,应不无裨益。

大凡做编辑的都有一双慧眼,能够沙里淘金,发现人才发现好稿,在泥沙俱下的网络时代,这是做一个好编辑的基本素质和本领。但也有一个通病,多数编辑眼高手低,因为有一双挑剔的眼睛,往往自己不愿意或不轻易下手写些东西。我之所以下决心把这些有关编辑的文字编辑成书,就是想告诉编辑同行,要勤于动笔,把自己的编辑感悟体会,把自己的审稿心得写下来,这不仅仅是编辑工作的延伸,或者直截了当说是为自己产品宣传,其实这也是一种内功的焠炼,它可以助你升华。书中"编辑絮语"和"审读文档"两辑文章,就是抱着这样的目的挑选出来的,希望与编辑同行共勉。

常言说,不想当将军的士兵不是好士兵,套用此话,似乎也可以说不想当总编辑的编辑难以成为一位名编辑。我从事编辑工作近 40 年,担任出版社的主要领导长达 20 年之久,厦门大学出版社作为一家名社,自有它独特的发展轨迹、出版理念和实施战略,自有它的坚守和开拓的"秘籍",书中"出版理念"和"制胜留痕"两辑文章,对于一个编辑、一个出版人,甚或一位社长、总编,能有多大启发不敢妄言,但他山之石可以攻玉,至少是开卷有益。

作为一个老编辑、老出版,看多了《××学》《××研究》《××原理与实务》之类学术著作和教材,要写一部《编辑学》《出版学》似乎也不是什么难事。在"百度"无所不能的互联网时代,许多高深严肃的事体,常常

前

言

在"创意"的旗帜下一挥而就。因此我更想用"手记"这种方式来出版这本书。没有着力构建系统理论性,但对于以案例教学为潮流的当今,它可以成为一部教学参考书则是无疑的。

感谢与我一起走过漫漫出版征程的同事们,你们创造的辉煌、行进的脚印,是构成本书的骨骼和血肉。更期待读者不吝赐教。

目录

第二辑　审读文档

第三辑　出版理念

第四辑　制胜留痕

第一辑

编辑絮语

凤凰树下的编辑灵感

——从主编《凤凰树下——我的厦大学生时代》说开去

生我于今世者父母，使我有今日者母校。母校一词，可令天下学子刹那间意动情深。只因母校曾是他们的新生，他们的梦想，他们的青春，他们的情结。大凡每所大学散播于海内外的学子，不管他们序齿老少，地位高低，财富多少，

003

功业厚薄,母校都是他们魂牵梦绕的家园。作家林丹娅读了《凤凰树下——我的厦大学生时代》后发了以上感慨。

年复一年在美丽的大学校园里忙碌与徜徉,看到那一张张青春焕发的面孔,就想:青春多好。干了出版这一行,总想给年轻的学子们一个"立此存照"。但是,我们能看到的是莘莘学子的欢声笑话和轻快步点,可是他们作为个体的所思所想、所作所为却不是他人所能了然的。于是脑海中就跳出了一个选题——《我的大学丛书》,让大学生们自己写自己,从各自不同的视角,选择各自最值得书写的事件,原汁原味地再现"我的"大学校园生活。

时逢厦门大学 85 周年庆即将来临,一日傍晚,清风徐徐,在凤凰树下凝视环岛路上的滚滚车流,85 年的历史长河在胸中翻腾不已。今日之大学生活固然丰富多彩,斑驳陆离,往日的大学生活又何尝不是如此。各个时代虽有其不同的况味,但青春的血液都是火热的。人们都说,大学时代是一个人的黄金岁月,它不会因时过境迁而褪色,何不将每个时期的厦大学生生活汇聚于一册,不必仅仅拘泥于现今呢? 于是与同好相商,各各都有跃跃欲试之意。创意得到认同,队伍得以建立,随之紧锣密鼓地行动起来。征稿、约稿、搜索文献,三管齐下,一时间,厦大的往事新篇都演化成阵阵盎然春意。

于是,厦大的青春记忆在我们面前一一浮现。

在厦大 85 年的辉煌历程中,在洒满阳光的凤凰树下,留下十数万厦大学子的青春背影。本书的作者们通过抒写自己在大学时代的亲身经历,表现了丰富多彩的厦大校园生活。这里有私立时期群贤毕至、大师们对莘莘学子的谆谆教诲，有抗战时期厦大内迁长汀时代学生们的爱国情怀，有 50 年代学生历经的"八二三"炮战，有 60 年代学生的政治热忱，有 70 年代"老三届"学生只争朝夕的学习情景，有 80 年代学生熙熙攘攘的出国潮，有 90 年代学生挑战自我的社会实践，有新世纪学生的个性张扬……种种故事展示出一幅幅色彩斑斓的校园图景。

这部校友回忆文集共收入第一届（1921 级）至今历届的厦门大学学生所撰写的回忆文章 80 多篇，以生动的笔触、饱满的情感，从各个方面反映了厦门大学的变化，表现了学生时代丰富多彩的生活，可以说是一所大学形象的微观史。它折射出时代的变迁，大至政治环境、教育环境、人文环境的印记，小至语境文气的变化、人生价值的不同取向、思想情感的流动，都在书有生动的写照。

"生我于今世者父母，使我有今日者母校"。在策划、主编《凤凰树下》一书的过程中，我感应着一届届校友眷念母校的殷殷赤子之心，一代代师生之间切切相关的美好情感。我体验到大学时代是人生的青春驿站，更是人生永不熄灭的亮点。纵然岁月可以洗旧一切，却洗不掉青春的记忆。

《凤凰树下——我的厦大学生时代》一出版，就引起了几代人的共鸣，触动了曾经大学时代的各色人等心底的软肋，令人涌起一阵阵青涩和甜蜜的回忆，那是珍藏已久的青春记忆。虽然当今校园文化丰富多彩，但图书的功用亦不可小觑。校园文化图书是一块有待开垦的出版处女地。

出版文化的洗礼

那是一个天高云淡、风和日丽的艳阳天,我带着论文《试论大学出版社的特色与价值取向》前去参加第六届国际出版学研讨会(1993 年)。飞机的舷窗外,广袤无垠的天宇像一块硕大无朋的蓝宝石,晶莹剔透。置身于如此梦幻般的世界里,拙文有关价值观的思考依旧时断时续地萦绕在我的脑海里挥之不去。

行囊中有一本《海明威在中国》,是带去给出版界老前辈、亦是此次会议代表戴文葆老先生的。我编辑的这本书获得美国海明威研究奖,在此之前得到戴老先生撰文肯定。在编辑这本书的时候,我注意到这一选题具有填补空白的出版价值,但它是由研究、评价、资料等几大块内容构成的,虽可视为一个整体,但显得芜杂。可是戴老先生却以老出版人的辨才、识才,认为该书互为联系的几方面内容构成了一个新视角,"对于理解海明威作品的思想内涵、艺术手法及其影响,很有帮助。"我对这种编、著杂糅的作品的价值评判就缺乏戴老先生的识才慧眼。

大学是讲学术的地方,因此大学校园里的价值观往往以此为指归。可是编辑却要接触各种形式的书稿,以自己编辑过的文学图书为例,既有《当代女性文学史论》这样的学术专著,也有《文学评论概要》这样的教材,还有《新编实用文写作》等实用性图书,这是一个立体结构,其层次有高下不言而喻,但其品位无高低,它们满足了相应层次的读者需求,似无理由厚此薄彼。联想到平日闲谈中,文人相轻的情绪似代代相承,以研究文学为例,搞古典文学的轻视研究现、当代文学的,研究文学理论的鄙薄搞写作的,反之亦然。这种门户之见到了编辑这里就会为兼容并蓄所取代。所以许多大学出版人都有一个从学者到编辑的渐变过程,在这个过程中,你会变得不再那么专深,也会变得不再那么偏执。我有所顿悟:出版社的价值取向,这些对大学出版社创造特色至为重要的形而上的东西,似乎不是人为设置的,而是像"随风潜入夜,润物细无声"那样,在不知不觉中改变了你。

这一届国际出版学研讨会是由我国主办的,来自各国的84位出版专家和学者参加了这次研讨会,33篇论文在会上进行了交流,日本出版学会会长箕轮成男、副会长吉田公彦,韩国出版学会副会长韩胜宪,菲律宾书商协会会长马·洛伦佐·谭,马来西亚文化发展局、出版局长阿布·巴克尔·穆罕默德,新加坡联邦出版有限公司总经理苗耀华等亚洲主要国家的出版界巨擘都在会上宣读了论文。尤其是我国出版界的一些资深出版人出席了会议,使我获得了一个接触地方出版社人士的机会。

自工作以来,始终在大学校园象牙塔里偏安一隅,外面的世界纵然很精彩,但也觉得很无奈,此番离开"围城"看"围城",也许会有一个全新的感觉。同房间的徐诚君,是我国出版界的著名人士、出版界最高奖项"韬奋出版奖"的获得者,他最早提出和实践出版社自办发行,是一位洋溢着活力的出版人。在我们朝夕相处的几天中,留给我印象最深的是学者如何向市场机制认同的交谈。当我说到在高校里曾经有过"作者是上帝还是读者是上帝"的歧见时,他哑然失笑,在他看来这是一个常识。我说之所以会产生歧见,是因为在强调大学出版社服务教学、科研的功能时,专家学者自然就处于主体地位。徐诚君若有所思地说,关键是要弄清图书市场现在已从卖方市场转为买方市场,既然是买方市场,读者就是上帝,而作者则是出版社的衣食父母。我颇以为然,高校出版社倾力出版好高层次的文化精品的同时,还必须创造自己的特色,而特色是需要一定规模才能形成的。例如,经济学科是厦门大学的强项,经济类图书是我们厦门大学出版社的基本特色,除了出好经济理论著作外,还必须组织好各个层次的系列教材,在此基础上还必须策划出相当数量的实用性图书向市场辐射,如此才能产生特色效应。我隐隐觉得,在市场这个旋转舞台上,纯学者的价值评判,往往显出跛脚的窘态。此次会议在中国编辑学会会长刘杲的讲话之后落下了帷幕。这次会议研究了出版现状,探讨了出版发展趋向,异彩纷呈,各有独到之处。我由衷地感到接受了一次出版文化的洗礼。斗转星移,我在大学出版界蹒跚学步屈指已是十度春秋。蓦然回首,惊奇地发现了自己在价值观上自我超越的轨迹,虽然远不能说做到海纳百川,却是置身于一个从容的多维空间。在学术氛围浓重的大学校园里,高校出版社以其文化产品的市场性,形成一种独特的文化精神,它既有别于纯学术的价值认同,又不同于唯利是图的商业本性,这是一种雅俗兼备、儒商合一的自在张力。

《女缘丛书》对话录

策划人（陈福郎）：我们都知道你一向高扬女性主义的旗帜，不仅是一位知名作家、女性文学教授，同时也是研究女性文化的著名学者和社会活动家。当我在策划这套表现地域女性特质的图书时，我想到你是最适合的主编人选。

主编（林丹娅）：身为女性的我，始终活在女性的世界里，因此从来就不能抑制、也不会隐瞒自己对女性有着更深切的关注与偏爱。在人类性别文化的不平等语境中，女性所背负的从身体到精神的苦难，我感同身受；浸染其中而生成的各色陋习顽疾，我感同身受。然而，尽管如此，我仍然还是会看到女性的另一面：她们总是从斑驳陆离的文化影像中顽强地浮出，显示出与那永恒的自然同在的美丽与和谐，与那在任何境遇下都能显示出来的作为大写的人的智慧与能力。

策划人：你对女性的感受，我以为是一种女性主义的呐喊。在当下，女性的呐喊往往是一种无奈。策划这套丛书，我期盼它是女性自我发现的读物，发现自我美的图书。因为美丽，不仅仅是可视的，它也是可感的。

主编：这个感受，几乎化为我的宿命——它注定我写下的第一篇文学作品是关于女性，写下的第一部学术著作是关于女性，现在，主编的这第一套丛书还是关于女性。这或许可以被表述为我对性别话语成规的一个最明显的文化歧出，但我愿意更感性地把这种关系表达为这是我与女性血肉相连的一份缘。

策划人：作为策划者，仅仅是提供一个创意。如何去诠释它，还得借助你的女性文化的积淀。

主编：一方水土养一方人，一样粮草养百样人，有着悠久文明历史的中国，幅员辽阔的中国，文化多样性的中国，必然产生极具内涵又各具奇妙的中国女性。正是她们，一方面构成了中国地域人文文化中最具表现力与震撼力的有机部分；但另一方面，她们又总是笼罩在男权传统的文化视角下成为一个聊供观赏的"空洞能指"。因此，本套丛书的创意，意在通过对女性相知甚切的有缘人，能够拨开历史的云雾，岁月的尘埃，性别的偏见，地域的隔膜，把个明明白白、真真切切、有血有肉、风骨绰约的各地女性，尽可能多角度、多层面地呈现出来。

策划人：最初你认为这套丛书应有什么特色？

主编：这套丛书所要突显的第一个特点是地域文化及其女性所特有的生命形态、生存状态、生活姿态之间的特殊联系；第二个特点则是作者灵心慧眼所构成的独特视角对这种联系的观照、感受与解读。力求历史与现实兼具，中心与边缘兼顾，上下纵横，点面结合，从名门闺秀到小家碧玉，从乡野巧妇到坊间才女，从巾帼英烈到贤妻良母，从时尚白领到另类小资……或个体或群类，或日常或传奇，都有最贴近地域风味、最切合生命本真、最具个性风采的崭露。

策划人：这套丛书计划写北京、上海、江南、湖南、台北五个地域的女子。名之曰《女缘丛书》，加盟的作者我想一定是有缘人。

主编：的确如此，这是一份有缘人的工作。也因为有了这份缘，本套丛书的第一批五位作者才会天南地北聚集而来，在这里以他们精美的文字与图片，呈现了他们缘自不同地域与视野中的女性。其实，能得到他们加盟这套丛书的写作，真是幸运。他们是那样富有才华、灵气与个性。

策划人：从书中可以看出，五位作者都非常有个性。

主编：写北京女子的李青菜，是典型的 sohu 一族，只是还像上辈年轻人那样喜欢文学，常在网上操练。也许真的是文学让她不仅少年老辣，见多识广还满腹典故,既入得书香戏味又出得街市俚语,诙谐、幽默、爽利。读她所书,惊讶怎么老北京的风味,竟然活生生的会让这么一个浑身后现代气息的小女子得了真传,还让她传得卡蹦卡蹦脆,一丁点儿顿都不打。

写上海女子的孙佳妮,是文章出少年,早早就在全国新概念作文大赛中一连拿下两个一等奖,被保送到厦门大学读文学,现在又去瑞士学管理。这是个地道从上海石库门里走出来的女孩,聪颖、灵慧,有着从大上海根子里浸染出来的梦幻与现实,眼光与品味,写起上海滩上的女性一族来,当然就是在写自己,纵然不能烛照全体,入木三分,却也是深得其中三昧的,有着旁人无法企及的精彩。

写湖南女子的肖欣,是长沙颇有名气的才女记者,这块盛产辣子的土地,造就的似乎就是大起大落、大喜大悲、大红大绿的情绪色彩与文化格调。她的心上笔下,似乎饱蘸的也是这块大地的精气与豪气,刚性与柔情,韧性与认真劲,在她的挥洒点泼之间,或慷慨悲歌,或缠绵徘侧,把个潇湘女子的古往今来,写得酣畅淋漓。

写江南女子的小雨,是个诗人,西湖边太多历史诗意的沉积,是她的天生。她几乎不能不走进这由几千年的江南雨编织而成的诗廊里,每一串水晶般的雨丝,每一滴玲珑剔透的雨珠,都是她笔下江南女子的精魂、命脉与形象,所以,她也几乎是不能不把江南女子写成现在这本书的样子:清逸、灵性,既创造着,也感动着。写台北女子的徐学,是台湾文学的老朋友,据说他了解她们比她们了解自己更清楚——还有什么比了解自己更不清楚的呢?徐学学有专攻,自然下笔有神。所有的睿智与精辟,都是为了我们可以更真切地隔海遥望在水一方的她们……

策划人：你认为最初的创意在书中体现得如何？

主编：每本书的书写风格都与其所书写的地域女性一样，鲜明卓然，精彩迭出。而这些地方的女性也在他们饱含才情与见识的描述中，得以从各有千秋与神妙的地缘、史缘、亲缘、情缘中浮出。尤其令人惊喜的是，丛书的创意在他们的写作过程中完全化为他们自己的主观能动，他们几乎不能不做到这一点，正如其中一位作者的自白：我和这个群体一起生长在这里，我是她们，她们是我。我愿我所能知能解的，便是你将所能知能解的。这里所显明的，与其说是作者与这套丛书的有缘，莫如说是作者与女性之间不能分割的缘。

策划人：这是一套从内容到形式都经过精心策划的图书，融文学性、资料性和视觉冲击感为一体，可以说是另类图书，时尚图书。策划人要对红尘滚滚中的女同胞进上一言：都市白领丽人，其实你可以悠着点，不要总是脚步匆匆，阅读自己其实也是一种美丽。不过，帅哥酷男也不要错过而悔之莫及哟。

主编：其实，作为人类全体中的每一个成员，谁又能与女性没有一份至情至深的缘呢。这一份份的缘，便如参天大树的根蔓与枝条，上下纵横伸向四面八方，无论是天空还是泥地。当这些参天入地的根根缘须，终于都化为眼前这书籍的形式，在表达着她们缘起的时候，亲爱的读者，现在，你也成为她们最为重要的缘中人。

（女缘丛书共五册：《悦读京城女》《悦读海派女》《悦读江南女》《悦读潇湘女》《悦读台北女》，厦门大学出版社 2005 年 5 月版）

「老三届」人的风骨

——《骑游札记》编辑感怀

当今人们热议的是"80后"甚至是"90后"青年的精神面貌，因为他们是早晨八九点钟的太阳，是民族和国家的希望。但是人类生生不息，代代相传，作为"80后"的父辈，他们总是常常唠叨些自己的陈年旧事，或为标榜，或为希冀，以此告诉后代走好人生的道路。可是他们的良苦用心，总是被代沟横亘着，言者昏昏，听者何以昭昭。

这不是个靠讲道理可以让人接纳的时代。你晓之以理也罢，动之以情也罢；你愤怒也罢，恳切也罢，"老三届"人对下一代的种种殷殷之情，换来的总是不屑的讥嘲。"代沟"是从古至今都存在的，何况是当今社会高速运转的时代。我们为什么总是杞人忧天般试图去填平代沟？自己跟上时代，才是缩小代沟的真谛。

"老三届"人是建国前后诞生的，从广义上来说，是共和国的同龄人。他们与共和国一道同悲喜同欢乐，走过曲折坎坷的人生，真正迎来了祖国的繁荣昌盛。他们人生的跌宕起伏，与国家的命运休戚相关。无论是高位显爵者，还是社会下层的草民，他们在唏嘘叹息后，都会发出人生无悔的心声。因为他们拥有丰富的精神世界。

"老三届"人在建国初期，从小就沉浸在理想主义和英雄主义的时代氛围里，在他们看来，新中国成立前的天是黑沉沉没有太阳、"暗无天日"的。他们在五星红旗的歌声中成长起来。他们的心灵像一张白纸，共产主义理想的画笔在其中描绘着美好的色彩。崇尚英雄，向往轰轰烈烈，自我高尚，是这一代人青少年时代的精神主调。接着的十年动乱，他们从天之骄子的红卫兵突变为知青。从空中楼阁坠到结实的土地，从空想狂热倏忽间面对原始的田野劳作，他们经受了艰苦的生活，贫乏的物质和精神生活，他们从社会的底层观察和感悟了中国的国情，他们变得少年老成了。对于青年时代的这种突变，他们在生活中努力挣扎，脱胎换骨，自觉和不自觉地坚强了自己。就像大家常说的，有了知青的经历，还有什么能难住我们的。在改革开放的浪潮中,无论如何分野,他们作为一个社会整体,仍然行走在时代的潮头,成为社会的中坚。如今,他们先后退出了社会的中心,青少年时代浸润着他们的红色意识,依然在他们的潜意识中闪现,成为他们的共同话语,相互砥砺,走向人生的第二春。

"老三届"人身上所体现出来的风骨,是我们民族的宝贵财富,历史不应忘记他们,他们告诉后代的看似过时的东西,却是我们民族走向现代化不可或缺的。

我说知青情结

—— 写在《告诉后代 —— 厦门老三届知青人生纪实》出版之际

"老三届"的话题,"老三届"的话语,"老三届"的文章,似乎已是明日黄花,不再引人注目了,因为青春的激情,往日的伤痕,总是要随着时光的流洗而变得苍白,纵然是"老三届"这一特殊群体的圈内人,当他们对后代提起那段往事时,其神态也从激昂日渐式微。当我编完《告诉后代》这本书的时候,依然为这一代人的经历所动情。

《告诉后代》是一部描写"老三届"人人生旅程的纪实作品,其中绝大部分篇章是反映知青生活的。作者们从各个侧面、细致入微地反映了厦门"老三届"知青在闽西红土地的生存状态,也有少量篇什是外地来厦的"老三届"知青的作品。他们以自己的亲身经历和感受,原生态地表现了与共和国一道成长的一代人,在青春韶华时节的人生际遇。这里没有多少文学的雕琢,更没有矫揉造作的情愫,有的只是直面人生的刻写,在对历史的追忆与反思中,汩汩流淌着青春的热血。

那远逝的生活在追忆中一幕幕清晰地显现出来,作为当事人的他们真是百感交集。1969年9月,是厦门"老三届"中学生刻骨铭心的日子。火车站的站台上,人头攒动,汇集着送行的亲友。两万多名中学红卫兵就要从这里起程,改换为新的社会角色——知青。随着一声汽笛的鸣响,站台上凝固的空气爆炸了,"撕心裂肺的哭叫声、悲痛欲绝的呼喊声响彻车站上空",列车渐渐远去,车厢内则是《革命青年志在四方》嘹亮的歌声。这就是"老三届"知青,尽管前程茫茫,但浑身依然洋溢着英雄主义的气概。他们中还有人写了决心书《强烈要求到革命最需要的地方去!》。前面等待着他们的是烂泥田、蚂蟥、砍柴、做饭……少不更事的他们,沉入社会的底层,看到"受伤农妇流出的血是菜色的"。他们也努力融入当地的社会生活中,可是乡亲们如"捡猪屎"的阿婆等等,却将他们视为来争饭碗的。他们这才明白什么叫生活。他们的革命热情没有持续多久,生存竞争便严酷地摆在他们的面前。

当知青生涯结束的时候,多少人都有点胜利大逃亡的味道。还来不及收拾好那份沉甸甸的乡情,收拾好那份青春的热情、汗水和苦涩,就脚步匆匆地挥手而别。你想,看到稻田一茬茬由青转黄、由黄变青,一个个春秋无情地从身旁溜走,时光没有停歇,自己却年复一年地依然面壁寂静的大山,面对茫茫的荒原,那种无奈,那种失落,只有处在那个年代的知青才能体会得到。

岁月洗旧当年的故事,而"知青情结"却沉淀了下来。有人说"蹉跎岁月",有人说"青春无悔",因为虽然同为知青,一同走过了那个年代,但每个人留下的青春印痕却是千差万别。对大多数人而言,那一段精神炼狱的历程,绝非如诗人所吟,"一切痛苦都将过去,而过去了的,就会变成美好的回忆"。无论是视其为"蹉跎岁月"的人,还是认为"青春无悔"的人,在其内心深处都不无沉沉的人生叹谓。平凡者的伤痕虽已平复,但是,在这五光十色的社会转型的大舞台上,他们中的绝大多数已是被遗忘的一族,面对愈来愈激烈的生存竞争,他们除了无奈还是无奈。成功者的"勋章"虽然熠熠生辉,艰难困苦,玉汝于成,可是,当年的种种磨炼,却绝非如歌岁月。

然而新生代对父辈们的"知青情结"却有另类的感觉。

"你们年轻时历经坎坷,但也丰富了社会阅历,不像我们这样平淡无奇,这是生活给你们的馈赠。"新时期成长起来的一代大学生,对"老三届"当年的革命激情和苦斗经历颇为钦慕。当然,他们绝不希望历史重演。

"你们无非是在农村种了几年田,就那么荣耀地唠叨个没完没了?"

对"忆苦思甜"十分排拒只习惯于横向比较的下一代,对父辈知青的人生经历耳熟能详。他们的父辈是与共和国同悲同喜、同起同落的一代人,在他们看来,父辈知青曾沐浴着共和国的明媚阳光,也曾经历了她的雨雪风霜,但走过极"左"年代的又岂止知青一个群体。

"知青？听上一辈人说过,那是很久很久以前的事了。"唱着《流浪歌》从乡村走向都市的打工青年,对当年从城市涌向乡村的逆向人流弄不懂,对知青的话题不无兴趣,但是对知青的际遇并不以为然。他们背井离乡来到陌生的城市,胼手胝足,开创自己的前程,其艰辛并不亚于当年的知青。

"老三届"人是与我们共和国一道走过半个世纪的一个特殊群体,"文革"十年中,他们的青春热情曾被任意挥霍为狂热,随后又被集体地抛向穷乡僻壤,去"滚一身泥巴,炼一颗红心"。想象一下,一千多万中学生提着行囊、扛着背包,走向茫茫的北大荒、内蒙古大草原,走向荒凉的陕北黄土高坡、云南热带丛林,走向闽西、闽北老革命根据地,走向千家万户农舍,扎根乡村,与农民兄弟同呼吸共命运。这是何等的波澜壮阔！"老三届"现象并不是后人都可以随随便便破译的。

往事已成为历史,激情掺和着苦涩却时常浮上心头,《告诉后代》是一部历史见证的书,一部演绎"知青情结"的书。本书的作者们,以自己的亲身经历,通过对极"左"年代的种种追述,通过对那一段人生的回顾,在在告诉后人,不要让那段历史重演。老三届知青已过了不惑之年,并向"知天命"逼近,在这世纪之交的大回顾中,知青的人生历史是他们的精神财富,是他们宴请后代的精神佐餐。通过本书,聆听那个时代的足音，追寻那个时代的足迹，老三届知青的后代，一定会浓烈地感受到父辈们的自强精神和平民意识，那是一代人永恒的"知青情结"。

《告诉后代》就是这样一本缠绕着"知青情结"的书，它是厦门市老三届人的人生纪实。反映知青生活的书尽管已经不新鲜了，但是以一个城市的老三届知青为特定作者对象的书却不多见。在林林总总的知青图书中，《告诉后代》将以自己的特色脱颖而出。收入本书的文章大多出自普通人之手，点点滴滴，原生态地表现了自己韶华时节走过的那一段人生历程，对老三届知青这一特殊的群体具有强烈的亲和力。本书的出版发行，将有助于知青后代与知青父母的沟通与对话，这是一个特殊的群体，也是一个庞大的群体。正如本书的书名所昭示的，这是一部对他们的后代要告诉些什么的书，当然，其中所要告诉的则需要他们的后代自己去解读。

今天，在世纪之交的大怀旧中，当我们许多人再度回到那块热土时，曾牵挂过我们的老者已大多作古，而新生代已是摇头不相识了。那山，那水，那田垄，那屋舍，也不完全是旧时模样。社会已从封闭的农业经济时代进入工业经济时代，如今又沸沸扬扬你说我道知识经济时代，"老三届"人的"知青情结"似乎有敝帚自珍之嫌。但是，历史的叙说，就像陈年佳酿，时间会使它的味道愈来愈醇。我想，"老三届"人的历史见证和对"老三届"现象的诠释，对后人是不无裨益的。

大师乃莘莘学子永恒的精神高地

大凡一所名牌大学都有一批学术大师，尤其是历史悠久的大学，在长期的办学过程中若没有学术大师照耀其间，学子们就失去了赖以自豪的精神皈依。人们无论在有形的物质世界中如何拼搏，都不可能失缺精神家园的支撑,而大学时代则是他们驶向茫茫人海的出发地。大学时代是一个人一生中的黄金时期,无论人生的浪潮把他们推向何处,心中都有一座永恒的精神高地,母校的一个个学术大师就是精神高地上熠熠闪光的丰碑。

厦门大学在 90 年的漫长岁月中,曾出现了萨本栋、王亚南、卢嘉锡、陈景润等一批显赫的大师,也还有一批因种种原因未能得到畅怀书写而淡出人们视野的大师,就如本书作者所讲述的林文庆、林语堂、林惠祥在厦大的岁月,厦大的莘莘学子对他们的事迹就知之甚少。《芙蓉湖畔忆"三林"》(厦门大学出版社 2011 年 3 月版)作者林坚是厦门大学的校友,他在漫步芙蓉湖畔时,脑海里浮现出"三林"的伟岸身影,萌发了将他们三人的事迹钩沉爬梳的念头并付诸实践,这实在是一件对母校颇具功德的美事。

厦门大学于 1921 年 4 月 6 日宣告成立,林文庆于当年 6 月开始任厦门大学校长直至 1937 年 7 月抗日战争爆发,是厦门大学私立时期的校长,任期长达 16 年。且不说万事开头难,90 年前厦门演武场还是一片荒冢累累的海边不毛之地,如今成了中国最美的大学校园,先辈开拓之功多么令人钦敬,作为校长的林文庆宵旰勤劳无疑功不可没!更不说在林文庆执长厦大期间,设立了文、理、法、商、教育等五院 17 系,群贤毕至,教学科研焕发异彩,将厦门大学建成南中国最好的大学。林文庆是一个传奇人物,他是南洋华侨领袖陈嘉庚的挚友;是英属海峡殖民地第一位华人议员;是马来亚种植橡胶之父、一位长袖善舞的富商;是第一位获英王奖学金前往英国爱丁堡大学深造的华人精英;是一位造诣精深、悬壶济世的著名医生;是同盟会早期会员,被中华民国临时大总统孙中山聘为私人秘书、卫生部顾问。林文庆受过西方现代科学的系统教育，但他对中国儒家文化却则极为认同，看一看他和陈嘉庚所确定的校训"自强不息，止于至善"就明白一二了。可是厦门大学建校初期，也正是五四新文化运动席卷古老的神州大地的时候，五四新文化运动的主将鲁迅来到厦大，对这位尊孔崇儒的校长颇有微词。鲁迅在厦大的地位是何等至尊，校牌校徽凡是带有厦门大学印记之处都有鲁迅的字体，林文庆纵然执长厦大16年，由于这一原因他的光环的消散便是理所当然的事。历史转了一圈，如今孔子儒学又大行其道，鲁迅也走下了神坛，林文庆在人们的心目中自然也被"平反"了。如今可以毫无虚饰地说，厦大人怎不为有这样一位校长而自豪和骄傲？

1926年是中国近代史上不可忘却的一年，国共合作的北伐战争高歌猛进，北洋军阀的统治也进入最黑暗的时期，这年发生的"三·一八惨案"，直接导致了北京大学一大批著名教授学者相继南下厦门大学，形成了厦大群贤毕至的壮美景观。祖籍漳州平和的林语堂是当时著名作家、北京大学教授，是年五月带有政治避难性质地来到厦门大学，担任了厦门大学文科主任、国学院总秘书。林语堂是一位"两脚踏东西文化，一心评宇宙文章"的世界级文化巨匠，他召集了一批著名的专家学者来到厦大，除了文学家鲁迅，还有国学家沈兼士、古史专家顾颉刚、语言学家罗常培、哲学家张颐、中西交通史家张星烺、考古学家陈万里、编辑家孙伏园和作家章川岛等。他们的到来，被当时媒体称为"大有北大南移之势"，让厦大文科盛况非凡。在革命狂飙突进的年代，作为文化革命旗手的鲁迅把文学当作匕首与投枪，自然在青年学生中深受崇拜；而主张幽默与闲适,视文学为"性灵的表现"的文化大师林语堂则受到鲁迅的嬉笑怒骂,在一个相当长的时期内,在大陆始终处于边缘。在厦大,人们只知有鲁迅,多不知把鲁迅引荐到厦大的林语堂。随着厦门大学国学院在中断近 80 年后又重新成立,厦门大学的莘莘学子渐渐知晓文化巨匠林语堂与此之关系,惊诧 80 多年前厦大文科曾有过的辉煌。

厦门大学 90 年教泽深长,真可谓桃李满天下,政界、商界、学界……何处精英不在? 就说初创时期毕业的第一届毕业生林惠祥,就是声名显赫的中国人类学的开拓者和奠基人。人们走进美丽的厦大校园,在芙蓉湖畔可以看到一座始建于建校初期的博学楼——人类博物馆,它的主要陈列品就是林惠祥上世纪 30 年代初从台湾冒险搜集到的,抗日战争爆发后,为保护这些文物,他不辞辛劳将其转运至南洋,在南洋又搜集了许多文物,抗日战争胜利后,许多人带着细软回国,而林惠祥则带着一箱箱的人类学文物和图书从南洋归来捐献给母校,在他的奔走努力下,于 1953 年成立了厦门大学人类博物馆。林惠祥一生矢志人类学的研究与教学,著作等身,1934 年出版的《文化人类学》是我国第一部人类学专著,1936 年出版的《中国民族史》开启了当代中国民族系统分类的先声,直到他逝世的前夜,在他的书桌上还排放着关于中国东南区新石器时代文化特征的论文的抄正稿和英文提要。人类学在欧美是显学,在中国好像运命有点不济,或许是由于这一原因,林惠祥这位人类学的开拓者与奠基人似乎有点落寞,但他堪称中国知识分子的楷模。厦门大学的莘莘学子,完全有理由为有这样一位学长而骄傲,前辈先贤的光芒永远照耀着后来者。

组成本书的三篇传记的三位传主,他们的生平、思想和成就,从一个侧面反映出行走在厦门大学的大师的伟大风范。一位是实际上的厦门大学首任校长,一位是早年在厦门大学从教过的文化大师,一位是厦门大学首届毕业生、学界泰斗,把这样三位大师放置在一起做生动而深入的记叙与阐述,这本身就是一种十分新颖的历史文化构建。作为厦门大学的校友林坚,以对母校的拳拳之心,选取这一特殊视角对一所著名高校进行文化解构,通过丰富翔实的资料、流畅洗练的文笔,徐徐展示出大师在高校精神高地的独特风景,这不仅是一个莘莘学子对母校的一份沉甸甸的情怀,也是近年崛起的校园文化的一个重要收获。

《凤凰树下——我的厦大学生时代》主编手记

主编手记

当你迈进"南方之强"

枝叶繁茂火红灿烂的凤凰花

托起你人生美好的憧憬

指点江山激扬文字

知识的富矿多彩的生活

谱写出你青春的动人乐章

你曾经厦大

岁月可以洗旧一切

却洗不掉青春的记忆

大学时代是你的青春驿站

更是你人生永不熄灭的亮点

无论风把你吹向何方

凤凰树下永远站立着你的身影

编后感怀

厦门大学走过 85 年的辉煌历程,在洒满阳光的凤凰树下,曾留下数万厦大学子的身影。本书的作者们通过抒写自己在大学时代的亲身经历,表现了丰富多彩的厦大校园生活。这里有私立时期群贤毕至、大师们对莘莘学子的谆谆教诲,有抗战时期厦大长汀时代学生们的爱国情怀,有 50 年代学生历经的"八二三"炮战,有 60 年代学生的政治热忱,有 70 年代"老三届"学生只争朝夕的学习情景,有 80 年代学生熙熙攘攘的出国潮,有 90 年代学生挑战自我的社会实践,有新世纪学生的个性张扬……种种故事展示出一幅色彩斑斓的校园图景。你也许告别大学学生时代久矣,但它能让你涌起种种温馨和深沉的喟叹;你也许还是在校的莘莘学子,它将在你心中永驻一份难以割舍的母校情怀。

已经远逝的不会再重返,但青春的光彩不会褪色,青春的热血依旧在体内奔涌,"南方之强""止于至善"已深深烙在厦大学子的心灵深处。今天,我要说:让我们珍藏青春记忆,你我重新出发;明天,我要说:挥手自兹去,请你带上大学时代的憧憬,一路走好。

《凤凰树下——我的厦大学生时代》伴着一年两度的凤凰花开,恰似在迎新送旧,厦大学子啊,在时代的强音中,我分明听到你心中"南方之强"的鼓点,"止于至善"的人生乐章。

你曾经厦大。火红的凤凰树,火红的人生,属于每个曾经厦大的人。

1992，黑河边贸扮「倒爷」

1992 年春天，"邓旋风"从南方刮向大江南北，最初人们还在窃窃私语，是小道消息还是中央精神？不久正式文件传达了，人们猛然醒来，世道变了，不久前还在频频反"和平演变"，如今"市场经济"一词已公开登堂入室，"下海"潮一时成为时髦之举。8月初,分管大学出版社的教育部条件装备司,组织中国大学出版社协会常务理事单位的领导到北国边陲的黑河市开会,讨论如何应对新的形势。在这样的背景下,受常务理事、我社总编辑周勇胜的委托,我以副总编辑的身份出席了这次有20多人参加的社长总编会议。

飞机凌越东北上空,东北大平原无边无际,似乎黑土地的芬芳全都涌进机舱,胸廓为之清新。南方大地村庄楼市连绵高耸,令人有拥挤逼仄之感,而这里的大地如此空旷无垠,与南方的如火如荼,形成了强烈反差。怎么会选择这个开会地点呢?在这里能熏陶到"市场经济"的炽热吗?到了哈尔滨,坐了一夜的火车,在晨光熹微中到达黑河市。在黑河火车站前,吸引人们眼球的是这里的出租车。南方的出租车是一色的小轿车,北京的"面的"已让人惊奇,这里更让人瞠目结舌:停在站前广场的出租车竟然是老式吉普车。这里的人称俄罗斯人为"老毛子",人们一口一个"老毛子"地说着,这让我们真切地感到已到了边境,到了中俄交界的北国边陲。

黑河街道上人们行色匆匆,举目望去,都是来自南方做生意的人群。人们肩上手上背着提着大包小包,"市场经济"的热潮扑面而来。我们来到黑龙江边,江水滔滔奔流,河面十分辽阔,比厦门大学濒临的海湾更宽阔。对岸是俄罗斯的布拉格维申斯克市,中国人叫它"海兰泡",据说是前苏联远东第三大城市。当时苏联刚解体,我们还不习惯叫俄罗斯。对岸的房屋树木依稀可见,没有见到高楼。在夜幕中远远望去,低矮的房屋错错落落,散漫着星星灯光,连绵不断,估摸城市范围广大。只有清晰可见的电视发射塔高耸着,塔尖不停闪烁着的灯光提示我们那里是一个有些规模的城市。

会议学习了邓小平南方讲话,党的十四大很快就要召开,建立社会主义市场经济体制将是十四大的主题。这是个艰辛的长途跋涉。在"商品经济"前面加上"有计划的"的定语,再前进到"计划经济为主,市场经济为辅",最后彻底甩掉"姓资姓社"的无休止争论,这是何等巨大的跨越进步!我们的会议开得很热烈,出现了"是做出版家还是做出版商"的讨论,讨论自然没有结果。但思想要解放一点,步子要大一点,要在出版社内建立激励机制则成为大家的共识。会议结束时,主持方发给每人一个编织袋,里面装着五件运动服、五双运动鞋。大家正在莫名其妙时,主持人说,明天要出境到对岸的布拉格维申斯克市一日游,这些东西是赊给大家做边贸交易的。当时苏联解体后,卢布贬值一泻千里,中俄边贸虽然如火如荼,却是"以物易物"的初始形式进行。面对着这么一大袋的运动服和运动鞋,大家一时愕然。主持人说,换不了东西不要紧,剩余的可以退还。

第二天早晨五点钟,天刚破晓,大家准时出发,前往出入境码头。20多位社长总编,每人肩上背着一个囊囊鼓鼓的编织袋,鱼贯而行,还真有点滑稽。码头上人来人往,拥挤得很。生意人背包负重的形象好似《回娘家》中唱的那样"左手一只鸡,右手一只鸭,背上还有一个胖娃娃呀"。相比之下,我们已是轻装简行了。面对这嘈杂的场面,我们体会到做生意的不易。"海兰泡"就在河对面,河面上的船只悠闲逛荡着,而我们却要在耐心中等待,对于第一次走出国门的我来说,比什么时候都更真切地感受到"国家"的概念。走出国境,可不是像平时上鼓浪屿那样,想登船就登船,这条河可是国界,此岸和彼岸俨然分明两个世界。

出关、过河、进关,到达"海兰泡"已中午时分。就一河之隔,却花去六个多小时,俄罗斯海关那种慢吞吞的作风,让你急也急不得,气也是白气。这里的夏天虽然凉爽,但中午的太阳也不是吃素的,烤得人脸上流油。导游告诉我们,下午两点半,就得去码头排队等待出关,否则时间来不及。这就意味着在布市只能逗留三个小时。这座城市果然像我们在黑河隔岸所见的,城市范围很大,但零零落落颇为萧条。路上不见行人,只有偶尔行驶过的小汽车。导游说,这里的居民都有私家车,没有车根本无法出行。哇,都有私家车!这让我们有点羡慕。我们没有下车,就在旅行车上把城市检阅了一遍。布拉格维申斯克是俄罗斯远东地区南部重要城市、河港,阿穆尔州首府,有铁路支线与西伯利亚大铁道相接,人口近 30 万,工业以食品、机械制造为主。布市是有名的"大学城",有6 所高等学校,人类第一位探索太空的著名宇航员加加林就诞生在这里。在列宁广场、胜利广场反法西斯胜利纪念碑,我们下了车,匆匆看了看,有人来兜售列宁纪念章。我们没有看到街道,其实这里有一条雅致美丽的沿着阿穆尔河畔的列宁大街,导游骗我们说没什么可看的,急急地带我们去吃饭。导游说,整个城市只有三家饭店,迟了什么也吃不上。这话我们有点相信,改革开放前,厦门不是也没有几家可以吃饭的地方吗?果然等了许久才排上队吃饭,不过俄罗斯风味的饭菜还是很可口的。

034　　边贸集市是临时搭盖的巨大的篷盖建筑,就像我国早期的农贸市场。中国人拿来易物的大抵是运动服和运动鞋,几乎都是我们福建晋江产的,来此做生意的也多是福建人,大家都说福建人会做生意。集市里的人摩肩接踵,互相交流中,夹杂着生硬的中、俄语,辅之以手势。成交最多的是皮革产品,可是以我们五件运动服和五双运动鞋是换不了一件上乘的皮大衣的,所以只能寻找小商品。留给我们的时间有两个小时,时间是足够了,只是那些小商品琳琅满目,让人眼花缭乱,却没有什么是需要的。大家在集市里穿梭往来,双眼巡睃着摊位,好像面对着一群刺猬,无从下手。有人看中了宠物小狗,说是在北京可以卖到几千元,大家顿时兴致高涨,但导游说这东东出不了海关,也只好忍痛割爱。到了后来,大家形成了一个共识,赚钱的生意很难做成,把运动服和运动鞋都完璧归赵带回去,岂不是这次活动要吃零分了吗?那就换一些小东西回去馈赠亲友熟人。原则定下后,下面的事情就好办了,一时间大家纷纷出手。有的换望远镜,这家伙看演出很管用;有的换手表,这里的手表和日本产的电子表相比,块头大,模样也不雅,但货是真的;有的换钓鱼竿,这东西可伸缩自如,国内好像还没有;有的换电动剃须刀,虽没日本货精致小巧,但看去很牢固,外形好比小坦克车,剃起须来咔嚓咔嚓像剪羊毛……"以物易物"的原始交易让我触摸到"商"味。

当我们走出边贸集市时,我们的编织袋已经瘪了许多,虽然还有一些运动衣和运动鞋要回流祖国,毕竟也算下海沾湿了鞋,接受了一次"市场经济"的浸浴。下午两点半,我们准时到了出境海关,等待出关的人已排成长龙,每个人都要接受严格检查。烈日当空,又没有矿泉水之类的解渴物,人人唇干舌燥,嗓子直冒烟。队伍前进得十分缓慢,不知道海关人员在想什么，现在的俄罗斯还有什么宝贝能让我们带出去？那些职业"倒爷"说，"老毛子"很坏，他们个个像又臭又硬的老官僚。祖国的黑河市及目可见，就在对岸，多想插翅飞过去。可如今身在人家地盘上，不得不在此痛苦煎熬排四小时长队，这就是国界的权威。

这里的白昼很长，黄昏来临时已近 8 点，我们上船一个多小时还没有开船，此行真是考验我们的耐心。在等待中，人们在船上三三两两开起了小会，议论着"思想如何更解放一些，步伐如何迈得更大一些"。江水拍打着船舷，汽船轻轻地摇晃着，我的思绪也在升腾，筹划着回去后如何进行社内管理机制的改革。前苏联刚刚解体，但它僵化的机制还在运行，在布拉格维申斯克的出入境过程，让我们充分体验了"计划经济"遗风的刚硬苦涩。

船终于开了，驶向黑河，驶向"市场经济"大潮启动的对岸。

夜里十点钟，我们才回到黑河的住处。第一次出国之旅，前后历经 17 小时。一天的"倒爷"经历使我心潮萌动。回到出版社后，一潭静水被搅动了，管理机制的改革呼之欲出……

策划时代的大学出版

　　厦门大学出版社与学校同行，与时代共舞，历经了20个寒暑。春华秋实，如今我们可以自豪地向我们的作者，向我们的读者吐露心曲：我们努力过，我们成功过，我们还要走向辉煌。这是时代的召唤，也是厦大出版社同仁们一以贯之的文化使命感。

弘扬学术,积累文化,传播知识,提升学校的学术水平是我们的天然使命。2300多种教材专著排成的学术方阵令人眩目,360多项省级以上奖励无言地叙说品位之高低,四次中国图书奖令出版同行刮目相看,百册文献汇刊见证台湾历史为世界瞩目……凡此种种,在在说明,我们没有在商业大潮中迷失,我们坚守着一份学术良知。

在大学出版这块园地里,我们虽然不是参天大树,但我们以自己的理性与激情创造出自己的出版特色。我们策划创建的三大出版工程:新世纪学术新视野大系、台湾研究系列、东南亚与华人华侨研究系列,大力关注独创性、原创性的系列化著作,诞生了一批反映学术前沿的优秀成果。如《透视中国东南:文化经济的整合研究》《台湾文献汇刊》产生了广泛的社会影响,提升了学校的学术影响力。出版社要生存要发展,在竞争愈来愈激烈的今天,创建图书品牌,参与市场竞争,同样显得刻不容缓。在制定和实施品牌战略的过程中,我们从出版社实际出发,努力发挥学校的学科优势,逐步培育出品牌来。我们策划组建的法律、经管、广告类图书系列已在书界颇具影响,市场的回声是:厦大社的法律书全、经管书优、广告书特。作为高校出版社,我们的优势在于有高校教学科研成果这一丰富的出版资源,学者专家这一优秀的作者资源,教师学生这个稳定的读者资源。实践证明,学校的学科优势只有转化为出版优势才能创造出特色。商海弄潮,我们想起李白的诗句"长风破浪会有时,直挂云帆济沧海"。

大学出版贯穿着大学精神,大学精神代表着学术自由和学术创新。

缺失了大学精神，大学出版就偏离了它的初衷。在出版运作上低俗化、媚俗化盛行的今天，提倡学术为本、多出精品，这是大学精神对大学出版的召唤。20年来，我们出版社没有随波逐流，在弥漫着急功近利与浮躁的社会大环境中，始终坚守着自己的文化品位。坚持学术为本，实施精品战略；发挥学科优势，实施品牌战略；在坚持特色中不断壮大自己的实力。

在色彩斑斓的出版界，出版人再也不是传统的"为人作嫁"的改稿匠，时代赋予了他们全新的功能，他们的身上活跃着主体意识、创造意识。一个好的创意、成功的策划，可以激发作者的创新思维，从而成就全新的学术作品。把握好你的理性与智慧，迸发出你的激情和勇气，踏踏实实地辛勤耕耘，大学出版园地同样可以姹紫嫣红。

精品图书的编辑主体策划功能

——《透视中国东南：文化经济的整合研究》获奖后的思考

《透视中国东南：文化经济的整合研究》一书荣获第十四届中国图书奖后，作为本书的策划人和责任编辑，我体验到了一种精致文化洗礼后的高洁。

这部著作的策划最初始于1999年底。厦门大学人文社会科学有一支实力雄厚的教学科研队伍,依托学校的学科人才优势,组织一批有特色、高水平、高质量,又能经得起时间考验的学术精品,这始终是出版社在实施图书精品战略过程中十分关注的事情。通过反复研究论证,我决定从人文学科入手,策划一部学术大书,作为实施精品战略的切入点。长期以来,中国东南部就是中国经济最活跃的区域,这一现象有其特殊的人文土壤,同时,中国东南的人文精神又是与发达的经济相关联的。中国东南区域文化经济所特有的内在结构、发展动因和互动关系,产生了具有独特的社会景观的东南现象。通过与专家反复探讨,我对中国东南现象作了定位,从而形成了这一以经济为主线,论述中国东南文化经济特质的选题。选题确定之后,我约请厦门大学人文学院院长、博士生导师陈支平教授和博士生导师詹石窗教授担任本书的主编。主编组织了历史、经济、哲学、文学等学科的学者担任撰稿人,他们都是我国在中国东南区域文化经济各个专题上具有深入研究的教授、博士,学术基础深厚,形成了一支阵容强大的作者队伍。

本书选题得到国家新闻出版总署的高度重视,将其列入"十五"国家重点图书选题。在主编的组织下,各位作者深入研究,精心写作,历时一年多写出初稿。主编又用了半年多的时间对初稿进行审读和统稿。其后主编和作者对书稿又作了认真的修改,以非常严谨的态度进行研究和写作。书稿交出版社后,出版社立即请有关专家审稿,责任编辑和校对人员对书稿作了细致的编辑加工和校对,美术编辑和技术编辑为书稿的成书付出了创造性的工作。经过多年的打磨,可以说《透视中国东南》是一部选题意义重大、内容上乘、制作精致的鸿篇巨制、图书精品,受到了学术界、出版界的瞩目,认为本书堪称传世之作。《人民日报》《中国新闻出版报》《中国教育报》、新华社、中新社等近百家媒体发表了本书的出版消息。《中国出版》《中国社会经济史研究》《中国图书评论》等十多家重要报刊发表了评论文章。

这部著作首次对中国东南区域的文化经济展开全景式的论述。解剖了中国东南文化经济的内在结构,揭示了中国东南文化经济的发展动因,阐发了中国东南文化经济的互动关系,全方位地勾画出中国东南部文化经济与社会发展的轨迹,挖掘出隐藏在其中的历史文化内蕴。学界同行专家给予了高度评价。清华大学历史系系主任李伯重教授认为,新中国成立以来,学界对于中国东南区域的社会经济文化史研究固然取得许多可喜的成果,但是,本书可以说是至今为止最为全面系统地论述这一区域文化经济结构特征的著作。中国哲学史学会副会长周桂钿教授认为,过去虽有大地域的研究,但迄今为止还没有从文化经济角度系统研究一个大区域的。本书是在许多具体研究的基础上进行的综合研究,符合综合创新的思路。这种整合有非常重大的现实意义。对中国地区性的文化经济的研究,对华侨华人商贸经济,对海峡两岸的文化联系,对地区性文化经济的开发,甚至对世界上所有地区性的文化经济研究与开发,都可以提供非常有价值的参考。中国经济史学会秘书长、中国社会科学院经济研究所江太新研究员认为,本书是国内第一部全面论述东南文化经济的学术专著。结构新颖,资料翔实,理论上多有创新。无论在内在质量上,或是外在装潢设计上,都达到高标准,是一部难得的好书。

在《透视中国东南》一书首发式上,厦门大学校长朱崇实教授颇有感受地说:"在《透视中国东南》的出版过程中,不同研究方向的专家,不同高校(或研究单位)的学者,为了同一个研究课题,走到一起来了。这是一次研究力量的成功整合,它的合作模式是非常有意义的,并将因此产生深远的影响。"开展人文社会科学综合项目的研究,各学科的学者必须破除门户之见,以宏阔的心态形成合力,才能创造出大气的作品。出版社正可以通过设计选题来起到凝聚作者和整合研究成果的作用,从而产生传世之作。《透视中国东南》的策划过程充分说明了这一点。

《透视中国东南:文化经济的整合研究》从策划到成书历经四年,从作者方面说可谓厚积薄发,从出版社方面说可谓精益求精。可以说,这部学术巨著是出版人与学者互动与创造的产物,它是精品学术图书出版方式创新的一次较为成功的实践。

厚积薄发的《南强丛书》

《南强丛书》原是为庆祝 70 周年校庆而编辑出版的。第一辑《南强丛书》共出版了 15 本专著,这批专著有很高的学术价值和社会价值,出版后在学术界和出版界产生了较大的影响,有 9 本书获得了省级以上的奖励。其后,我们又出版了两批《南强丛书》教材系列,同样受到很好的反响。《南强丛书》作为反映学校优秀教学科研成果的载体和形式,已被厦门大学广大教学科研人员所认同。

厦门大学是一所有着优良传统的高等学府,历史悠久,声名远播,素有"南方之强"的美誉。在80年的办学过程中,已形成了"自强不息,止于至善"的理想追求。在世纪更替之际,我校广大教学科研人员,继承和发扬了陈嘉庚先生的爱国主义精神,罗扬才烈士的革命精神,抗战时内迁闽西艰苦办学的自强精神,以及王亚南校长、陈景润教授为代表的科学精神,为把厦门大学建成国内外知名的高水平大学而努力奋斗。在这过程中,广大教学科研人员,用自己的勤劳和智慧撰写了一批优秀的科学著作,为丰富全人类的文化事业和科学的进步做出了宝贵的贡献,值此建校80年之际,遴选一批优秀之作出版,是一件有着重要文化意义的事情。

为庆祝厦门大学80周年校庆,本着弘扬学术、积累和传播文化的精神,在学校领导和全校教师的支持下,厦门大学出版社编辑出版了《南强丛书》(第二辑)。《南强丛书》第二辑的出版,同以往一样,以她的权威性受到广大教师的关注,广大教师踊跃投稿参评,在短短的时间内就收到数十部书稿。这些著作都是作者经多年研究的成果,厚积薄发,值此《南强丛书》出版之际,积极参与角逐。这批入选的10部专著,有的是"十年磨一剑"的学术精品,有的是本校优势学科的前沿研究成果,在一定程度上反映出我校的学术水平。作者中有的是重点学科的学术带头人,有的是近年来在学界崭露头角的中年新秀,他们都在各自的学术领域中受到瞩目。

　　这批《南强丛书》有厦门大学的特色学科台湾研究、东南亚研究的学术成果,如林仁川、黄福才教授的《台湾社会经济史研究》、陈在正教授的《台湾海疆史研究》、聂德宁副教授的《近现代中国与东南亚经贸关系史研究》。《台湾社会经济史研究》是首部系统研究台湾社会经济史的学术专著,本书应用经济学、社会学等多学科的研究方法,研究台湾社会经济的发展和变化,把台湾社会经济史划分为台湾的农业经济、台湾的商品经济和台湾的社会变迁三个组成部分,以农村经济学、商品学和社会学为研究内容,又兼顾其历史发展,组成本书的章节框架,全书的结构和研究方法都有新的突破。由于本书客观地论述了台湾社会经济的发展和变化,用历史事实说明了台湾社会是中国社会的一个有机组成部分,台湾经济是属于大陆经济圈的区域经济,有力地批驳了"文化台独"和台湾贸易不属于大陆贸易圈的种种谬论。《台湾海疆史研究》是迄今为止这一研究领域中最高水平的学术著作。台湾作为我国一个较迟开发的海疆地区,300多年来,围绕着如何加强海疆的治理、侵略与反侵略、割据与统一,始终存在着严重的斗争。台湾海疆史的研究是台湾史以及中国边疆史研究中一个十分重要的课题。对这一领域的深入研究,对于我国这样一个多民族的国家如何维护国家统一、民族团结、领土完整,对于我们当前争取早日解决台湾问题,实现国家完全统一,不但具有很高的学术价值,而且具有重要的现实意义。《近现代中国与东南亚经贸关系史研究》全面考察和分析了近现代中国对东南亚国家和地区的贸易往来、移民活动以及与贸易相关的投资、劳务输出、侨汇注入等各方面的往来,而且客观地评估了上述双边经贸往来对各自的社会经济发展所产生的作用与影响。本书的研究成果不仅在学术上填补了中国与东南亚关系史和东南亚华侨史研究领域中的一个空白,而且对于我国深化改革开放、加强同周边国家特别是东南亚国家和地区的经贸往来都具有十分重要的现实意义。

经济学科是厦门大学的优势学科,《南强丛书》推出的邱华炳教授的《国库运作与管理》,就是一部在实践上对我国国库管理工作具有现实指导意义和实际可操作性的力作。从国内外研究现状来看,有关这方面的理论研究并不多,国内对国库管理的研究尚处初始阶段,未形成系统、完整的理论体系,且不够深入,缺乏对经济实践的指导意义,因而亟待展开研究。该书的研究对推动我国国库理论研究的发展和完善,对完善和改进我国国库管理,提高财政和银行工作的管理水平起到参考和促进作用,为构建我国社会主义市场经济条件下的国库管理体系和运作机制提供了理论依据和借鉴意义。民商法研究也是厦门大学的强项之一,柳经纬教授等的《上市公司关联交易的法律问题研究》是一部系统研究上市公司关联交易法律问题、突破了国内目前就这一问题只是一般性介绍的专著。据近几年来的统计数据表明,沪深两市上市公司发生关联交易相当普遍,因此对上市公司交易这种现象进行分析,揭示这种交易方式的特点、本质、成因,分析我国法律对关联交易规范的不足,进而研究从法律上如何规范这种交易,具有重要的现实意义

人文学科也推出了几部学术性很强、经多年潜心研究的著作。詹石窗教授的《易学与道教思想关系研究》是迄今探究"易学"与道教思想关

系问题最为系统且富有创建精神的著作。它展示易学与道教思想关系的发展历程,审视易学与道教思想关系的绵延脉络。它打破了以往学术界把《周易》仅仅当作儒家经典的片面说法,以大量的事实阐明早在先秦时期,《周易》便被道家学派奉为经典。本书以象征思维为突破口,从逻辑与历史相统一的角度对道教思想与易学象数派的关系进行深入的发掘,应用了人类学与考古学的诸多新材料,使观点的论证具有历史感与坚实的基础。曾良副教授的《敦煌文献字义通释》是一部有深度的敦煌学学术专著。敦煌学是一门国际性的学科,解决语言文字方面的障碍,一直是敦煌学界所致力的工作。本书对敦煌文献中一些字义、词义作了较为确凿的考证,具有补阙拾遗的效果。在考释过程中,本书注重了从词汇系统内部探讨词义,相当一些词涉及语法问题,方法科学缜密,有益于敦煌学研究和汉语史研究。叶宝奎副教授的《明清官话音系》通过明清官话音的分段描写与纵向历时比较,探讨明清两代官话音的基本面貌与历史沿革,通过横向共时比较,考查官话音与基础方言代表点语音之间"同源异流"既有联系又有区别的关系。前人多重古音而忽视近代音的研究,明清语音的研究一直是个非常薄弱的环节,至今尚无详尽的研究明清语音史的专著面世,本书的出版对于近代汉语和现代汉语语音的研究当能起到推动作用。

理工科也推出了两本选材新、理论性实用性结合较好的专著。熊兆贤副教授等的《无机材料研究方法》,论述了无机材料合成制备、分析表征与性能测试等内容。本书作者为一批活跃在材料科研前沿的中青年学者,内容选材上注重"全"和"新",包含了材料研究方法的精华。书中提供的制备、分析、测试方法和手段紧紧扣住材料科学的最新研究动态和最新成果。本书内容与新材料的发展同步并有一定的前瞻性。林益明、李振基副教授等的《武夷山常绿林研究》是对武夷山国家级自然保护区森林生态系统开展定位研究的成果。本书以联合国"人与生物圈（MAB）"保护计划中武夷山国家级自然保护区为研究基点，对我国亚热带常绿阔叶林和我国特有的裸子植物两个具有代表性的森林生态系统的结构与功能进行深入的研究。生态系统研究与全球变化、生物多样性是当今生态学领域的热门研究课题，在国际上备受重视。武夷山自然保护区以其高度的生物多样性和完好的保护而举世瞩目。本书对中亚热带地区具有代表性的常绿林进行深入系统研究，不仅填补了该领域研究的许多空白，而且对我国南方森林生态体系工程建设和天然林保护有很大的现实意义。

《南强丛书》（第二辑）出版后，接着每逢五逢十校庆，出版社都出版新一辑《南强丛书》。现在《南强丛书》已成为反映我校科研和教学成果的一个重要窗口，成为培养师资队伍的一个重要园地，成为学者与读者互为沟通的一座桥梁。这些学术精品，屡屡获得重要奖项，产生了较大的社会效益。

《台湾文献汇刊》出版札记

由厦门大学出版社和九州出版社联合出版的大型历史文献《台湾文献汇刊》最近正式出版发行，引起了海峡两岸学术界的高度关注。

自 20 世纪 50 年代以来，台湾当局及台湾银行出资组织大批文史专家，经过近 20 年的努力,搜集编辑了大型丛书《台湾文献丛刊》,共整理出版各种文献资料 400 余种。这套文献丛刊成为迄今为止研究台湾历史最基本和最重要的资料,广为海内外研究者引用。大陆各个主要研究机构和图书馆,大多购置了这套文献丛刊;大陆学者从事台湾问题的研究,基本上都引用这套丛刊的资料。

台湾整理出版的《台湾文献丛刊》固然规模宏大,影响广泛,但是这套丛刊是不完备的。由于 20 世纪 70 年代末以前,海峡两岸的文化交流完全处于隔绝状态,因此这套丛刊只能网罗台湾岛内的文献资料,而不能顾及台湾之外特别是大陆收藏的众多文献资料。大陆许多图书资料部门所收藏的有关台湾问题的文献资料十分丰富,亟待我们去搜集、整理和出版。更为突出的是,近年来由于台湾某些别有用心的"台独"分子极力在台湾推行"文化台独"活动,在台湾历史的学术研究上蓄意割断台湾与祖国大陆的渊源联系,使得文献史料的整理受到了很大的阻碍,学术的研究日益出现了偏颇的"去中国化"的恶劣倾向。如目前台湾一些官方机构热衷于整理研究日据时期的日本总督府档案,而对于一些与祖国大陆有联系的历史文献档案,则视而不见。

因此,《台湾文献汇刊》的整理出版,不但可以在学术上迅速超越台湾方面在这一领域的研究成果,弥补台湾方面在文献史料建设上的不足,并在一定程度上消除台湾方面的诸多不良影响;更重要的是能够以扎实厚重文化积累的形式,增强包括台湾人民在内的所有中华儿女的向心力,有力地揭露"台独"分子进行"文化台独"的图谋,为祖国统一事业做出实实在在的贡献。

　　此次整理出版的《台湾文献汇刊》共 7 辑 100 册,收入珍贵文献资料近 200 种。凡《台湾文献丛刊》已经收入的文献,除了少量有明显差异的原稿本、传抄本之外,《台湾文献汇刊》基本上都不再编入。此次收入《台湾文献汇刊》的文献资料,绝大多数是分藏于祖国大陆各地的图书馆、档案馆以及散落于民间的孤本、珍本、抄本,也有一部分是近年在台湾、日本等地新发现的珍贵文件,具有很高的史料价值和研究价值。这些文献资料,为揭示台湾历史发展变迁,揭示两岸不可分割的文化渊源关系,提供了最原始、最有力的证据。

　　第一辑《郑氏家族与清初南明相关史料专辑》。现存有关郑氏家族与明末清初的文献比较稀有,本辑中收集的文献基本上均为首次刊出的手写孤本和传抄孤本,三种《郑氏家谱》也都是近年来在民间陆续发现的珍本,对于深入了解郑氏事迹和南明史实,具有不可多得的史料价值。此外,由中国第一历史档案馆整理、编译的郑成功家族满文档案,更是研究明末清初相关问题的最原始文件,其价值不言而喻。

　　第二辑《康熙统一台湾史料专辑》。关于康熙统一台湾,是台湾当局最为忌讳的问题,因此当年编辑《台湾文献丛刊》时,编者有意无意地回避这部分文献史料的搜集整理。在当前遏止"台独"成为紧迫任务的情形下,将康熙统一台湾的历史原貌呈现出来尤为显得必要。而在康熙统一台湾时发挥举足轻重作用的总督姚启圣的文集、文告,更是研究这段历史所不可替代的宝贵资料。

　　第三辑《闽台民间关系族谱专辑》。本辑了收录福建沿海地区大量关于移民台湾记载的民间族谱。其中包括陈水扁、吕秀莲、游锡坤等民进党人士先祖的族谱。近年来有些"台独"分子数典忘祖，否认台湾与大陆的血缘关系，而大量民间族谱所提供的史实，都无可辩驳地证明了两岸源远流长的血缘关系。

第四辑《台湾相关诗文集》。台湾诗文集主要是清代从大陆派往台湾担任官职或前往台湾谋生任教的知识分子们所撰写，多为民间保存的稿本或手抄本。这些珍贵的稿本和手抄本从不同的角度和层面反映了台湾社会的历史文化面貌，对于进一步审视台湾社会文化以及与祖国大陆的紧密联系，提供了更为直接的历史证据。

第五辑《台湾舆地资料专辑》。清代台湾延续中华民族的文化传统，纷纷撰修地方志书及其他舆地文献。但是由于当时台湾的文献资料较为欠缺，不少台湾地方志的撰修，往往是借助于福建的人力物力而完成的，所以有相当一部分台湾地方志书的稿本、未完稿本，保存在大陆。这些稿本、未完稿本不仅仅是仅存的孤本，而且内容丰富，提供了大量有关台湾社会方方面面最宝贵的原始资料。这些文献的发现和刊出，有助于推动台湾历史文化研究的深入开展。

第六辑《台湾事件史料专辑》。清代台湾在移民社会的形成、发展过程中，由于各地之间、各宗族之间时有冲突发生，所以民间的械斗、暴乱事件较多。到了清代后期，日本殖民主义者野心勃勃，不断侵犯台湾，制造出许多事件。《台湾文献丛刊》虽然对于这些事件的文献资料有所收录，但是顾忌良多，有所隐讳。此次《台湾文献汇刊》收入了许多至今为止未见引用的罕见文献，填补了《台湾文献丛刊》在这方面的史料缺陷。

第七辑《林尔嘉家族及民间文书资料专辑》。板桥林家是清代台湾最具社会影响力的显赫家族。其后裔林尔嘉先生是爱国人士,不愿与日本人妥协,在日本军队占据台湾之后愤而内迁福建厦门鼓浪屿定居。本辑收入了厦门鼓浪屿林尔嘉故居保存的该家族与台湾相关的许多文件资料,以及一部分反映闽台关系的民间文书。这些文件资料从一个侧面体现了台湾同胞具有爱国爱乡的光荣传统,是难得一见的珍贵史料。

《台湾文献汇刊》以大量的历史事实与文献史料证明,两岸人民同根同源,具有割不断的血缘关系,拥有源远流长的文化传统,它的出版必将增进了两岸的学术交流与文化联系。

海外女作家的人间烟火

《海外女作家的人间烟火》是海外女作家协会双年会文集,也是一部同题文集,由遍布全球各地的118名知名华文女作家,共同书写异国食缘,这里不仅有各国的美食,也有对异国他乡的融入与归属,以及社会与人生的酸甜苦辣,贯穿着女作家们对海外生存的经验与体验,在轻松的谈吃论喝中,飘浮着她们对自己的异国岁月,与周遭的异族文化的回顾与探索。

去年也是这个时候,季节虽已入冬,但美丽的厦门却秋阳和煦、海风怡人,首届海峡两岸文学笔会在厦门国际会展中心举行。会议期间,与会的海外华文女作家协会副会长兼执行长张纯瑛女士,告知海外华人女作家协会 2014 双年会将在厦门召开,按惯例要出版一部会员文选,并探讨与我们厦门大学出版社的合作意向。会后,我和张会长邮件往来,最后形成了主旨、达成了共识,出版一部以"异国食缘"为主旨的作品集。

张纯瑛、余国英、张棠等三位主编组织有方,在不太长的时间里,就组织了全球 118 位华文女作家,写出风格各异、题材覆盖全球各大洲的食文化作品。我知道,海外华文女作家平素创作多数是高雅的纯文学,让这些在读者眼中似乎是"不食人间烟火"的女作家们,在键盘上敲出一道道美味佳肴,提笔撰写烟熏火烤的饮食经验,这无疑是一个挑战,但同时也是一次走下神坛的素颜亮相,更是海外华文文学的一次新的人文窥探。正如张会长所说,会员们不愧是写作高手,交出了风格与素材缤纷多彩的逾百佳作,以正面思维,透过女作家们的海外行路,让海内外读者得以一窥大千世界。在本书中,不只有叫人食指大动、垂涎欲滴的美食,更有围绕着饮食所发生的人情冷暖、悲欢离合、历史纠结与人生深思。

我们说这是一部面孔一新的女性作家文集,是因为海外华文女作家协会,配合两年一度的双年会出版会员文选,已成一项可贵传统,而过去几届的文选多次探索"女性"议题,这届文选以"异国食缘"为主旨,着重于会员们的"海外"经历。

长期以来,海外华文文学的内容题旨,多以乡愁和漂泊无根感慨为聚焦。而本书众多作品则透过饮食,细述岁月悠悠中,不知不觉对侨居国文化由排斥到接纳的心路历程。书中记录的不仅有食物的味道,同时也讲述了历史地理、人情世故,包含对家乡故土的记忆和眷念,烟火气重,书卷气浓,异彩纷呈,蔚为壮观,俨然是一部散发着华文女作家情感和思想的世界食谱。这部书也可从一个侧面体验到广大华人,从过去"落叶归根"的乡愁情结,到拥抱居住国的"落地生根"的归属感。这种归属感是一种内心强大的表征,因为她们的祖国日益强大,那种对故国依恋的乡愁已慢慢成为过往。当她们在书写海外的种种"人间烟火"时,她们就体现出内心的舒展,以及对异族文化的开放、欣赏与接纳。

大家都熟悉近年在中国大陆,有一档很受欢迎的节目《舌尖上的中国》,这一作品注重对文化的阐述,隐含教化,是居高临下式的关爱。而《海外女作家的人间烟火》虽从书斋出发,但是涉猎的却是实在的生活,真正让人们读到饮食男女,一个实在的舌尖上的世界。这些女作家,身处较早移民海外的华人社交圈,其吃穿用度已经融入当地社会,并不是从华人的角度看世界,而是从居住国的角度看当地,与现时国内作者猎奇式的目光亦有不同。所以,其选材从美食入手,映射出来的则是家国历史,注入的是华人的目光,反映出的则是一种世界情怀。这是中华民族从近代苦难走向大复兴大崛起的一个文学明证。也预示着华人精英文学的主旨在悄然变化着。

在食文化全球大交汇的今天,本书融合了文学价值、文化价值与大众阅读价值,是一部别开生面的作品。我相信这部作品会受到广大读者的喜爱。

填补文学史类研究图书的空白

　　"台湾女性文学"作为一个独立的研究对象与学术增长点，越来越被海内外学者所共识，学者们运用各种批评理论与方法，对台湾女性文学从宏观的文化内涵到具象的文本个案释读，提升了此项研究的学术品格与品味。经海内外学者的积年努力,台湾女性文学研究颇具规模,卓有成效。然不可讳言的是,于中也可看到迄今为止的女性文学研究,显然受到诸多条件的种种制约而存在着明显的局限性:一是对光复以后研究的多,对光复以前研究的少,尤其是古代部分基本不涉及;二是多依附于台湾文学史中进行勾勒,难以得到与实际情况相符合的、在历时性与共时性层面上全方位体现的女性文学面貌;三是即便是对研究最多的近50年来的女性文学,也存在因对研究对象的特定界限,其成果多为定向性与单一性,至今仍然缺少一个能够综合性、系统性、整体性地反映台湾女性文学历程与面貌的大型史类研究成果。

这个状况不仅与整个台湾地区女性文学发展历程与态势不相映衬,同时也在台湾文学研究与中国女性文学研究的整体框架中都显示出相对滞后。迄今为止的台湾女性文学研究状况,已然标明海内外学者的一个共识,即台湾文学是中国文学不可分割的一部分,而台湾女性文学在其中占据有相当重要的构成。

中国大陆女性文学史自上世纪20年代起至今,一直都有人在研究,并不断取得突破性成果,但台湾女性文学史至今仍为一项空白。补上这项研究的空白既是台湾女性文学研究发展至今的水到渠成,亦是当下海峡两岸政治与文化、教学与研究时势发展的必要。

"台湾女性文学史"为国家社会科学基金项目。经选题论证、出版社申报,本书被列入第一批公布的"十二五"国家重点出版规划项目。

《台湾女性文学史》的体例分上、中、下三编。

上编包括古、近代部分。其一,对台湾原住民各民族神话传说、故事歌谣等进行搜集整理,从中寻找女作者身影,鉴别其性别形象与叙事的文化含义;其二从明郑至清治时期,鸦片战争至日据前期的地方文献、历史资料线索入手,尽可能挖掘并清理女作家作品,让其浮出历史地表,再现原貌与特定意义;其三从两岸特有的海洋交通文化入手,再现并阐释女性文学与女性形象在其间的表现形态与文化作为。

中编为现代部分主要是对新文学运动影响下的台湾现代女性创作与作品,进行全面发掘与疏理,分门别类揭示新文学运动与现代性在小说、散文、诗歌、戏剧等方面,对台湾女性文学发生的影响与痕迹,以期揭示日据时期台湾所保有的母体文化的影响与痕迹。

下编为光复后至今的当代部分。其一主要是对两岸隔绝敌对状态时期的北下作家,和本土作家在特殊生活境遇中产生的女性文学,进行文学传统梳理与文化意义上的解读,以期揭示我们的发现:在貌似一切隔绝与疏离的时期,北来女作家与本土作家间的文学叙事,却正以其鲜明的女性特质,发生了一种出人意表的集中性、高强度的共通与融合。其二主要是对 70 年代以后受世界女性主义思潮影响下台湾女性文学质的变化与飞跃进行深度描述,梳理其与大陆 80 年代后兴起的女性文学间的内在关联,以展示两岸文化与学术关系在一个特定新时期下交相影响的状况与效果。

本书由厦门大学人文学院教授、博士生导师,全国女性文学委员会副会长、厦门大学中国语言文学研究所所长林丹娅博士任主编。早在 1995 年,林丹娅教授就在我社出版了她的首部女性文学学术专著《当代女性文学史论》,产生了重大的学术影响和社会反响,其后又有《中国女性与中国散文》等众多专著问世,是国内研究女性文学和妇女/性别的著名专家。由她组织学术团队、担纲主编这部学术大书,保证了本书的学术水平与质量。

经过前后七年的研究与写作、审稿与修改、编辑与校对,本书作为一部学术精品、一部百万字的学术大书于2015年1月问世。

这部学术巨著的研究出版过程,是对急功近利的学术躁动的反拨。它的学术价值与文化价值是绵长而富有生命力的。

台湾文学是中国文学不可分割的一部分,台湾女性文学是其重要组成部分。台湾女性文学研究作为一个独立的研究对象与学术增长点,越来越被海内外学者所共识并重视。但尽管其在世界性范围内研究与日俱增,"台湾女性文学史"的著述仍为一项空白。由于台湾地区与大陆母体文化关系的特殊性,这个空白越发成为中国文化与学术研究的双重性缺漏与缺憾。因此,此项研究成果,不仅是对此前研究的集成与整合,还是在此基础上的拓展与深入,更是在填补空白——它是迄今为止唯一一部综合性、系统性、整体性地反映台湾女性文学历程与面貌的大型文学史类研究成果的书籍。它将为所有关注中国文学的人士,提供一个更全面地认知在中华文化与中国文学框架内的台湾女性文学的完备资料。

由于女性文化与女性文学的特质与特性,对台湾女性文学的历史考察,更能醒目地呈现两岸文化精神与民族血脉的同根同源,它的出版不仅对两岸学术、文化交流起到积极有效的作用,于世界认识两岸关系的由来与状况,也将起到积极的作用。

审读文档

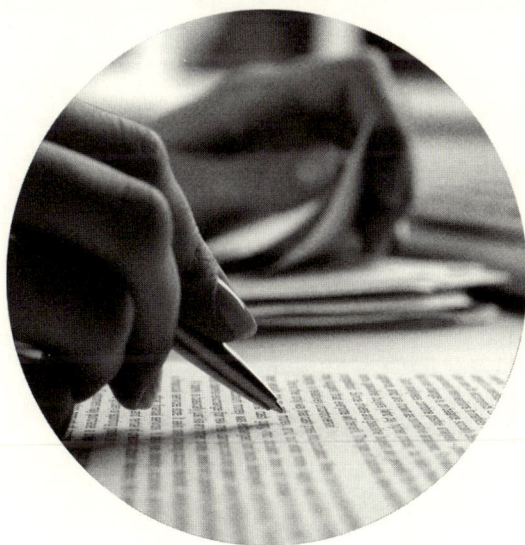

爱、信念和希望

（本文原载《博览群书》1988 年第 4 期，《风雪人间》
荣获福建省首届优秀图书编辑奖一等奖）

丁玲的《风雪人间》（厦门大学出版社 1987 年版）是她的一部散文精品，记叙了丁玲在北大荒 12 年间的遭际。在当代中国文坛上，丁玲可算是运命多蹇，历尽磨难的作家。九死余生之后，抚今追昔，也许嘤嘤啜泣，舔舐伤痕；也许长歌代哭,怒讨丑恶;也许宣泄委屈,反思求索。我们看到,在她这部作品里,尽管有伤痕,有痛楚,但更多地则是对人性美、人情美的追求。读了《风雪人间》,使人们既感受到寒冷彻骨的北大荒风雪,更体验到人间的温馨;既看到魑魅魍魉年代被扭曲的灵魂,更洞悉了作家那颗火热而博大的爱心。作家努力透过人情世态,着意发掘人类心灵的美,像淡淡的流水,潺潺地渗入读者的审美的心灵世界,激发了人们追求生活希望的勇气。

《风雪人间》给读者的整体审美感受是:人需要爱、信念和希望。作家从一个落难者的视角,观察社会,体验人生,执着地追寻人性美、人情美,在为世态炎凉所困扰的读者心中产生了强烈的震颤和心灵悸动。

作家努力寻求对现实的精神超越,那就是——爱。"爱"是人类生存的支柱之一。丁玲以 54 岁的年纪,毅然选择了到北大荒去的道路,就是去寻求大地的爱,人民的爱,爱人的爱。丁玲一再遭难,在寂寞中,在孤独中,在耻辱中熬煎,她发出悲怆的呼叫,"我是脸上刺有字,头上戴有帽子,是走不出大门,见不得人的人"。"我被描绘成一个丑陋的怪物,任人指点,任人笑骂,千夫所指,众口一词;这种处境,我怎么生活下去"?面对残酷的厄运,无力反抗并不意味着沉沦,她必须获得某种超脱,寻求对现实的精神超越。"爱"是丁玲人格结构的核心,她曾说:"人生为了什么?就是为了爱。我活着,工作着,都是因为我有爱。"纵使北大荒的气候环境十分险恶,却阻挡不了丁玲冲出北京多福巷去开辟新路,去寻求生活中的人情美、人性美。她期待在爱的避风港里,取得人生的喘息,寻求对不能安宁的心灵的补偿。

作品向人们展示了：人间没有失落爱，深深植根于大地的人民的爱是永存的。政治风雨，文坛刀剑，把丁玲推向精神的刑台，她像胸前戴有"红字"的海丝特（霍桑小说《红字》主人公），不能辩白，不能喊冤，她唯有在心底暗暗饮泣。她来到北大荒，就是为了躲避凌辱和孤独，"重新做人"。但是，她没有抱太多的奢望，她胸前的"红字"向人们表明，她是个十恶不赦的罪人。她的心是冷的，是脆弱的，她害怕见人，见到大群的人，她就觉得自己又掉进那些比针还尖、比冰还冷的鄙夷而愤怒的目光中，好像自己是个被展览的怪物。然而她毕竟重新感到了人间的温馨，"人世中还有好人"，有可爱纯真的姑娘，有没把她当作敌人的李主任，有对她坦率无间的青年诗人，还有关心她的姜支书……她重新树立了对人、对生活的信心，取得内心的自我调节和心理平衡。作品努力寻找人性美、人情美，挖掘潜藏在生活另一面的亮色，告诉人们，人心不古，纵有丑陋，亦不失童贞和良善，特别在身处逆境时，切不可丧失对人的信念

作品不仅发掘了"芸芸众生"中的人性美、人情美，还着力刻画了作家进行美的召唤、爱的追寻。作为一个脸上有金印的人，随时都要承受辱骂、白眼和斥责。人间纵有温馨，但对她总是那样吝啬。她不能等待施舍，而必须去寻求，寻求更多的力量来征服面临的痛苦。除了对共产主义理想的信念，那就是"爱"的施与。施与和获取是矛盾的统一体。固然，她是一个被歧视者、被虐待者，但生活不剥夺她爱的权力，纵使她得到的爱，像未成熟的果子那样地苦涩。她爱她的儿子，她需要亲人的爱、温暖、抚慰和信任，但是儿子却因环境所迫，给她寄来"判决书"，与她断绝联系。她以博大的母爱，体谅了儿子的苦衷，"我很理解儿子的处境、

心情和为此而经历着的痛苦与折磨。"她爱她丈夫,思恋之情绵绵不绝,就是在身陷囹圄时,她也能透过"牛棚"窗口的缝隙,像猫一样捕捉爱人的身影,谛听爱人的脚步声。就是这些爱的追寻,鼓舞了她的生的意志,使她在人生苦难的边缘上构筑了"仙岛"。作品通过这些爱的推移,呼唤真善美,告诉人们,人是需要真善美的滋润和感情的升华,才不至于陷入精神的黑洞。

饱受人生忧患和痛苦的丁玲,没有着力展示自己的伤痕,为宣泄心底郁积的愤懑和哀怨,却刻意追寻人性美和人情美,这似乎有言不由衷之嫌。事实上,生活中就有那样一些人,经历了人生的风霜之后,他们严严地包裹着自我,泯灭意志,用虚假的笑脸为自己筑起一道防护屏障,曲意仰承现实。但是《风雪人间》里,尽管没有充斥痛苦的呼号,我们仍可以强烈地感受到作家心灵的战栗。作品以人间飘忽的温馨,来反衬人间凛冽的风雪,这对那些反人道的被扭曲的灵魂,是更为严厉的鞭挞,是一种整体和谐的审美结构。痛苦之始,其辞激烈,痛苦至极,反为平淡,许多人都有这种人生体验。丁玲对自己所受的凌辱着笔不多,但对人生世相却刻画得入木三分。如她被监督劳动时,那些造反派对她大施淫威,当她拖着疲惫不堪的身体回到牛棚,想躺一躺,舒展一下因劳作而几乎散架的筋骨时,耳边便立即响起"你还配睡午觉"的吆喝;她想抽口劣质的香烟,立即有人横加干涉:"什么东西!不准抽烟!"她,一个著名作家,一个年过花甲的老人,只好眼噙泪水,走向野地。"屋外太阳很暖和。风微微地扫过我的全身,也好像扫去了压在我心头的愤懑"。"万物都在这

和煦而温柔的春天萌芽生长。一种爱念涌上我的心头,我真想拥抱什

么",淡淡写来,味道却是极醇厚的。那种反人道的丑行,在她那宏阔的爱心面前,显得那样地刺目和可怜。美感与悲感共存相生,由悲生美,反过来反射式地由美生悲。这种情感辩证运动,是这部作品的主要美感特征。作品写相思,脉脉含情,催人泪下,但并不纤弱无力;写悲伤,但不令人灰心失神;写苦难,总是给人以希望和光明。这是作家社会责任感的体现,也是丁玲一贯运用的传统的审美方式,即理想化的审美思辨构架。《风雪人间》在严峻的图画中,少有感伤的情绪,形成美感、悲感交融的情感氛围,体现了她所追求的美学境界。

生命的质量

（本文原载《中国图书评论》1998 年第 1 期，《陈景润》荣获福建省优秀文学作品奖）

与出版社同仁策划出版文集《走近陈景润》、长篇传记《陈景润》选题时，我脱口而出："陈景润是一棵小草。"众人诧异，自己亦愕然。摘取数学王冠上明珠的科学泰斗，怎么会是微不足道的小草呢？当你走进陈景润的生活与精神世界就会看到：一棵无人知晓的小草，在风雨摧折下倔强生长的历程。无论是迎风摇曳的小草，还是森然挺立的大树，人生舞台的角色虽有嬗变，但在实现价值理想的途中，他所讲求的是一种超凡脱俗的生命线。

　　真实的陈景润是一位勤奋刻苦、单纯率真的科学殉道者，他忘我献身于科学，在常人看来那种苦行僧的生活，色调晦暗，少有滋润，既呆板乏味又泯灭自我。70 年代末，徐迟的报告文学《哥德巴赫猜想》曾风靡神州大地，刮起了一阵尊崇科学的旋风，在一代学子的心灵中催发了刻苦攻读的种子。随着时光推移，陈景润精神成了一种幽默，他不拘小节、随遇而安甚至是糊里糊涂地生活，在一些人眼里成了"傻冒"。君不见，他为了摘取漫漫长路尽头的一颗"明珠"，埋首耕耘，不问收获；在熙熙攘攘的七彩人生大舞台上，甘做一棵无人问津的小草，也不在乎当一只"丑小鸭"，岂不是愚不可及？可谁人知道他心中自有一个大我，他对生命的过程不旁骛，不攀比，不以物喜，不以己悲，锁定人生的频道，咬住青山不放松。林语堂说过："天下大聪明与大糊涂相去只有毫发之差。"陈景润是不是天才也许永远会有歧见，有多才多艺、聪慧超常的天才，也有术业精深、成就非凡的天才。陈景润的执着，陈景润的糊涂，交集而成的生命乐章，无疑是大智慧、大聪明的生命强音。

　　陈景润曾经踟蹰街头，备受人间的白眼，内心的自卑和自强噬咬着这个落魄的"丑小鸭"。他有幸得到"伯乐"王亚南、华罗庚的提携，带着攻克"哥德巴赫猜想"的希冀进入中国科学院这一科学的圣殿。他蜗居于一间几平方米的斗室，苦思冥想，奋力演算，几同不食人间烟火。在他成名之前，他像一棵无人垂顾的小草，纵然不乏阳光雨露的恩泽，但少有关爱和呵护。他是个独行侠，在科学的道路上斩关夺隘，周遭是那样的冷寂，但内里却有一片丰富多彩的求证世界。他对寂寞的赐予称额有加，因为寂寞是创造的伴侣。在他看来，没有柴米油盐的生活之累，没有虚情假意的应酬之烦，如此才能宁静以致远，淡泊以明志。外部世界纷纷扰扰，他可以做到闭目塞听，他摒除一切世俗的诱惑而独享自己的精神美餐。一首歌唱得好："寂寞让我如此美丽。"可是，那是一种失意之后的自我慰藉，在百无聊赖中的孤芳自赏。像陈景润那样把寂寞作为自己事业的底色调，让寂寞把自我高高供奉，这才是大智慧、大聪明者的美丽。反观今日，急功近利成了时髦，实用主义、商业哲学尾随着许许多多的聪明人，当他们也唱着"寂寞让我如此美丽"的时候，只不过是用老庄哲学来抚慰自己失衡的心态，而绝不是想守住一方寂寞，成就某项造福于社会的事业。

生命的质量是人生的内核。搏击风雨，体验争斗，追求激烈与心跳，是一种人生；坐拥书城，品茗听雨，探索真理与新知，也是一种人生；声色犬马，灯红酒绿，寻找快乐与享受，也不乏是一种人生。但世俗中的人生更多的是淡泊如水，潺潺有声却少有电闪雷鸣。这形形色色的生存方式，其生命质量之高低是不言自明的。如何把握生命的质量，这是一种人生艺术。在现实生活中我们可以看到，有的人从从容容、本本分分做人，认认真真做事，一切顺其自然，不刻意追求；有的人信奉人生能有几回搏，不断地给自己设立冲刺的标杆，不达目的，誓不罢休。这都是我们司空见惯的人生轨迹，前者注重的是过程，后者关注的是结果，无论是哪一种生存方式，只要胸中装有一个大我，其生命都会绽放出绚丽的花朵。

我以为陈景润的人生有大理想、大目标,但更注重的是过程,他不会没有想到,证明"哥德巴赫猜想"在他有生之年可能是个不可企及的目标,他也许根本不可能得到社会的回报。他摒除了一切人生的享受,在其糊里糊涂的日常生活的表象下,内心却弹奏着美妙的音符,因为他在科学探索的过程中获得精神的满足。当然,陈景润是个天才,他的行为方式有其极端性,未必都值得效法,但他不矫情,不虚荣,更不为了某种实惠而搞"假冒伪劣",这是一种真的生命,是掷地有声的高质量的生命。厦门大学出版社的《走近陈景润》《陈景润》(传记),为人们展示了一个扑朔迷离的科学奇人的精神世界。无论是大智者还是平凡人都有自己独具的生存状态,而生命质量这一人生方程式,还有待各人自己去求解。

是观光是追光更是聚光

（本文原载《中国图书商报》2013年1月8日、《金门日报》2013年1月25日、《厦门晚报》2013年1月20日，凤凰网读书频道首页）

蔚蓝色的台湾海峡曾波诡云谲，无法逾越的万顷波涛，让大陆民众对祖国宝岛台湾产生无限的遐想，如今虽然海峡已一派祥和，资讯又发达，她那神秘的面纱早已揭去，但人类天生就有好奇心，走遍大江南北之后，于是许多人把旅行的目光投向海峡的东岸。

当搭载大陆居民赴台旅游福建首发团的客机降落在台北松山机场时，兼具游客、记者、作家三栖身份的年月与109位游客一时交织着亲切感、神秘感，开始了对宝岛台湾10天的探秘。《年月走宝岛》的作者既是随大陆"首发团"的游客，也是第一个踏上宝岛台湾的福建平媒记者，年月在书中为人们展现了台湾的自然人文景观，精美的图片、质感的文字和实用的观光指南，让读者亲切体味到"首发团"的新鲜亲切感，一起追随记者的独到眼光看台湾社会万象，一道沐浴着作家柔韧的历史人文情怀。

就像人们提起巴黎，就会想到卢浮宫、凯旋门、香榭里舍大道一样，一说到台湾，就会想起阿里山、日月潭，当然，台北的101大楼、台北故宫也是为人所津津乐道的。"首发团"由一般居民组成，年月夹在其中，他们的笑靥，他们的惊叹，他们的兴致，那种"到此一游"的满足感，年月在书中或用镜头，或用文字，一一作了定格。被称为"台北新地标"的101大楼，拿下了"世界高楼"四项指标的三项世界之最，即"最高建筑物""最高使用楼层""最高屋顶高度"。这座大楼呈向上开展的"花开富贵"形状，作者说：如果西方摩天大楼像对天空划了一刀，是对天空的"挑战"，那么，台北101则像竹子一样"节节高升"，是对天空的"尊敬"。当他们乘坐世界最快的电梯，只用37秒时间就到达第89层观景，将台北市容尽收眼底时，他们似乎听到大楼作品的创作者李祖原的声音："你一看就知道它是属于东方的。"无怪乎台北人动不动就对初来乍到的客人建议，应该到101大楼看看。从101大楼开始，作者随"首发团"的游客，把台湾的美景尽揽怀中，留下一路的勃勃兴致。

　　年月把自己汇入游客中间，同喜同乐，忘乎所以，但她没有忘记自己的记者身份，记者的目光对社会万象在新奇中更为锐利更有聚合力，于是在《年月走宝岛》中，我们从照片的选取，文字的表现，都让未临其境的读者别有洞天。

　　夜市是台湾平民社会的天堂，是"平民夜总会"，它通包了人生的四大享受——吃、喝、玩、乐。作者看到本地人一家几口手拉手逛夜市，他们随着人流往前逛，见到喜欢的就买，逛累了就吃。在夜市里，没什么清规戒律可剥夺俗世的欢乐。有近千个夜市分布在台湾的各个角落，有人以状元、探花、榜眼来选出位列前三位的著名夜市，台北的士林夜市位居状元，台中的逢甲夜市摘得探花，高雄的六合夜市得到榜眼。作者也告诉读者，夜市又是选票富矿，从"总统"选举到镇长选举，夜幕四合，参选人就带着团队到夜市一家家拜票，与店家与食客博感情。"槟榔西施"也是台湾的一景，全台湾的槟榔摊约有两万家，槟榔西施超过两万人。作者但见长途司机边叫唤边走进店里："小姐，来两粒！"是指槟榔，还是？语义双关，大家心各肚明。虽然槟榔有提神作用，但提神作用的可不只是槟榔，还有火辣的槟榔西施，让人眼睛发亮。台湾的农村像是观光区，康奈尔大学农学博士出身的台北市原市长黄大洲就说过："我们让城里人反过来爱农村。"我们从走在乡间小径的老人，乡村的民居，乡村的汉堡店，乡间的休闲农场，在在感受到城乡的幸福指数似乎在逆转。

　　作者还是一位作家，在休闲的走马观花中，无论是自然景观还是人文景观，都浸润着作者细腻的人生感悟，充盈着历史人文情怀。透过美轮美奂的外表，在历史的深处也曾回响着前进的艰履；在一派祥和宁静中，也有着曾经因阻隔产生的误读。《年月走宝岛》以质感的文字带我们作了深度的旅行。

距台东 18 海里的绿岛,早期叫"火烧岛",曲折多变的海岸景观和绮丽的海底世界,使这个小岛成为台湾东部的海上乐园。年月提醒人们:绿岛曾是一座监狱,著名作家柏杨、李敖就在这里被监禁,十年炼狱为柏杨赢得"十年小说、十年杂文、十年著史"的美誉。她告诉人们,曾广为流传的歌曲《绿岛小夜曲》,是表现绿岛一位土生土长的姑娘,与一位监禁在岛上的政治犯的凄婉爱情故事。作者写道:"怀着如此感伤而美好的情愫到绿岛游玩,想来眼里见到的不会是寸草不生的火烧屿,而是和它的名字一样绿油油、金灿灿的景致。"绿岛曾是台湾历经炼狱的缩影,那一页不堪回首的历史终于翻过去,人们现在享受的绿岛是世界上三大海底温泉之一,涨潮时温泉被海水淹没,退潮后温泉便露了出来。历史与现实不也在时过境迁中若隐若现中吗?士林官邸从戒备森严的蒋介石"总统官邸",开放为民众都可入内嬉戏游玩的台北第一座生态公园,则是台湾从威权时代走向"民主"社会的一个缩影。《蒋公遗嘱》《蒋公纪念歌》当年曾是台湾小朋友必背的课文,必唱的歌曲,甚至每回老师一说到蒋介石时,大家都要赶紧正坐或立正以示尊敬。如今人们走进士林官邸兴趣的则是宋美龄的故事,"她的永不重复的旗袍、永不卸下的妆容都是人们津津乐道的谈资。"

这本台湾旅游文化书,不仅图文并茂,欣赏性、可读性兼而得之,作者也未忘却它的"指南"功能,在每篇篇首编排了画龙点睛的"名片",在篇末附上内容扩展的"小贴士"和"链接",可以说是一册在手,宝岛走透透。

总编辑手记

生命的疼痛与礼赞

（本文原载《华夏散文》2013 年第 1 期、《厦门文学》2013 年第 3 期，《人约黄昏后》荣获第六届冰心散文奖）

知名作家怡霖最近出版了她的散文集《人约黄昏后》（厦门大学出版社 2012 年 10 月版），这部新作更加凸显了作家以生命的本真，以情感的暖色调，抒写追求人性真善美的艺术特色。作家直面生命的疼痛，原生态地表现弱势群体边缘人的亲情;以"焰"与"美"的直接抒情,热情讴歌真挚的爱情;以忧伤又洒满温阳的笔调,表现岁月沉淀后的纯洁友情。这是一部生命疼痛与礼赞的心灵写真。

每个人的生命历程中都有着各自无法言说的痛,有着无法承受的生活之重。《人约黄昏后》写亲情乡情的篇章,通过对生活在底层边缘的人和事、对母亲的苦难人生的原生态描述,使作品浸润着一种忧伤而美丽的格调,那些带着生命体温的书写,给读者以泣血般的疼痛,也弥漫着时代进步的悦耳音符,以及她对温暖亲情与田园牧歌的追忆。作品写出了亲人们宿命般的苦难,鲜活淋漓的贫穷与希望的生活状况,以及他们善良、坚忍和乐观的性格特征,拨动了读者灵魂深处柔软的心弦,表现了一种凄美的艺术感染力。

著名作家丁一在本书的跋中写道:"这些源于创伤的写作虽说很苦涩却很强硬,笔触温柔而犀利,在艰难的世道面前,那些苦涩的往事被描摹得丝毫毕现,直抵人心的隐蔽之处,无不让人咀嚼出怡霖走出乡间到都市创业时种种令人心酸的况味和她坚强的内心,从而给他的亲人们带去亮度,这是一种智慧,更是一种勇敢。没有忧愁没有苦难没有创伤就没有真正意义上的大爱,她直面创伤又通过她自身的努力修复了创伤,于是,她的'牵挂'系列10余篇章便自然而然地在她的创作生涯中诞生了。"

出身"贵族"的母亲,命运让她儿时几易妈妈,落草到一个偏僻的山村。"其实娘出身的家庭堪称'贵族'。回乡的外公借妻生子,生下了娘,娘长得清秀,外公夫妻欣喜若狂,百般娇宠,视娘为掌上明珠。"可是"命运弄人,几易为女,就像一件衣裳那样让别人换来换去。""幼小的娘,命运握在别人的手里,任人摆布。有一回,娘亲口告诉我,她多想一辈子只唤一个人为娘啊。可见,在娘的心底,隐藏着深深的身世悲凉!"成婚数年后丈夫又以自杀的方式撒手人寰,从此她起早摸黑,像永动机一样劳作,独自抚养两个年幼的女儿和病瘫在床的养母兼婆婆,在那贫穷的山村里,受尽冷眼与贫困,成了底层之底层的边缘人。"如果外公不将娘送与他人,聪慧伶俐音色悦耳的娘秉承了先人气质,定能有一番作为。可是命运作弄人,她脸朝黄土背朝天,一生承受苦难。母亲年轻时一条乌黑浓密的辫子长及腰际,用一丝毛线扎着,摔来摔去成了一道独特的风景。在父亲自杀后,娘拂过那头微卷的青丝,自己用把剪刀一声'咔嚓',像是剪掉平生的所有柔情,又像是剪掉千丝万缕的烦恼,从此一直是平平的刘海。"终于熬到了改革开放,16岁的女儿辍学外出打工,以她的聪明、坚忍、勤劳、勇敢在城市里取得了一席之地后,母亲却在交通事故中命丧车轮之下。在残酷的宿命面前,人们不得不静默无语。这不是虚构的宿命,而是作家怡霖血淋淋的生命疼痛。

在她的笔下,并没有对命运的怨天尤人,她用淡淡的忧伤和充满温阳的笔调,通过早年心酸的往事、母亲的苦难人生映射出自己生命的疼痛;这生命的疼痛没有让她沉沦,而是从山乡浸染苦汁的土壤中破蛹化蝶,展开怀抱俯瞰人世间点点滴滴的真善美,呼喊出坚强才是硬道理的生命强音。诚如著名作家、鲁迅文学院常务副院长白描在本书的序中所写:"她给人以温馨、柔软,给人以缅怀、追溯,能够感受她的温度,又能够触摸她的隐痛。她在这种暖色的情感中寻觅,游走,以她独有的细腻和敏感,以她宽厚的悲悯和温情,实现着对自我的释放和救赎。"

她在作品中写道:"经过了漫长的耕犁,从一座城市到另一座城市;每迁走一次,我的心就更坚硬一层。例如我不懂撒娇,学会苦中作乐,更不会知难而退。只有我接近故土,我的心就不由柔软起来,恍惚间双眼迷离,踩在脚下的路,感恩它的坚实,感恩它一直风雨无阻,曾一度托雷电召唤我的归来"。"乡情是一条清澈的涧水,乡情是一首经典的老歌,乡情是一朵馨香的花瓣,乡情是空中云天上月,时刻牵动游子的脉搏"。

作品中这些抒写亲情乡情篇章,凸显了原生态风格。社会弱势群体的边缘人,他们的苦难往往存在于宏大的叙事之外,是形而上的公共经验之下的灰色地带。怡霖之生命疼痛,是许许多多生存苦难者的九牛一毛,绚丽多彩的社会万花筒没有留下她的一丝痕迹,倘若不是她与文学结缘,有谁在意那社会之边缘的边缘。我们看到这里没有任何有意的虚饰与无意的遮蔽,作家感到不写出来就无法实现内心的救赎,是"这一个"记忆的见证者和书写者,但却是我们这个民族的记忆和境遇。70后的作家大多不是从公共经验和公共记忆出发的,他们更个人、更个体、更个性。作者艺术地记录了农村鲜活的微观史,为历史留存了一份具有特质的社会图景,努力从个人记忆上升到民族记忆,这些作品原生态地抒写了时代的苦难,是农民生活的艺术重现,这样的作品总会有出人意料的生命力。

《人约黄昏后》的另一特色是抒发了作家对爱情的礼赞,她以散文诗的体裁,以炽烈与唯美的文字讴歌纯真的爱情,饱含着出自心灵深处的淳朴而热烈的真情,洋溢着一种"焰"与"美"的直接抒情,让读者真切感受到了她持久的热力和绵长的光度。

著名作家丁一在为本书写的跋中说,"每个时代都有它们特别的忏悔与审美机制,散文诗能够得到越来越多的人喜爱,这充分说明了散文诗的存在意义与审美价值。散文诗这种形式是承载思想、袒露情感、揭示人性深层体验、表达感悟、最为自由最为华丽也最为凝练的一种贵族式的文体,当代中国多元价值观的生存背景促成了散文诗的逆向繁荣"。"散文诗解放了诗和散文本身文体的一种不完全性和压抑潜能,也一定程度地解放了人与自然的压抑潜能"。

《情花》和《情潭》是两章经典的散文组诗,在纷至沓来的意象中,那些纵横捭阖的句式与结构,弥补了诗和散文文体的不足,表现了作家把握散文诗文体上的得心应手。在情感领域极为开阔的时空中,她纵情笔墨为人性的真善美呐喊着,无所顾忌地用缠绵悱恻的声音,个性鲜明地对爱情作了凤凰涅槃浴火重生的礼赞。这些文字绮丽又不失婉约,典雅而不失明快,古典诗词的底蕴非常厚实,字字珠玑抑扬顿挫,成为古典爱情的现代召唤。

从字里行间我们可以体察到,人生的凄风苦雨没有将怡霖击倒,反而将她锉磨得更加坚强、勇敢、乐观和自信,她没有正面抒写她在创伤中不断成长的历程,但从描写亲情乡情的作品中,我们已分明看到她大步走出人生疼痛的幽谷,实现内心的救赎。爱情是永恒的主题,是文学作品永不过时的一道主菜,对爱情的讴歌,恰恰成为她表现内心得到救赎的载体。散文诗《情花》《情潭》如春雷轰鸣的天籁之音,怡霖一改其亲情乡情篇章中的暖色调,情感迅速升温,其底色一变成为炽烈的火焰,她的文字如凤凰展翅在舞蹈,在野火中燃烧涅槃。爱情成为她对生命礼赞的寄托物,读者伫立在她波涛汹涌的情感岸边,可以聆听到她灵魂的歌唱,那是追求生命美好的天籁。

"在时光的隧道中,我的骨头醒着,为的是聆听你的脚步;我的身体醒着,为的是等待你的亲近;我的思想醒着,为的是迎接你灵犀的飞渡。我的灵魂彻夜不眠,为的是与你的灵魂相契相栖。"

"吾爱,你来或不来,我都会虔诚地无惧风霜地等你。你留或不留,我都会义无反顾地在此仅为你守候。你在不在,我都会迫切地奔赴你玉足踏临的仙乡。"

"倘若今生注定千山万水,我凛凛风骨也宁愿化为一叶扁舟,静泊在你前世今生的渡口,苦等偶然成为你的摆渡手。"

《情花》与《情潭》,汪洋恣肆、虔诚膜拜的文字,带着一泻千里的情感,带着生命本真的温度,热情奔放地抒发了爱情的美好。人们捧读这样的文字,可以感受到作家的浓烈情感力透纸背,吸引你的双眼,潜入你的灵魂,燃遍你的周身。怡霖用生命的痛与魅,在给那些青春萌动的少男少女带去爱情誓言的同时,也给这个随意复制的时代,杯水主义盛行的年代,提供了一份别开生面的独特的生命思考,这是爱与美更深层面的思考。

《人约黄昏后》无论是写山水花木、飞禽走兽,还是写乡村都市、人生过往,都有一个情感丰沛的女性形象闪现其中,以忧伤又洒满温阳的笔调,抒发了其对曾经的友爱视如亲缘,对真诚的友谊心存感恩,对过往的友情长萦心怀。生命的疼痛可以使人心地刚硬,纵然坚强却寡情薄义。

但我们从作品中不时闪现的情感丰沛的女性形象,可以看到生命疼痛中的柔软,这份柔软散发出淡淡的忧伤,而更多的则是温暖的阳光。在人际关系越来越现实的今天,这一抹忧伤,一缕阳光,把人世间美好的友情衬托得无比绚烂,显得多么的弥足珍贵。

《后海徜徉》写的是在分别16年后,两位老友在京城重逢。青年时代两人是"北漂"一族,今天回望"北漂"的那段意气风发的日子,多少人生感慨涌上心头。"你的越野车飘一般地疾驰出我的视线,我再也按捺不住在夜风中独自挥泪,走进园子,回味着今天的整个过程。未见你时,我似乎蓄积着满腹委屈,怀疑自己是否会借靠在你肩头大珠小珠。当你告诉我你已行走在鲁院的池塘边,你却不知道我的房间正好在你上方,我倚着窗口对你偷偷一望,正好见到你从塘边转过来的脸庞。斜阳照亮你一身的英姿,十六年的光阴并没有在你身上留下印痕,你的步子依然如此轻悠,你的身材还是如此清瘦。我迫不及待地冲下楼去,在四目共对握手的一刹那,仿佛顿时回到当年的时光。"作者把这次相会描写得如此传神,那曾经在共同创业中结下的友情,在满怀期待的见面中,泛起了一层忧伤的涟漪。

《空号的快递》写的是作者收到了一个快递包裹,让她感激涕零的一位"粉丝",将她博客上的几十万字用稿纸誊抄了一篇,这个比金砖还珍贵的快递包裹所留下的手机号却是空号。"我感动这份唯美的真情,我感动这颗炽烈的真心。这整整十一位数字在我眼前幻化成十一朵鲜花,绽放、飞舞,我的全身沾满芬芳,又恰似十一个音符,跳跃出亢奋激昂脉脉柔情的歌声,萦绕回旋,无止无息……我不知道对方是谁,不管是女是男,是少是老,都将让我铭心刻骨,永生感怀,我要与对方一生相交,互为知己。"谁说网上的虚拟情感令人不屑,虚拟世界的情感一样可以感天动地。

《情系北戴河》写的是作者在熙熙攘攘的北京站候车时,在与一位陌生人交谈中,像大海捞针般遇见了奇迹,这位陌生人居然知道她20年前一位朋友的近况,青春岁月勇闯天涯的情景在眼前鲜活起来。"我握紧手机的手禁不住颤抖,心也加快了跳动,一种来自兴奋又紧张的情绪顿时贯穿了我的全身。曾经多少朝夕,遥望北方那个曾让我驻足的城市。曾经多少次北行,让我蠢蠢欲动为之奔赴"。那种对朋友的朝思暮想,跃然纸上。所有过往的奋斗与艰辛,所有的思念与牵挂都在这一刻鲜活起来。

"感谢苍天恩惠我所有相识的、相交的、相知的吉祥如意!"怡霖如是说。

怡霖的写作方式很独特,曾被媒体誉为"手机创作第一人",这种即时的、随性的写作,绝好地实现了"我手写我心"。怡霖曾在《通往圣殿的路上》一文中说:"我所历经的苦难不止存活于我的记忆中,它还作用于我精神的空间。而文学是我内心的另一个自我。我独自审视内心,耐心并执着地用语言去建构另一自我的世界。"这个自我的世界,我们从《人约黄昏后》已可感可知,可以说是交织着魅与痛,一半是火焰,一半是秋阳。

老干新枝风景独好

（本文原载《福建文学》2013 年第 12 期，《岁月匆匆》系中国作家协会重点扶持作品）

　　许怀中先生最近出版了他近年来的散文结集《岁月匆匆》，封面大气隽美，片片红叶叠印着巨木的年轮，那年轮像岁月深辙，刻写着生命的厚度，那红叶像晚秋夕照，映衬出人生的丰盛。这部洋洋洒洒 36 万字的厚重之作，记录了耄耋之年的许怀中先生坚实的步履、宏阔的视野、丰富的情怀和宽广的胸襟，是一位老作家艺术之树常青的见证，也是生命质量的可喜期许。

我是许怀中先生在厦门大学任教时的学生，对他的学术生涯和文学创作之旅较为熟悉。此次有幸成为他这部著作的责任编辑，细读了每一篇文稿，对全书作了审读、编辑、校对等各项工作和诸多的编务事宜，亲抚了书中的每一个字和出版的每一个环节，这使得我对这部书怀抱着特有的亲切，让我对许怀中先生近年来的足迹、心迹有了较为清晰的了解。这部著作中所表达的作者的足迹、心迹，体现了时代和人生的正能量，岁月虽然脚步匆匆，可是人生的丰富性却不可度量。

许怀中先生是以鲁迅研究专家和现代文学史家之盛名蜚声学术界的。后来他的笔触又指向散文领域，发表了大量记录、抒怀个人行踪、际遇的文章。当他的第一部散文集《秋声满山楼》出版之际，我原以为这大概是自娱的闲笔，及至拜读之后，叹服之情油然而生：他的散文作品在亲切淡雅的抒写中飘溢着浓郁的生活气息，在诗情画意的描摹中闪耀着对人生世态的哲理思考。既有学者的睿智，又有艺术家的细腻，着力发掘出生活中的美感，诗意浓郁，情致深沉，哲理丰富，回荡着追寻真、善、美的心声。冰心誉其为"散文名家"，他是当之无愧的。

后来又读到他的散文集《年年今夜》。《年年今夜》饱蘸着作者对人生的体味与哲理思考。生活中的一枝一叶都成了作者审美的客体，虽然未必篇篇精彩，但无不闪耀着思想的火花，有着浓厚的文化意识。作为一个习惯于抽象思维的学者，当他将笔端移向情感的领域，其丰富学识和思想的穿透力往往给抒写对象罩上理性的光环。那种浓厚的文化意识,那种诗情与哲理的有机交融,那种善于将人生的际遇、往事的钩沉、行旅的履痕进行理性升华的本领,充分体现了作家独特的美学追求。

这之后又读到的散文集《芬芳岁月》,这是他退出宣传文化领导岗位之后的新作。从中我想象着他在漫步中,静思默想,翱翔在思维的自由空间,"有时顿悟,有时疑惑,有时感慨,有时亢奋,有时恋旧,有时追求,有时捕捉灵感,有时跌入困顿"。"岁月在脚步下消失,结出艰涩的苦瓜和饱满的甜果"。十年的辉煌岁月,怀中师的感情空间和理性世界的浓化和深化,对人生底蕴的品味,这笔宝贵的思想精神财富,一定会化作新的美文奉献给读者。其时我想,他的《芬芳岁月》仅是报春的第一枝,今后,他的笔耕的芬芳乐章必将更加动人心弦。果然,他笔耕不辍,此后又出版了散文集《许怀中散文新作选》《月色撩人》《月满西楼》《大海情缘》等,先后总共有 10 部散文集问世。

和先前的散文集相比,这部新著《岁月匆匆》更多采用白描的手法,语言质朴,亲切淡雅,随意而老到。书中的重头戏是"走进系列",共计30 篇。这部分作品是作者参加福建省炎黄文化研究会采风活动的部分成果。这一辑作品,在广阔的社会背景下,描绘了当今社会的丰富图景。八闽大地日新月异的变化,在作者的笔下如春潮涌动,信息密集,抒写从容,让人振奋。各地的民情风俗,娓娓道来,如朋友品茗对酌,香飘味醇,沁人心脾。更有那当地独有的文化元素、山川秀色,让人如亲临其境,感同身受。"走南闯北"系列共计 10 篇,这些游记散文,作者嗜美的目光有追光有聚光,细致入微,外在景观的描绘与文化内蕴的阐发水乳交融,没有丝毫的斧凿痕迹。如今旅游已成为大众的生活内容,游记散文更是全民的信手之笔,在网络时代作品的发表又无门槛,但我们从中可以看到作家作品与大众随笔之差异,除了文笔有高下之分还在于作者文化沉淀的厚薄。"怀念·家园"系列共计20篇,表现了一位功成名就的老者,随着岁月的迁移,那浓浓的乡情成为生命的助跑器,把故乡带在身边,一咏三叹,如一位乡晚所说:"您散文最宝贵的是将自己的'心踪心迹'写进文字,在故乡风物人事的描写上,都注入了您自己的情感和心灵感受"。"故乡总萦绕在您的心中,您也总在故乡的怀里"。"一个把故乡带在了身上的人是有根的、有福的"。本书的"评论园地"共计38篇,多为先生为他人的书籍所做的序,这是个苦差事,但先生乐此不疲,其奖掖后进的拳拳之心,令人感动再三。

从《岁月匆匆》可以看出,先生的岁月脚步,淡定而从容,一步一景,美不胜收。祝愿他的文字在匆匆流转的岁月中,醇香四溢,温暖人心。

放歌青春追逐梦想

（本文原载《厦门大学报》2014年1月3日）

自 2007 年《把梦留住——叶楠西部支教纪实》出版后，时隔六年，当年支教队员播下的梦想，已焕发出异彩，汇入伟大中国梦的满天云霞。此次重版，作者在原有基础上增加了参加支教后对生活、对梦想新的理解和感悟，增加了本书初版后当年那些西部孩子们的追梦足迹。当初,在本书初版的扉页上,时任教育部思政司司长、现任厦门大学党委书记杨振斌题词:"把青春的激情燃烧在奉献民族复兴的伟大岁月。"厦门大学校长朱崇实教授在序中对本书所表现的当代中国青年以天下为己任的精神,并以实际行动报效祖国,实现高层次的精神满足作了诠释。时任厦门大学党委副书记、副校长潘世墨教授在书后写了跋,表达了他的感触——共鸣、震撼和理解,对当代青年的理解。显见这是一部弘扬主旋律的纪实性文学作品,笔者也注意到这也是一部有着时代审美感的作品。

作品所表现的环境是宁夏西海固地区,是一片最不适宜人类居住的地区,荒原黄土、干旱缺水、贫困落后,"支教志愿者"们从东海之滨来到那不毛之地,所谓"西部"可以想象出它的"风光无限","支教"又能演绎出什么精彩篇章?在那特殊的人生舞台上,志愿者们以自己的激情和行动,唱响着新世纪的青春之歌,在价值观多元化的今天,我们没有寻觅到所谓"垮掉的一代"的精神影子,支教志愿者们的青春激情、乐观豪情和真挚爱心力透纸背,令人荡气回肠。

当代青年在他们呱呱坠地的时候,神州大地已涌动起改革开放的春潮;当他们稍懂人事的时候,信息爆炸已催生了多元的价值观;当他们初涉人生的时候,社会竞争已充斥着种种个人的无奈。莫非当代青年在这民族复兴的伟大时代,面对多元的价值观,他们的心中只发酵着小我,狗苟蝇营自囿于一己私利的狭窄天地?他们的父辈曾是高歌"振兴中华"的呐喊者、践行者,他们不无忧虑,当代青年在时代急剧变迁的面前,是垮掉的一代,还是擎天柱地的可用之材?我们高兴地看到,《把梦留住——叶楠西部支教纪实》生动地记录了作者作为中国青年志愿者扶贫支教团的一员,他和同伴们在宁夏海源县的支教经历和见闻,细腻地描述了西部大地的社会图景,表现了当代中国青年的精神追求,让我们对当代国情有更深入的了解,对西部大开发的国策有更丰富的体认。古人云:"风声,雨声,读书声,声声入耳;家事,国事,天下事,事事关心。"通过本书,我们非常高兴地看到关爱社会,激扬青春,以天下为己任,依然是当今青年的精神主潮。本书作者和他的同伴们,用自己的青春播撒希望的种子,点燃梦想的光明,在奉献爱心的同时也洗涤了自己的心灵。

支教队员们在环境反差极大的西部,以一颗火热的心,在点燃西部孩子们的希望的同时,自己也得到了升华。作为刚刚走出校园的大学生,西部的现状使他们产生了悲悯之心,他们"不知不觉中,把自己看作了盗火的普罗米修斯,不能替人类分担苦难,也要与他们一起沉浸在痛苦之中,为宇宙的不公而怨天尤人或者哀叹不息"。他们眼前的学生,眼睛清澈明亮,脸上泛着特有的高原红,可是"他们穿着杂乱无章的破旧衣服,头发蓬乱脸蛋黑黝,干裂的嘴唇在诉说自己从来没有喝够水,瘦削的身体提示着自己日子的清苦,但是却没有人放弃,他们有自己的精彩,有自己的生命中的追求。或许我不远千里来到这里,不仅仅是要给予我原来所自然迸发的感情,更要从贫瘠的土地中挖掘出属于这里的梦,属于孩子们的达观快乐"。他们在中流击楫,在问苍茫大地谁主沉浮,在创造属于他们这一代人的历史。他们不仅仅发出感慨,更多的是誓言和行动。"宏伟蓝图等着我们去添砖加瓦,相信后人重新翻开复述今朝历史的书籍,一定会对这个时代的精彩而赞叹,毕竟,我们有一个前无古人的平台支撑着。"

在万花筒似的时代面前，我们的青年承受着亘古以来从所未有的压力。压力无所不在。压力可以使人畏缩不前，压力可以让人消解自信，压力也可以催生激情。让我们欣慰的是，《把梦留住——叶楠西部支教纪实》展现出当代青年充满激情、乐观向上的精神风貌，他们在恶劣的生态环境中，喷发出充满使命感的激情，在艰难困苦面前，青春的热血流淌着无所畏惧，散发出积极豁达。

这是一部文笔清新、描写细腻、风趣幽默的文本，在当今纪实文本中无疑令人耳目一新。好的纪实作品必须贴近时代，贴近现实，贴近人生，不仅要有翔实的材料，更要有思想和情感的贯穿；不仅要有充实的内容，还要有富有个性的文字表达。

他们住的黄土平房宿舍，其简陋难以想象。"墙上泛黄的报纸可以进博物馆，地面是砖头铺垫的，砖缝中偶尔几根杂草生机盎然，门的材质很特殊，最先是由木材制造，后来由于破损不堪，拼凑装订了一些三合板、纸皮等材料。"零下几十度的天气，寒风推搡着老门嘎吱嘎吱叫苦不迭，从房子的各个缝隙角落灌进来。他们喝的水，不仅苦咸很重，而且有浓浓的泥腥味，但那一滴滴咸苦难咽的窖水却是当地最宝贝的财富。"都说水是'生命之源'，此时已成为了'生病之源'，每次腹痛难捱的时候，感觉无数扫帚在肚子里搅动"。他们的肠胃受到强烈的挑战和考验，"如何安慰老是和我们身体过不去的肠胃成了我们主要的议题，它时而像个无底洞，怎么喂土豆片也哄不了，时而像个漏斗，让我们只能在寒风中旱厕中忍受煎熬；时而像个搅拌机，闹得五脏六腑一齐不得安宁；时而有如小喇叭,发出各种声调不一的旋律"。在这恶劣的环境中,他们的日记却洋溢着乐观主义精神:"我们仍然活蹦乱跳地活着,身体虽然消瘦,精神却是矍铄了许多,肠胃在经受当地的水土不断的软硬兼施之后也成功完成了本土化。"本书文笔清新隽永,形象鲜明生动,笔端流淌着丰富的情感,是一部不可多得的思想性、纪实性、文学性俱佳的力作。

每个时代的青年有抒写自己青春的方式,《把梦留住》所表现的精神追求,值得发扬光大。这部作者、内容、出版者都共生于厦门大学这一母体的作品,定能够引起社会的足够重视,并发挥它应有的教育、认识和审美功能。在本书再版发行式上,厦门大学党委书记杨振斌向所有参与支教的志愿者致敬,呼吁青年学生在参加与民众结合的实践中汲取营养,在为他人的无私奉献中收获快乐。我想这就是本书再版发行的意义所在。

硬汉子海明威面面观

（本文原载《中华读书报》2006年7月26日，《海明威在中国》荣获美国海明威研究奖）

15 年前，厦门大学出版社出版了一部著作《海明威在中国》（1991 年版），在论证选题时，作者杨仁敬教授告诉我，国际上已出版了《海明威在西班牙》《海明威在巴黎》《海明威在古巴》等著作，但还没有一本《海明威在中国》的著作。杨仁敬教授是我国研究海明威的权威学者,这一选题的价值自不待言。书出版之后,获得了很高的声誉。原人民出版社总编辑戴文葆先生撰写了一篇书评,称"这是对于海明威研究的新贡献","厦门大学出版了《海明威在中国》,这一新贡献无疑地具有国际意义"。后来,这部著作在美国荣获海明威研究奖(在全球每年授予一位学者)。当时,我作为本书的责任编辑,也想写点文字评价一番,但毕竟入行还不久,又有戴老先生的书评在先,所以不敢胡乱涂鸦而造次。

15年过去了,这本著作的生命力不减,很有再版的需要。初版时,这部著作在国内最引人注意的是海明威远东之行的政治意义。这本书第一次系统地以海明威抗日战争时期的中国之行为中心,向读者阐述了此行的目的、经过、收获和意义,从不同层次来审视海明威对中国的访问。其中关于海明威夫妇与蒋介石夫妇的会见,秘密与周恩来的会见的内容成为这本书的亮点。15年之后,我觉得这部著作有很大的扩容空间,于是建议作者:增补近15年来美国新出版的海明威传记中对海明威中国之行的评介;增补关于海明威其人其作在中国的影响和传播的研究情况,以揭示世界文学大师之一的海明威对中国学者和读者所具有的永恒艺术吸引力;增补近15年来国内海明威研究的论文、专著和译著的目录索引,为学界提供更丰富的研究资料。现在摆在我们面前的《海明威在中国》(增订本)内容篇幅较原版增加了三分之一强,以更宽广的视野诠释了"海明威在中国"这一题目。

《海明威在中国》是一部兼具文学价值和学术价值的著作。其学术价值早有定评,我不想再费笔墨而让读者费时。海明威是以"硬汉子"形象驻留在读者的心中，无论是他本身的"硬汉子"形象，还是他作品中的"硬汉子"形象，都具有永恒的艺术魅力。《老人与海》中的主人公圣地亚哥的名言"人可以被毁灭，但不能被打败"，曾令多少读者在逆境中顽强屹立而不倒。《海明威在中国》中的海明威形象，使这位"硬汉子"形象在阳刚的主色调中增添了丰富的底色。

1941 年春天，海明威以美国《午报》记者的身份，他的新婚妻子玛莎以《柯立尔》周刊记者的身份一道来到正处于抗战相持阶段的中国采访，当然还有附带的任务———到缅甸度蜜月。海明威在给朋友的信中提到，这是一次艰辛而愉快的旅行。他完成了《午报》给他的使命，了解了抗日战争中的中国，并建议美国政府明确地向蒋介石表明：不支持中国内战。他同情中国人民的遭遇，钦佩中国人民的勤劳勇敢精神，反对日本侵略中国。他们在中国的旅途中，在深入前线的过程中，遇到许多艰难险阻和生活上的不便，他们夫妇虽同为战地记者，但两人的情绪和态度却截然不同，使我们看到了"硬汉子"海明威性格的另一面。

海明威是个魁梧的巨人，身材高大，体格健壮，人们说"他的手指比钢管还粗"。他性格豪放，在战区前线司令官为他举行的宴会上，他过人的酒量使同桌的 14 个中国军官烂醉如泥地躺倒在桌下。这个坚强的硬汉子，在他的中国之行中，也让他的新婚妻子看到了海明威的另一面。她说，他沉着、灵活、耐心和斯文，而这些是她过去不熟识的品德。海明威能深入下层，与各种各样的人接触和交谈，很快就了解了中国的社会情况。他在香港为《午报》写了三篇文稿，在这些报导里，海明威如实地反映了中国抗战的形势，表达了对中国人民的同情和支持。他认为中国

097

共产党的军队同日本侵略军英勇作战,而蒋介石却把他们当为自己的"心脏病",欲除之而后快,只把日本侵略者作为"皮肤病"。如果国共摩擦加剧,中国出现内战,日本就可能征服中国,美日开战便难以避免了。为了避开新闻检查,他把稿子打在薄纸上,塞在鞋底下飞往马尼拉。可见他胆大心细,时刻保持战争状态下的警惕性。他的"斯文"在与蒋介石和周恩来的会见中,在与下层士兵交谈中表现得恰到好处。在重庆时,他给一位美舰海军上尉讲了六节写作课用以交换六瓶威士忌酒。他对那位上尉说:"你要做个有教养的人,必须具备两样东西:同情心和紧张工作的能力。不要嘲笑倒霉的人,如果自己倒了霉,也别去斗争,随机应变,急流勇退。"这话颇耐人寻味。

海明威的新婚妻子玛莎也是一位战地记者、作家,而且还有一重特殊身份——罗斯福总统夫人的密友。她聪明、漂亮、活跃,独立性极强,不愿凡事听从丈夫的指挥。中国之行生活条件的艰苦和长途跋涉的劳累是她始料不及的,无论是在途中,在前线,在重庆,她总是时时抱怨、烦躁和不安。而海明威却能随遇而安,乐观、愉快和幽默。有一次出门去采访,玛莎不知到哪里去方便。没有树木,也没有灌木丛。田野里唯有裸露的泥土和稻茬。有个厕所,是用竹子搭成的极简陋的小楼,踏板五英尺下面有个粪缸。只有爬上摇晃的楼梯才能进去方便。玛莎对海明威说,这不合适她。他回答说,没有人为它适合她用而建。她不得不开始沿着摇摇晃晃的阶梯上去,这时空袭警报响了。海明威对她喊着:现在怎么办?她回答:她愿意在高处。日本飞机迅速地飞过去。玛莎下来后,海明威笑了。他开玩笑说:如果日机轰炸了,那将是多么不光彩的牺性。他怎么向了解她这位大无畏的记者和如同她自己曾对《柯立尔》编辑描述她是个"灾难姑娘"的各界人士解释她的死亡呢？虽然玛莎说海明威是"不情愿的旅伴"，但她后来不得不承认，他是个幽默、机智、宽容和刚强的人。因为，他对玛莎很体贴，每当玛莎发牢骚时，他总会开开玩笑，让她开心。

　　海明威与玛莎在中国之行中的种种不和谐，不是性格差异使然，而是俩人的心态不同，也就是对中国人民的态度不同。对当时中国的卫生环境和恶劣生活条件，海明威可以忍受和泰然处之，玛莎却常常发火。玛莎说："我不喜欢那么理智、那么谨慎、那么牢靠，那么不自然却能混下去。中国令人精疲力竭，令人震惊，令人沮丧，令人沉闷。"海明威则对她说："你糟糕的是，你以为大家都跟你一样。你受不了的，他们也受不了。如果像你想的那么坏，他们就会自杀。"后来玛莎也承认："他将中国人看成'人民'，而我却把他们当成一群被奴役的、勇敢的但注定要失败的人。"对苦难深重的中国人民，海明威充满了同情。他在中国抗日战争最困难的时候来华访问，不仅促进了两国的文化交流，而且增进了两国人民共同抗击法西斯侵略的战斗友谊。当然，玛莎与罗斯福夫人的特殊关系，无疑促使美国重视海明威提供的访华报告，并果断地采取了某些重要的措施。海明威夫妇为建立国际反法西斯阵线做出了一份特殊贡献。

　　《海明威在中国》(增订本)的出版，为我们更全面地认识海明威这位"硬汉子"提供了新的资料和文本，让我们对"人可以被毁灭，但不能被打倒"这句名言有更丰富的体认。

总编辑手记

中国在欧洲：远方的诗情画意

（本文原载《出版广场》1994年第1期）

十三、四世纪嬗递之际，在意大利问世的《马可·波罗行记》，曾首次向西方揭开遥远的中华帝国神秘的面纱，东方之富庶和文物之昌明在欧洲引起了轰动。时隔不久，人们发现该书作者鲁斯哥地罗在书中所记叙的，虽不能说是

100

子虚乌有，但破绽百出，显然为迎合当时读者的兴趣，对马可·波罗的见闻作了修饰和虚构，其真实性引起人们的怀疑。此后，直到17世纪中叶，由于《荷使初访中国记》的出版，古老中华再度成为欧洲津津乐道和神往的地方。前者，人们耳熟能详；后者，国内似乎鲜为人知。

《荷使初访中国记》于1665年在荷兰出版时，有一个冗长而颇为吸引读者的书名：《荷兰东印度公司使臣朝见鞑靼大汗—当代中国皇帝。简要记载了1665—1657年在中国旅程中所经过的广东、江西、南京、山东、北京及北京城里的皇宫等发生的重大事件。对于中国城市、乡村、政府、学术、工艺品、风俗、信仰、建筑、衣饰、船舶、山川、植物、动物、反鞑靼人的战争等方面有精彩的描述，并配有在中国实地画下的150幅插图》。

早在17世纪初，荷兰商人就已出现在南中国海，1654年荷兰东印度公司董事会决定派两位高级商务官率领一个使团前往北京朝见清朝皇帝。1655年7月14日，侯叶尔和凯塞尔率领16人组成的使团从巴达维亚从发，他们首先到达广州，然后乘拖船溯江北上，再骑马翻越粤赣交界的大庾岭，进入江西后乘拖船沿赣江而下，经长江抵达扬州，随后经运河前往北京。当他们从北京返回巴达维亚时，前后历时两年整。在这16人的使团里配属了一名管事，名叫约翰·尼霍夫，是一位专业素描家，临行前他接受了荷兰东印度公司董事会的指令，把"途中见闻记录下来"，"把沿途可能看到的所有城市、乡村、宫殿、河流、城堡和其他奇异的建筑物以它们本来的形象描绘下来"。

尼霍夫行记出版后，风靡了欧洲读者，不久就被译成拉丁、德、法、英等文本，并且一版再版，直接引发了荷兰出版业的兴盛，使荷兰成为欧洲的出版中心。在相当一段时期里,荷兰国内各种旅行记成为炙手可热的畅销书,人们争相传阅各类具有探险内容的旅行记。据统计,17世纪荷兰出版的书超过其他欧洲国家的总和。这些朴实的旅行记,不仅在一般大众读者中反响强烈,在学者圈内也备受青睐,因为这些旅行记提供了远方国家的新信息。荷兰国立莱顿大学教授包乐史博士认为,《荷使初访中国记》是整个启蒙时代关于中国的奇特形象的起源之处,它成为欧洲关于中国社会情况的重要知识来源,在18世纪欧洲启蒙时代掀起的"中国热"中占有特殊地位,对欧洲的影响很大。欧洲启蒙时代的艺术和建筑和各种题材都可直接追溯到尼霍夫著作的插图,形成了"中国风格"的广泛流行,显示了中国文明的价值。

随着"中国热"的渐渐消逝,敏锐的读者对尼霍夫行记内容的真实性产生了怀疑,就像当初人们对《马可·波罗行记》发生疑问一样。尼霍夫的著作是由他的哥哥亨利编纂出版的。最初的版本虽然在整体上给人以真实的印象,但在铜板插图中却有许多任意想象的细节。而在法文版中,译者冉·加本第则毫不掩饰地说:"我用法文翻译了这本书,并修饰和增加了许多美妙的、富有政治和教育意义的细节。"显然,尼霍夫著作从一开始,就不断地被篡改和添加,以致在很大程度上失缺了真实性,成了各种编辑和插图作者寄托某种幻想的载体。

尼霍夫行记的本来面目成了困惑西方学界300年之久的疑团。《〈荷使初访中国记〉研究》([荷]包乐史、[中]庄国土著,厦门大学出版社1990年版)的作者之一包乐史博士认定尼霍夫原稿完全可能是质朴的、不作任何艺术修饰的作品。因此,他执着地调查尼霍夫的原始手稿,在东印度公司各分部的档案里追寻,通过不懈努力,终于弄清了尼霍夫旅行记的各种版本,辨别出篡改了的伪作,最后在法国国家图书馆找到了尼霍夫的原始手稿和 80 幅插图原件。从 1984 年开始,中荷两国学者进行了合作研究,他们将尼霍夫旅行记的原始手稿译成中文,并深入地探讨了尼霍夫著作在欧洲的地位及早期中荷交通与荷使来华的史迹。这一合作的研究成果连同《荷使初访中国记》由厦门大学出版社首次用中文刊行问世。

尼霍夫行记对清军在武力征服过程中的暴行有不少详细的记录。清代厉行文字狱,清朝进关后烧杀掳掠的材料鲜有保存下来的,我们从尼霍夫行记中可以了解到清军在广州的屠城和江西吉安的蹂躏。尼霍夫对所经之地的风景、地貌进行细致观察,诸如河川、城墙、寺庙、宝塔等都有详细的记载,并配有插图,这些建筑物多已不复存在,但在尼霍夫的著作中却可以找到原来的面貌。尼霍夫对东南各省的丰富物产也有精彩的描述。

但是,我们从文化学的角度来看待尼霍夫行记,其价值的涵盖却深广得多。包乐史教授指出,在当时欧洲的政治、历史、哲学、神学等领域中,因《荷使初访中国记》之故,遥远的中国构成了种种灵感的源泉。我们可以说,尼霍夫行记之所以在欧洲风靡不衰,之所以在 18 世纪欧洲启蒙时代掀起的"中国热"中占有特殊地位,是基于文化交汇中的理想化变迁的社会心理需求。法文版译者冉·加本第直言不讳的告白就充分说明了这一点。篡改和大加修饰了的尼霍夫行记,它所描绘的中国形象与中国的实际不尽相符。启蒙时代的思想家为了揭露欧洲文化中的偏见和劣性,往往借用外部文化来鉴别欧洲文化,以支持他们对欧洲文化的批判。在 18 世纪的一个相当长的期间,欧洲对远东非常倾慕,中国在欧洲和各种文化领域中产生了很大影响。艺术上采用中国艺术风格,诸如家具、屏风、墙纸、纺织品和器皿。这种异国风格的流行,是寄托了对遥远世界的诗情画意的幻想。正如本书作者包乐史指出的,欧洲的出版商,"为了取悦我们的读者,把异国丰富多彩的形象用同一种模式描绘下来"。这种不同民族的文化参照,往往带着理想化的迁移,植入本国的文化土壤。如当时欧洲人认为中国官员的选拔、提升是根据政绩和优良的考试成绩,而不是由于裙带关系显赫的出身。这一事实十分吸引欧洲的思想家,它对于冲破中世纪的思想桎梏具有借鉴意义。但他们没有看到也没有可能透视到另一文化层面,即中国科举制度酸腐的一面。孟德斯鸠就曾指出,当时欧洲的热衷于参照中国来发现他们自己国家的问题,热衷于借用中国的例子来鉴别本国的事务,就像现今许多中国人习惯借用西方的事例来观照印证中国的事情,是同出一辙的思维定式。

西学东渐和东学西渐一样,同样有着理想化迁移的印痕。在近代,五四时期国人因反对旧的文化传统,对西方文化就有一种盲目的向往。而同一时期,欧洲因发生了第一次世界大战,出现了精神危机,对西方文化反感的结果,则是对不知其所以然的中国儒家文化发出赞叹。由此,我们似可以提出这样一个问题:在东西方文化交流中,必须透过表面,认识真实的中国传统文化和西方文化,避免偏颇和过激。

近百年来,关于如何吸收外来文化的争论,人们各执一端,相持不下。全盘西化论者只看到西方文化是不容割裂的整体,而"中体西用"派则忽视了文化的内在整体性，把文化视为可以任意剪裁、取长补短。其实，文化的变迁势必在理想化的过程中引起原有文化构成因素的重新搭配。这种变迁是冲突过程中的融合而不可能是两者的接合，自然也不可能是简单的移植。一切得以生根的外来文化成分在变迁途中已作了理想化的加工，并进入了民族文化的整体性熔炉中陶冶和熔铸，从而形成新的文化类型。笔者同意美籍华人学者余英时所说的："文化是整体性的，所以一个文化接受另一文化时，便不能不采取使外来的因素与自己的传统相结合途径，如果撇开自己的文化传统不顾，一味地两眼向外祈求，则结果一定是失败的。"（《论文化的整体性》）

300 多年前尼霍夫行记出版过程中在欧洲启蒙时期所起的独特作用和影响，它所引发的文化现象，值得我们作一番文化学的思考。笔者作为《〈荷使初访中国记〉研究》的责任编辑，写下的这些片语琐谈，权作该书的介绍。

台湾的『皇民文学』和『乡土文学』

（本文原载《台湾研究集刊》2008 年第 2 期，《海峡两岸新文学思潮的渊源和比较》荣获福建省社科优秀成果奖）

台湾新文学思潮与大陆的新文学思潮是否存在共生关系，这一问题，海峡两岸学者并没有形成统一的共识。大陆学者一般认为，台湾和大陆的文学本同出一源，在台湾却有一些学者极力否认两岸文学之间密切的渊源关系并提出以"本土化"为标准检视台湾文学的定义、定位。《海峡两岸新文学思潮的渊源和比较》(朱双一、张羽著,厦门大学出版社 2006 年版)以翔实的资料梳理了台湾新文学与祖国新文学的密切的渊源关系,充分论证了台湾新文学的根基是中华文化,它是在祖国新文学的巨大影响下产生和发展的。

　　大量文学现象表明台湾新文学受到了祖国新文学影响。但是,我们也应当看到台湾的一些学者,以"本土化"的立场的视角,试图否定海峡两岸间的文学渊源。我们观照一下台湾的"皇民文学"和"乡土文学"两种文学现象,就可窥见两岸文学思潮的渊源关系受到了台湾"本土化"立场的挑战。

　　台湾新文学诞生之时,已是台湾人民经过 20 年的武装斗争后,转入政治、文化斗争的阶段。日本殖民当局在"大亚细亚主义""东亚共荣圈"等旗号下,一方面加强对台湾固有的中华传统文化的全面打压、禁锢;另一方面则大力推行"皇民化运动",以直接策应战争。随着外部环境的变化,台湾新文学作家的许多描写,呈现出台湾地方特色的世俗风情画,实际上是以一种较隐蔽的方式,表达台湾同胞延续汉民族文化的努力,《海峡两岸新文学思潮的渊源和比较》一书以典型个案辟专章介绍分析著名作家吕赫若,表明吕赫若小说的"中国性"大大超过了"日本性"的存在,这说明殖民地人民,其文化性格的民族归属并不会轻易改变。虽然吕赫若在不得已的情况下,也写了几篇"皇民文学",但尽可能保持自己的艺术自主和台湾人尊严。吕赫若小说创作的所描写的社会组织结构和文化习俗等,主要属于"中国性",他创作高峰期的关注焦点集中于作为社会文化基本细胞的"家庭"。本书指出，他笔下的台湾家庭，显然不属于日本式，而是属于中国式的。他笔下的社会和人物的心理、行为特征，更属于中国式。对旧式封建大家庭的生活状况及其衰败过程的描写，是他作品中着力最多、艺术成就最高的部分之一。其实涉足这一题材本身即显现了对中国文学传统的接续。由于中国封建社会的超稳定结构，中国的封建大家庭的衰败是渐进的，随着内部的逐渐腐烂加上经济的变动、新思想的冲击而终至整个瓦解倒塌，其过程曲折复杂，为文学提供了极为丰富的素材。而在日本，封建家族的崩溃，却是缘于政治上的大变革而在较短的时间里发生的，是一种遽变过程。也许因为这个原因，封建大家庭的衰败是中国许多文学名著描写的主题。而在日本，这种描写就少得多。吕赫若热衷于描写封建大家庭的衰败过程，承续的显然是中国的文学传统。吕赫若的创作和人生的道路，是勇敢投入民族的和阶级的斗争，与政治使命紧紧连接在一起的。"在日本人眼中，政治是人类行为的露骨表现的部门，是一种贪婪的权术，因此最好要像房屋的烟囱那样，尽可能把它隐蔽起来"。反映于文学上，作品往往以柔和的线条来反映社会，享乐的东西多于严肃的东西，吟花咏雪的风景画多于营垒分明的社会生活，这是日本文学的深层文化性格。

　　由于日本殖民统治者在台湾强力推行皇民化运动，台湾文坛上确曾出现了一些"皇民文学"作品。抗日战争胜利后，台湾回归祖国，"皇民文学"受到了批判，但在20世纪八九十年代却有一些人呼吁理解和同情书写"皇民文学"的台湾作家，试图将"皇民文学"合理化，这一现象的背景是"台独"派鼓动亲日仇华思潮的一环。《海峡两岸新文学思潮的渊源和比较》一书介绍说,1998 年 2 月,《台湾"皇民文学"作品拾遗》就鼓吹要设身处地、以"爱与同情"去重新解读这些作品。稍后,叶石涛发表《皇民文学另类思考》一文,称:"台湾自古以来是无主之国,历史上一向由外来民族所统治,台湾人的祖先曾经是荷兰人、明郑人、清朝人、日本人、中国人,每一代祖先的国籍都不同,因此,日治时代的作家(指周金波)是日本人,他这样写是善尽作为日本国民的责任,何罪之有?"这些言论是与近年来台湾一股亲日仇华的社会思潮有关。针对这种将"皇民文学"合理化的言论和行径,文坛"统派"力量奋起批驳。陈映真在其文章中深刻地指出:所谓"皇民化"运动的本质和目标乃是要"彻底剥夺台湾人和汉民族主体性,以在台湾中国人的种族、文化、生活和社会为落后、低贱,而以日本大和民族的种族、文化、社会为先进和高贵,提倡经由'皇民练成'……从而彻底厌憎和弃绝中国民族、中国人的主体意识,把自己奴隶化,对天皇输绝对的效忠"。

台湾的"乡土文学"也成了"台独派"去"中国化"的一支大棒。

"五四"以来的中国新文学出现"乡土文学"这一支脉,着重表现闭塞、落后的农村,批判在旧生产关系和落后观念习俗基础上形成的国民性弱点,怀恋和美化未曾遭受污染的原始、淳朴乡村社会的"田园牧歌"乡土文学。

日据时期的台湾,因受"五四"新文学和日本等地启蒙思潮的影响,描绘和表现日本殖民统治下台湾人民遭受的巨大灾难和痛苦,也是日据时期台湾新文学"基本的主题模式"之一。50 年代台湾的乡土文学既是"五四"新文学乡土文学传统的延展,又是日据时期台湾乡土文学传统的承续。这时期出现的"田园牧歌"型乡土文学基本上传承自祖国大陆新文学;描写殖民地苦难的乡土文学大致上是日据时期台湾新文学的传承。而"批判/启蒙"型乡土文学则既是大陆的,也是台湾日据时代的新文学传统的延续。《海峡两岸新文学思潮的渊源和比较》一书介绍说,除了上述三种类型外,台湾还存在着第四类型的乡土文学,它的产生源于台湾地方文化形态和特征,本书著者将其名之为"扎根乡土"型。"扎根乡土"是最具台湾本地特色的乡土文学类型。台湾本为闽粤移民社会。作为"移民"自然有其勇于开拓进取的一面;但他们带着中国文化安土重迁、以农为本的根性。每到一地,当能够安定下来时,他们就想扎根此地,繁衍生息。

另一方面,台湾汉族先民筚路蓝缕,以启山林,又历经外来殖民者的入侵,对于"土地"也就格外珍惜。这是此类型乡土文学产生并蔚为大观的深层原因。如,廖清秀的长篇小说《第一代》,以作者的先祖渡海东进、开垦苏澳的事迹为题材。其《自序》中写道:"咱们的祖先从唐山来台湾开垦,首先就乘帆船过艰险的台湾海峡,抵达后又须与当地的疫疠,当时的生番、台风、大水、干旱等抗拒,好不容易生存下来,留了咱们这些后代,台湾才有今天的局面,他们这些无名英雄的丰功伟业是令人钦佩的。"被称为战后第一代最具代表性农民文学作家的郑焕,书写着客家人对于土地的特有观念。客家民系从中原南迁而来,其文化保持着农耕文明的本色。郑焕一方面刻画固守着农耕才是正道的信念,拒绝平地街市的引诱,不畏艰难,坚守土地的农民形象;另一方面,不断写离开土地的农民遭遇不幸,而不离开土地的终得好结果的情景。由此可见,部分台

110

湾省籍作家最引以为自豪、将之当作旗帜聚集其下的"乡土文学""本土文学",其实最具中华文化的深厚意蕴。应该说,无论是怀念故土的"乡愁文学",或是标榜"扎根本土"的"乡土文学"都根源于中华文化的"重视乡土情谊"这一基本特征。但相较而言,"扎根乡土"甚至比"怀乡"更切近中华文化之核心。不像属于"海洋文化"的西方人,其移民或殖民具有某种无限扩张,中国人往往是在迫不得已的情况下才离乡背井、迁移他乡。因此,迁徙、移居、飘泊四方往往是暂时的、局部的、非常态的;而扎根乡土才是中华文化永久的、整体的、常态的倾向。这种不可移易的源于农耕文明中国人"安土重迁"、热爱乡土的秉性,在数百年来由闽粤一带移居台湾的同胞身上及其创作的"乡土文学"中,表现得格外明显。作者指出,当前某些"台独派"学者将"乡愁文学"归于"中华民族主义",却将"乡土文学"与"中华民族主义"或中华文化割裂开来,对立起来,是违背学理,也违背历史事实的。

上世纪 80 年代,乡土文学内部所争论的问题,最初如所谓"中国结""台湾结"其实并未超越台湾文学的鲜明的中国属性。但这期间台湾岛内原有的乡土文学阵营产生了明显而深刻的意识形态分化,台湾文坛的"统""独"之争不断出现。陈映真等创办了《人间》杂志和人间出版社,90年代又出版了《人间思想和创作丛刊》,在其周围集结了一大批"统派"作家和学者,遂有"人间派"之称。以"人间派"为核心的文坛统派力量,坚持民族统一的立场,以台湾与祖国文学文化的历史渊源和正确定位为依据,与标榜"本土"乃至"台独"的文学文化思潮进行了坚决的斗争,为遏止文坛"台独"思潮的发展,发挥了重要的作用。

　　我们从《海峡两岸新文学思潮的渊源和比较》一书对台湾的"皇民文学"和"乡土文学"的分析研究中可以看出,作者的研究目的在于沟通海峡两岸人民的感情,填平两岸之间的鸿沟,从台湾文学着手来研究台湾社会和台湾人的心态。台湾新文学是中国新文学的一支脉,其产生与发展与祖国大陆的文学乃至社会文化有密不可分的关系。著者发掘和搜集的大量第一手资料,系统地梳理萌芽于清末的百年来台湾新文学思潮脉络,着重探讨它与祖国大陆新文学的渊源关系,从而否定试图将台湾文学分割于中国文学之外的错误观点。

城乡二元结构向何处去

（本文原载《中国新闻出版报》2009 年 10 月 9 日，《中国农村经济制度变迁 60 年研究》荣获新闻出版总署『三个一百』原创图书奖、教育部全国高等学校社科优秀成果奖、福建省优秀图书奖）

厦门大学许经勇教授的新著《中国农村经济制度变迁 60 年研究》（厦门大学出版社 2009 年 9 月版），是"三农"问题的创新研究成果，它首次全景式解构当代中国农村经济制度的变迁，科学地揭示城乡二元结构体制的未来演变趋势,不仅有很高的学术价值,而且对科学认识和正确解决"三农"问题具有现实的启迪意义。全国著名经济学家卫兴华教授在评价这部书稿时指出:"是一部见解独到的专著。"中共福建省委书记卢展工同志在百忙之中,亲自审阅许经勇教授撰写的这部书稿,并用"深感有历史价值和学术价值"的批示肯定了作者的探索。

本书全面系统地反映了新中国成立60年来,中国农村经济制度各个侧面所发生的深刻变化,并揭示其未来的演变趋势。在这60年间,前30年基本上是实行计划经济体制,后30年则是处在从计划经济体制向社会主义市场经济体制转变过程中。那么,在过去的60年中,中国农村先后实行两种完全不同的经济体制和运行机制,这其中有什么历史的必然?本书的作者从分析中国的赶超型经济发展战略、政府主导型的资源配置、重工业优先的资本原始积累(农民是提供这种积累的主体)、城乡二元结构体制和高度集中的计划经济体制之间的内在联系着手,对此作了深刻的分析和创新研究,视角独特,具有很强的说服力。

受中国的经济社会发展水平的限制,资本原始积累不仅存在于计划经济时代,而且还将存在于计划经济体制向社会主义市场经济体制转变的全过程。而城乡二元经济结构体制又是资本原始积累和计划经济体制赖于运行的基础,要破除城乡二元结构体制,既取决于改革的力度,又取决于发展的程度,而且改革的力度又不能超越于发展的程度。城乡二元结构体制,是中国"三农问题"之所以难以从根本上解决的症结所在。我们对解决中国"三农问题"的长期性、艰巨性必须有足够的认识。这是贯穿全书的一条主线。

全书按中国农村 60 年历史变迁的先后顺序,把"论"与"史"有机地结合起来,体现了历史与逻辑的内在统一。农产品统购统销、城乡二元户籍制度、农业合作化和人民公社化,是计划经济体制赖于形成的经济基础。废除农村人民公社,实行家庭承包制,意味着否定计划经济体制在农村的一个重要支柱,但是,城乡二元结构体制是计划经济体制的另一个重要支柱,却还不可能在短时间内破除,因为中国资本原始积累的任务还没有完结,农民工的劳动力价格剪刀差和农地变建设用地的土地价格剪刀差,还将存在很长的时间。改革开放 30 年来,尽管我国农村改革取得了显著的成效,但至今还不可能从根本上改变城乡二元结构体制,城乡差别还没有明显的缩小,农民工作为一种身份差别还将存在相当一段时间,要从城乡二元结构体制转变为城乡一体化体制,使社会主义市场经济体制趋于完善,还有相当长的一段路要走。

城乡二元结构体制改革滞后,不仅导致农产品供给与农产品需求的不协调,工农产品价格剪刀差难以缩小,以及中国农村严重落后于城市,而且也必然延缓中国城市化进程。在当前,一般农村社区的农民都不愿意被"城市化",其根本原因就在于存在着城乡二元土地制度,农村人口一旦被"城市化",就要交出在农村的承包地和宅基地,又不能平等地享受城市居民的各种社会福利保障。

例如,"民工潮"的涌现是城乡二元结构体制下的必然产物。中国特有的城乡二元结构体制,导制城市化进程和劳动力转移不同步,大量剩余劳动力滞留在农村,使农村出现了劳动生产率低、农产品商品率低和农民收入低的"三低"现象,累积了日趋锐的社会矛盾。一旦城市大门稍稍松开,大量农民工涌入城市寻求生存和发展的机会,便成为理所当然的事。从演变的趋势看,当粗放型劳动密集型产业发展到一定阶段,又必然会出现因劳动力价格被扭曲而导致劳动力供给短缺,也就是人们通常所说的"民工荒"。如果离开数以亿计的农民工,中国的工业化和城镇化就不可能发展到今天的规模。改革开放30年来,中国工业化和城镇化之所以获得史无前例的发展速度,在相当程度上是由于我们充分发挥了劳动密集型产业的优势,把数以亿计的农民转化为农民工。

本书论证了统筹城乡发展是解决"三农"问题的根本途径。科学发展观之所以把统筹城乡发展放在其他几个"统筹"之首位,是因为它是当前中国经济社会能否协调发展的关键所在。中国改革发展演变到今天,已经到了这样一个转折点,即农村的问题不能只在农村找出路,必须联系城市发展即城市化,探索解决农村的问题;同样的,城市化问题,不能只在城市中找出路,必须联系农村的发展探讨解决城市化问题。这就是统筹城乡发展的真谛之所在。固然,城乡二元经济结构是发展中国家普遍存在的经济现象,但中国则把城乡二元经济结构制度化,具有明显的体制性特征。无论是计划经济体制下的重工业优先,或者是市场经济体制下的过度的工业化城市化追求,都在强化着中国城乡二元经济结构,表现出持续强化的路径依赖特征。问题在于中国的市场经济体制,是政府主导型的市场经济体制,当前存在着的城乡二元经济结构,仅仅依靠市场的力量是很难得到化解的。这就必须发挥政府的主导作用,统筹城乡发展。

116　　　在过去相当长时间,占主导地位的思潮认为,解决中国"三农"问题的根本出路,在于通过加快城市化进程转移农村剩余劳动力。但是,当中国的城市化经历了 20 多年的快速发展之后,2005 年召开的十六届五中全会的《建议》为什么又反过来强调建设社会主义新农村?强调要促进城市化的"健康"发展呢?作者认为这意味着中国城市化过程中还存在着某些不协调、不健康的因素,必须引起我们的高度重视和深刻反思。

中国城市化所面临的诸多问题,与其说是在城市,毋庸说是在农村。我们应当把城市化建设的重点放在农村,也可以说是"反弹琵琶"。这就不难理解,党的十六大报告在论述这个问题时,是用两句话来概括:"全面繁荣农村经济,加快城镇化进程。"全面繁荣农村经济在前,加快城镇化进程在后。要深刻揭示建设社会主义新农村与城市化健康发展的内在联系,就必须对城市化的内涵有全面准确的理解。完整意义上的城市化包含两个互相联系、互相补充的内容:一个层次是农村人口向城市集中,包括进城农民工;另一个层次是转入城市的那一部分人的生存条件、生活方式、生活质量的城市化。我们应当把城市化的重心放在后一个层次上。城市化应当是一个双向互动的关系,而不仅仅是城市单向地把农村化过来,还应表现为农村通过自身的发展以及城市文明的普及,逐步地转化为城市。也可以这样说,即城市化不仅仅是表现为农村人口向城市转移,而且表现为城乡差别的缩小,乡村的生存方式、生活方式、生活质量逐渐向城市接近,乃至最终融为一体化。

无论中国的城市化程度达到多高的程度,总有相当一部分人口留在农村,而这部分农民的发展与城市化是息息相关的。在一个开放的社会,在城市化进程中绝不可能存在世外桃源般的原始农村。农村居民也在不同程度地享受着现代化的成果,即现代城市的文明。有形城市化与无形城市化是紧密地联系在一起的。在城乡差别还相当悬殊的情况下,要加快城市化进程是相当困难的,无论是进城的农民或者是当地政府,都要为城市化付出高昂的成本,更谈不上有可能在短时间内把亿万农民工转化为市民。中国城市化进程中出现的"农民工""城中村"和"小产权房",是不可逾越的"三道坎"。中国城市化的难题不在于把农民转化为农民工,而在于把农民工转化为市民。农民工与市民的差别,是一种身份的差别,要剥离附着在农民工身上的种种不平等的差别,并不是一件容易的事情。"城中村"和"小产权房",也不是件容易解决的难题。仅深圳市,"小产权房"就占住房面积的49%。城市化不是城市居民的专利,农村居民也在城市化,如果农村居民不存在城市化问题,城乡差别怎么有可能缩小呢?我们把农村城市化理解为无形城市化。中国目前正在进行的社会主义新农村建设,从某种意义上说,就是为了启动无形城市化,强化无形城市化,克服有形城市化与无形城市化之间的不协调状况,以利于促进中国城市化的健康发展。

改变城乡二元结构体制,是一项复杂的、系统的制度创新工程,包括户籍制度以及附着在户籍制度之中的就业制度、教育制度、医疗制度、住房制度、财税制度、公共品供给制度的创新以及政府职能的转变,需要经历相当长的时间才能完成。本书从理论与实践的结合上,揭示实现这一转变所必须经历的过程,富有理论上的创见和很高的学术价值。

呼唤重构理想的双性世界

（本文原载《中国图书评论》2003 年第 10 期，《当代中国女性文学史论》荣获中国社科青年优秀成果奖、福建省社科优秀成果奖）

当代中国女性文学呈现出多姿多彩的景观，女性作家们以自己的自然属性和社会属性交织而成的女性书写，浸润着她们对社会、人生和女性自身的独特体验，展示出一片斑驳陆离的寻找女性自我位置的女性视界。迄今尽管有多种或个别或具体的女作家作品专论问世,但尚未出现对女性文学现象作全方位、综合系统的考察与研究的著作。林丹娅教授的《当代中国女性文学史论》(厦门大学出版社 1995 年第 1 版,2003 年第 2 版)以反男性文学中心的视野,系统考察并研究中国女性作家作品及其书写行为意义,透视了女性文学现象过程,展现了女性精神史的种种形态,拓展了当代文学研究的新领域新课题,是一部独具风格的文学史论学术著作。

作为一部阐释女性文学历程的著作,按往常的文学史的体例,分为若干时期和阶段,按小说、散文、诗歌等主要体裁,论述具有代表性的女性作家作品。如此虽较省力,却有滑入旧有的窠臼而缺乏创意的俗套,纵然整理编纂之功不致埋没,但其学术价值则受到削弱。《当代中国女性文学史论》却独辟蹊径,以反父权制文化中心的视角,透视女性文学现象过程,并形成了沿着这一视角架构的"史"的链带,勾勒出女性文学的流变及发展轨迹。本书在阐述当代女性文学之前,以"被书写的历史"和"抵制书写的历史"为题,重新观照了 20 世纪之前的女性文学。"被书写的历史"表明了女性在文学殿堂中扮演的角色,不过是被男性任意打扮的玩偶。在一个以男性意识为主导的社会里,男性意识渗透、控制了文学,因此女性形象无不渗透着男性意识的刻画,女性在漫长的以男性本位文化为中心的历史中改变了自己的本相而成为他文化的女性。"抵制书写的历史"则表明,女性实际上只能通过角色命运所指定的方式来表现自己。我们似看到,在当代女权意识觉醒之前,女性文学的历史实质是女性成为被殖民化的痛苦历史。作者沿着这一滚动的"链带"前行,将笔触指向本书论述的主体——当代女性文学。当代女性文学,特别是上世纪 70 年代末 80 年代初之后的女性文学,女性作家以其不断成熟的自我意识和极具艺术个性、内涵丰厚的作品,创造出多种情态的女性文学意境,表现了当代女性的心灵世界。本书为我们勾勒出这样的女性文学发展进程,即女性精神发展轨迹:重构理想的双性世界——两性对峙的写真——当代迷惘:性归何方——新世纪的反旧文化书写。

《当代中国女性文学史论》既非严格意义上的女性文学的断代史,也不是女性作家作品论,而是一部史论结合的女性书写的心灵史,它贯穿着作者的评论主体。作者通过对女性文学的呈现与观照,张扬了女性精神史上的重要形态——对女性角色不平的呐喊,呈示出一种强烈的女权意识。这是中国女性集体意识创作下的表达主调,也是本书作者作为一个女学者、女作家对女性作品重新认识的把握基调和思想主体。女性意识的觉醒,使女性作家从习以为常的思维壁垒中破墙而出,对传统的书写进行抵制和反抗。

"五四"时代受变革之惠的知识女性,在撕破角色的文化服装后,在她们大量描写婚姻爱情的作品里,最显著的特点是"父亲"角色的淡化、弱化,甚至隐没。但它的反封建的成效似乎微乎其微,少女们在婚姻自主的胜利之后,又在新的名义下重新成为从属物。作者认为"五四"女性文学对角色与命运缺乏全面冷静的理性思考。当代新时期文学的女性书写形成一股社会潮流,蔚为壮观,女性作家"对自己性别意识的漠然",呈现出反性别压迫与性别歧视的文学景观,女性解放呈现在女性的自然存在之中。作者呼唤重构理想的双性世界,认为身处一个大变革的时代,一切事物都在重新扬弃之中,重构一个理想的双性世界是反映在女性书写中最具有进步意义的历史价值的想象。

作者林丹娅教授是一位学者，也是一位作家，发表了一百多万字的文学作品，她的作品以意境飘逸、细腻、富有韵致见长。同时，作者又在大学执教，具有敏锐的鉴赏感悟触角和厚实的理论素养。这些客观条件，使她把生活、创作、鉴赏、理论有机结合起来，形成这部个性独具的学术著作。本书的论述独具风格，它将逻辑推理隐含于细针密缕的论析中，形成审美直觉与科学思辨融为一体的阐述模式，理性与灵气交相辉映。我们阅读这部作家学者的女性文学研究专著，犹如读一部情理交融、至情至性的女性心灵史。

东亚华人社会的宏大画卷

（本文原载《厦门大学报》2011 年 3 月 18 日，《光明日报》2009 年 11 月 19 日曾刊登部分内容。本书荣获第二届中国出版政府奖提名奖、福建省社科优秀成果奖一等奖）

《东亚华人社会的形成与发展：华商网络、移民与一体化趋势》（厦门大学出版社 2009 年版）是"十一五"国家重点规划出版项目，是作者历经多年研究撰写的学术大书。本书所指的东亚，在学术上指称泛东亚，包括地理位置上的东北亚和东南亚各国和地区。本书运用史学、经济学、社会学、政治学等多学科的理论,探讨、分析东北亚与东南亚华人社会的变迁和华人政治认同及文化认同的进程,通过对不同"个体"和"群体"的探讨,勾勒出当代东北亚与东南亚华人社会"整体"发展变化的历史轨迹。在全面系统地阐述东北亚与东南亚华人社会演进历史的基础上,深入探讨华人在所在国经济与社会发展中的角色、地位与作用,进而研究东亚华人社会经济、社会资源对我国社会主义现代化建设的作用。

相比其他国家的海外移民及其裔群研究,中国的华侨华人研究具有超越一般学术价值的特殊性。这不但在于庞大的海外华侨华人曾在历史上对中国本土的社会发展起特殊作用,更在于华侨华人迄今仍是中国最重要的海外资源,是中华民族复兴的主动力之一。中国大陆改革开放事业发展,一直建立在充分利用华侨华人资源的基础上。海外同胞提供中国大陆现代化建设最急需的资金、现代化企业和国际营销网络。

近30年来,东亚华侨华人已成为世界各主要国家政治界、经济界、学术界关注的热点。近代以来,研究华侨华人的国外学者,向来主要是民族、文化、历史学者和汉学家,而1980年代以来,国外的中国学研究者、国际经济学者、亚太地区国际关系研究者等,也纷纷将研究焦点投向华侨华人,尤其是研究这一群体经济实力迅速发展的原因、华人族群认同和文化乃至政治地位前景、华侨华人与中国的互动关系及其对海峡两岸关系的影响。作为专门的研究领域,中国的华侨华人研究已历百余年,对民族学、人类学、历史学、社会学、经济学等传统学科的发展做出较大的贡献。随着近30年华侨华人数量及其经济实力和政治潜力的急遽增长,其研究的现实意义更具"中国特色"。

然而,本书的研究目的,并非为了说明中国应当如何利用华侨华人资源,而是试图通过研究东亚地区华人华侨社会的形成和发展及其与中国大陆互动的历史,论证在东亚经济一体化进程中,东亚华人经济体间进一步整合的可能性和必然性及其在东亚一体化进程中的先导作用。

全书分三篇。第一篇《东亚华商网络、中国海外移民与华侨社会的形成》,内容包括明清时期中国的二次海洋机遇与华商网络的形成;中国移民下南洋与南洋华侨社会的形成;东北亚和台、港大陆移民社会的形成。第二篇《侨政和东亚华社的转型》,内容包括20世纪中期之前中国政府的华侨政策;东亚华侨参与祖国革命和建设;东南亚华人社会的转型与中国任务政策的变化;1970年代以来东亚各国对华人的政策与态度。第三篇《东亚华人经济体崛起及其一体化趋势》,内容包括东亚经济体崛起与华商;东亚华商与中国大陆的经济整合;中国新移民前往东南亚的过程、原因和分布;东南亚华侨华人的基本构成;东亚经济一体化与华商;华侨华人智力资源在中国大陆的整合。

东亚华商网络和华人经济体间的整合具有坚实的支点。

一是共同文化。虽然华商网络并非排他性的网络,这个网络包括华商与非华商的经济联系。然而,共同的亲缘、语言和表现在共同心理状态上(主要体现在价值观上)的文化基础,能使华商之间易于建立"由同一种语言和文化产生的关系,这种关系可以弥补法治的缺乏以及规则和法规缺少透明度"。具有共同文化背景的合资者之间,其合作的社会成本比处于不同文化的群体之间的合作要低。如果说,亨廷顿在《文明冲突论》中,将文化冲突作为政治、经济冲突的根源的说法具有合理性,那么华人的共同文化背景也将更容易消解冲突,促进合作,正如西欧和北美的经济互相渗透与合作基础即是文化的一致性使然。二是共同处于东亚区域。处于共同或邻近的区域意味着相近的自然和地理条件和相互交往的交通便利,也因此降低物流和人流的成本。在全球化突飞猛进的今天,区域经济合作作为全球化的补充,正在方兴未艾。海外华商网络也可视为区域经济合作的一种方式,是在"自然经济区域"内的不同经济体的合作典范。三是历史的基础。明代以来形成的华商经贸网络基于共同的地域和文化基础,寻求共同的经济和社会利益。数百年来华商之间的联系长期维系,基本上一直能够为共同利益而聚合,尽管华商网络的中心在不同时期有所变化,但客观上都增强了东亚华人经济体间的整合。

这部著作通过研究东亚地区华人华侨社会的形成和发展及其与中国大陆互动的历史,论证了在东亚经济一体化进程中,东亚华人经济体间进一步整合的可能性和必然性及其在东亚一体化进程中的先导作用。

海外华人高度集中在东亚地区,尤其是东南亚地区。这一现象不但是地理因素使然,更是东亚经济贸易圈的形成和发展所致。远在西洋人东来以前,东亚地区已大体形成以华商为主导的、从日本海到赤道的经贸圈,被及日本、朝鲜、中国东部地区和东南亚地区。这一商圈与印度和阿拉伯人主导的印度洋经贸圈、欧洲人主导的大西洋和地中海经贸圈鼎立,共同组成世界的主要贸易体系。

近30年来,虽然华人华侨研究的著作汗牛充栋,但多是专题性研究,如国别、市镇的华人研究,或华人历史、文化、教育、民族和经济问题的研究,或华人与中国及侨乡的研究,令人有"只见树木不见森林"之感。因此,在宏观层面系统梳理华人华侨社会产生和发展的脉络及其与当代华人社会的承继关系、当代华人华侨数量与分布、华人华侨与中国关系的现状及发展趋势,以及东亚华人社会的相互关系和整合前景,不但是把握华人华侨历史、现状和发展趋势研究的需要,也是认知中国最重要海外资源的现实要求。

庄国土教授的近著《东亚华人社会形成和发展:华商网络、移民和一体化趋势》,正是通过研究东亚地区华人华侨社会的形成和发展及其与中国大陆互动的历史,论证在东亚经济一体化进程中,东亚华人经济体间进一步整合的可能性及其在东亚一体化进程中的先导作用。全书分三篇十八章,共80万字,是近20年来关于华侨华人研究篇幅最大的专著,也是作者近30年学术研究的总结。

该书的论述具有以下特点:

关于移民。该书是目前为止对中国大陆海外移民的历史与现状做出较详细研究的著作。作者不但对各历史阶段的中国海外移民的数量、目的地、移民源地和人口构成作深入分析,而且对近30年中国的海外新移民的数量和分布做出详细的统计和推估,提出中国进入东南亚和韩国、日本的新移民达400余万的新数据,是国内外迄今关于历史和当代移民研究的最新成果。

关于华商网络。作者根据新发掘的资料,论证形成于15世纪初的华商网络与当前华商网络的历史承继关系,论证经贸和移民是华商网络的两大支柱,并进一步指出,华商网络是当代东亚华人经济体整合的基础。纠正了国际学术界关于华商网络形成于欧人东来以后的观点,并第一次提出闽南人主导东亚海上贸易网络长达 600 年的论断。

关于华人华侨政策评估。作者本是国内外知名的华人华侨政策研究专家。在这部著作中,作者进一步详细论述历代中外政府对待海外移民和华人华侨的政策以及对华人社会形成和发展的利弊。作者认为,中国的海洋发展和海外移民事业两度受挫于明初和清初中国政府的海外政策,更进一步提出明初海洋政策和郑和下西洋是对中国海洋发展的反动这一著名论断,得到学术界的广泛反响。此外,作者对当前东亚各国的出入境政策和对华侨华人政策做详细探讨,是当前中国移民海外和留学的重要参考文献。

关于人口数量估算。作者在详细占有资料的基础上,对世界华侨华人数量、东亚各地华人社会的数量做出详细估算,提出“东南亚华人华侨数量约 3348.6 万”“世界华人华侨总数 4543 万”“中国新移民数量约 1030 万”等重要数据。这是近 30 年来中外学者第一次在系统研究基础上提出的新数据,成为中国侨情和海外资源评估的重要依据,得到政府有关部门的高度评价。

关于东亚华人经济体的整合。该书另一重要成果,是论证东亚华人经济体的高度整合。尽管以前的国内外学者也提出华人经济体之间的相互依赖和整合,但多是从“大中华经济圈”观点出发,且缺少系统的实证支撑,引发对中国崛起及华人与中国关系的猜忌。该书以翔实的经贸、投资、劳动力流动等统计数据,论证大陆、港、台、东南亚之间的经济整合不断加深的趋势,并提出这是以华商网络为基础的区域经济资源整合的表现,是超意识形态和政治制度的经济合作,也是经济全球化的逻辑结果,并非政治操作的产物,更不会趋向于政治整合。

关于一体化的历史渊源和现实动力。该书最重要的论证逻辑是:中国大陆在东亚地区的文化和经济中心的历史地位,推动了中国海外贸易的发展和中华制度文化的海外传播,海外贸易催生中国大规模的海外移民和华人社会的形成,移民与贸易成为华商网络的两大支柱,从而使华商网络成为东亚经贸和文化圈的主导力量长达 600 年。虽然近代以来中国本土的衰落使东亚华商网络的中心转移到海外,但改革开放以来,东亚华商网络迅速重返大陆,以大陆为核心进行东亚乃至全球华人的资源整合。在经济全球化加速的背景下,东亚华人经济体的高度整合成为东亚经济一体化进程的先导和核心动力。

关于资料利用。该书的另一特色是翔实的资料基础。该书在华人华侨研究领域的多种新论断,都建立于其把握最新研究前沿、新资料的发掘和重新诠释资料的基础上。该书引证各类资料超过 700 种,包括未刊、已刊档案和资料汇编 70 种,方志、古籍 91 种,前人文集、论著 270 种,译著译文 59 种,外文著作 119 种,海外中西文报刊 40 余种,各类统计资料和会馆刊物 20 余种,中外官方机构和国际组织网站 70 余种。因此,该书关于当代东亚华人的各种统计表格多达 60 余种,体现作者重视实证和计量研究的严谨治学态度。

随着中国经济的崛起及其经济国际化程度的飞速发展,中国与东亚各经济体的资本、贸易、产业、技术的交流和融合程度前所未有,其先导作用首先在于华人经济体之间的高度整合。东亚地区的人员往来和迁徙也以空前的规模进行。最引人注目的是1980年代以后中国人第四次移民东南亚热潮,人数达250万以上的中国移民进入东南亚,近百万人移居日本和韩国,东亚各地密布华人社区,再次呈现经贸与移民互动的状况。与此同时,近80万韩国人、数以十万计的日本和东南亚人、百万台湾人和数十万港澳同胞在中国大陆或经商、或求学或务工。东亚华人经济体之间的密切互动推动了东亚经济一体化的进展,而东亚经济一体化的进展也进一步促进东亚华人经济体之间的整合。

鉴于海外同胞对中国的特殊意义,且绝大部分华侨华人集中在东亚,尤其是东南亚,东亚华侨华人已成为近30年来世界各主要国家政治界、经济界、学术界关注的热点,其重点是研究这一群体经济实力迅速发展的原因、华人社会的发展及其认同和文化乃至政治地位前景、华侨华人与中国的互动关系及其对东亚经济一体化、海峡两岸关系的影响。在国内,由于华侨华人一直是中国改革开放事业发展的主动力之一,中央及各部委对涉侨工作的重视前所未有。中央有“五侨”(全国人大侨委会、全国政协港澳侨台委员会、国务院侨办、中国致公党和全国侨联)等五个正部级机构主理华侨华人事务,这种政府和准政府机构的设置在世界各主要国家中独一无二,体现了中国政府对华侨华人的重视。诸如统战部、中联部、商务部、教育部、公安部等越来越多的部委,也对涉侨工作日益关注。

作为专门的研究领域,中国的华侨华人研究已历百余年,对民族学、人类学、历史学、社会学、经济学等传统学科的发展做出较大的贡献。随着近30年华侨华人数量及其经济实力和政治潜力的急遽增长,本书研究的现实意义更具“中国特色”。

130

解构大型区域文化经济生态

（本文原载《大学出版》2004 年第 4 期，《透视中国东南：文化经济的整合研究》荣获中国图书奖、福建省社科优秀成果奖一等奖）

"中国东南"，这是一个魅力巨大、引人入胜的地理方位概念。因为这块曾经被冠以"蛮荒"之称的神奇土地在中古时期开始成为中国文化最发达的区域。从某种意义上看，"蛮荒"本身就是够刺激的，它意味着一种野性的神秘感：当这种"野性"由于文明的进军而迸发出固有的生命岩浆时，随之而来的社会风情变迁、经济开发、文化流布便具有了一种特殊的亮点，这些内容与远古茂密的森林、奔泻的河流相对应，组合成为特殊的自然、人文风景线，令人神往。

俗话说，"一方土地养育一方人氏，一方人氏创造一方文化"。中国东南文化是在中国东南这块神奇土地上孕育产生的，其诸多形态蕴含着东南的自然地理本色，也凝聚着社会经济的固有能量。透过东南文化反射镜，我们还可以感悟到深层次里所存在的人性主体品格以及特定的社会价值观。

自改革开放以来，随着经济水平的提高，东南区域研究已经成为学术界所瞩目的重要课题。在这个领域，学者们就文化教育、风土人情、社会变迁、经济运作等专题开展了热烈的讨论，并且取得了一系列成果。然而，至今为止，尚未见有该区域文化经济综合研究的学术论著问世。

依托厦门大学和福建师范大学人文社会科学方面的雄厚实力，组织一批有特色、高水平、高质量，又能经得起时间考验的学术精品，这始终是厦门大学出版社在实施图书精品战略过程中十分关注的事情。1999年年底，通过反复研究论证，笔者决定从人文学科入手，策划一部学术大书，作为实施精品战略的切入点。长期以来，中国东南部就是中国经济最活跃的区域，这一现象有其特殊的人文土壤，同时，中国东南的人文精神又是与发达的经济相关联的。中国东南区域文化经济所特有的内在结构、发展动因和互动关系，产生了具有独特的社会景观的东南现象。

通过与专家的反复探讨，笔者对中国东南现象作了定位，从而形成了这一以经济为主线,论述中国东南文化经济特质的选题。选题确定后,笔者约请了厦门大学人文学院院长、博士生导师陈支平教授和博士生导师詹石窗教授担任该书的主编。随后,两位主编邀请了一批在我国东南区域文化经济各个专题上有深入研究的中青年学者,组成一支学术基础雄厚、学科阵容强大的作者队伍,他们分别来自厦门大学和福建师范大学的历史、经济、哲学、文学等学科。

在主编的组织下,各位作者以非常严谨的治学态度进行研究和写作,历时一年多写出初稿。初稿形成后,主编又用了半年多时间对初稿进行了认真审读和统稿。随后,主编和作者又对书稿作了认真修改。书稿交厦门大学出版社后,该社立即邀请有关专家对书稿进行审读,责任编辑和校对人员对书稿作了细致的编辑加工和校对,美术编辑和技术编辑为书稿的成书也付出了创造性的劳动。经过多年的打磨,2003 年 9 月,140 多万字的《透视中国东南:文化经济的整合研究》一书终于由厦门大学出版社出版。

该书首次对中国东南区域的文化经济展开全景式的论述,解剖了中国东南文化经济的内在结构,揭示了中国东南文化经济的发展动因,阐发了中国东南文化经济的互动关系,全方位地勾画出中国东南部文化经济与社会发展的轨迹,挖掘出隐藏在其中的历史文化内蕴。

该书所指的"东南",主要指中国浙江、福建、台湾、广东诸省,并延及江西、安徽、江苏南部和湖南东部区域。中国东南区域历经千年发展,在文化、社会、经济诸多领域形成特色,特别是改革开放以来更呈发展优势,对我国整体发展具有积极影响,成为人们认识中国社会的主要窗口。作为中国文化经济整体网络的重要区域分布,东南文化经济的沉浮兴衰直接影响到全国文化经济的生态结构,通过考察、分析东南文化经济,不仅可以认识中华民族的主体创造精神,而且可以为当今的文化经济建设提供历史的经验教训,激发学术创新。这部全面、系统论述中国东南文化经济的学术巨著,通过研究、考察、分析,解读其中各种因素的相互作用,揭示其发展规律与运动趋势,不仅有其重要的学术价值,也有重大的现实意义。

该书由《导论》和十四编组成。《导论》部分以生态学的立场概括东南文化经济的整体面貌、区域分布,分析其内在结构,阐明中国东南文化经济研究的价值与思路。第一编论述东南地理环境的形成及其生态结构、东南地理环境与东南开发、东南地理环境对经济的影响;第二编从上古华夏文明社会的成长与东南社会的落差之考察入手,进而阐述百越先民在东南的繁衍及其文化源流、中原文化的传播及其与古越文化的碰撞交融;第三编论述东南宗族的历史脉流、多缘联结、东南宗族与文化经济发展的关系;第四编论述东南海上交通网络与社会经济的繁荣、东南海上交通与中外文化交流;第五编论述东南海商形成的人文地理与经济政治条件、东南海商的发展道路、东南海商的性格特征与归宿;第六编论述五口通商的内部动因、五口通商时期中国对外贸易发展趋势与各口通商状况、五口通商时期的外商与华商;第七编论述理学的渊源及其在东南的早期活动、明清时期理学在东南的转变与式微、理学的文化规范与东南的社会经济变迁;第八编论述道教在东南的流布与发展、佛教及其他外来宗教在东南地区的播衍、东南宗教的文化经济作用与现实意义;第九编论述东南民间信仰的由来与社会基础;第十编论述东南民风习俗的历史演变,说明东南民风习俗的区域分布与特色,分析东南民风习俗的精神内涵及与其他文化形态的关系;第十一编概述东南方言的发展历史,分别考察东南方言主要类型及其历史变迁,探索东南方言与社区文化圈的关系;第十二编论述东南文学的历史传统与主要成就,考察东南艺术的类型并且进行审美鉴赏,阐明东南文学艺术之交融及其文化经济推动关系;第十三编论述台湾与东南沿海的地缘、血缘、物缘、商缘、文缘、俗缘、神缘之关系,审视台海关系与中国文化经济之发展;第十四编论述东南华侨的移民历程、东南华侨华人的文化特征及教育变迁、东南华侨华人商贸经济。全书在分别考察东南文化经济各个侧面的前提下,阐发文化与经济的互动关系,其内容丰富、结构紧凑,展示了极为广阔的视野。

采用宏观与微观相结合的研究方法,这是该书的一大特色。在宏观的研究方法上,该书主要采用"生态学"思路,将东南文化经济当作一种生态整体来观察和分析,提出"东南文化经济生态"的基本概念和定义,从生成互动的角度解剖东南文化经济生态,指出东南文化经济的发展经历了自在生态、自为生态、磨合生态的历史进程。主编凭借其深厚的学养,独辟蹊径,以经济文化融合为切入点,并立足学术前沿,运用"生态学"理论研究中国东南经济文化现象。著者认为中国东南文化经济之所以构成一种区域生态,是因为文化经济作为联体存在的社会现象本身具有互动生成的关系。中国东南文化与中国东南经济之间一开始就存在由此达彼的桥梁。该书正是以"中国东南文化经济生态"为主旨贯穿始终,让人耳目一新。在微观的研究方法上,该书还把多学科的研究方法结合起来,进行细致而深入的考察、剖析。该书根据 14 个专题的内容分别采用历史地理学、文化地理学、经济地理学、文化传播学、经典阐释学、语言符号学、宗教社会学、民族心理学、民俗文化学等多学科的研究方法,力图使对研究对象的剖析具有深度和广度。

从专题人手,稽考东南文化经济的内在结构及其相互关系,这是该书的又一大特色。由于东南文化经济不是孤立存在的,反映到逻辑陈述体系中照样必须注意其彼此的联系。基于这样的理念,该书紧紧围绕专题,通过历史追踪和富有时代精神的解读,展示了中国东南文化经济的深厚内涵。从东南文化的自然基础到社会基础,从宗族繁衍到海上交通,从海上贸易到五口通商,从移民侨居到台海关系,从理学教育到民风习俗、宗教信仰,从方言流迁到文学艺术,逐步展开论述,显示了历史与逻辑的相互统一,重视整体与部分的协调,而且专题既考察历史沿革,又注重理论升华,使各个专题形成有机的整体。由于专题的确立首先是把文化作为入手考察的基本对象,各编名称也就没有使用"经济"之类的概念,但这并非意味着经济被撒下不管了,而是以另一种"剥层"的思路来显露经济意义。从结构功能的角度来说,东南文化与经济是彼此互为"暗示性语言"的。基于文化是一种语言的认识,该书不仅力图找出东南文化中的方言所具有的语法结构,而且力图展现该区域民风习俗、宗教信仰等诸多文化现象自身的"语法结构"和蕴含其中的意义。

"宏观见道,微观见力",这是该书的另一大特色。"宏观见道"是说全书谋篇布局注意整体的关系,通过高屋建瓴的审视和全方位的把握,揭示东南文化经济的历史脉络及其内在动因、发展规律。"微观见力"是说全书通过各个专题的类型考察和深入分析,体现了深厚的学术功力。作者认为,东南文化经济的发展历史本身存在着整合与离析的关系。

"整合"就是文化经济生态中的诸种要素由于时代的原因和社会的需求发生重组,因为重组之后的诸要素具有内在的整体联系,形成合流趋势。"离析"指的是一种文化经济形态因其主体的运作与环境的刺激而分化出新的因素并且逐渐生长、最终相对独立。基于社会发展是一种自然历史过程的认识,该书作者通过大量事实说明东南文化经济生态的整合与离析的辩证关系。作者在深入考察之后指出,中国东南区域所固有的传统文化虽然具有很深的社会基础,但最终还是不可能维持原来的状态,西方文化与中华文化在东南区域发生碰撞,从而造成了新的整合与离析。当今社会,东西方文化经济之交流更加频繁,中国东南区域作为开发商较早关注的地方,面对着大量的各种各样的文化经济信息,不可避免地要出现多元的文化经济整合,也不可避免地会发生新的文化经济之离析。

　　该书在严谨的框架下,各编作者进行了周全的论构,叙、论、评层次分明。在阐明问题时,大都能做到铺垫自然、引用精当、述说到位、评价公允,实现了体例的整齐、文风的统一。

　　该书从策划到成书历经四年,从作者方面说可谓厚积薄发,从出版社方面说可谓精益求精。该书的成功出版,充分说明了学术巨著是学者和出版人互动与创造的产物,也是精品图书出版方式的有益尝试与创新。厦门大学校长朱崇实教授指出:"在《透视中国东南:文化经济的整合研究》出版过程中,不同研究方向的专家,不同高校(或研究单位)的学者,为了同一个研究课题,走到一起来了。这是一次研究力量的成功整合,它的合作模式是非常有意义的,并将因此产生深远的影响。"

137

资料链接 《透视中国东南——文化经济整合研究》(上、下册),由厦门大学出版社总编辑陈福郎编审策划,厦门大学人文学院陈支平教授、詹石窗教授主编,集厦门大学、福建师范大学的历史、经济、哲学、文学等学科的20余名专家学者历时四年研究而成。该书篇幅宏大,广征博考,导论之外,分十四个专题,全书共143.6万字,全书(上、下册)定价:人民币125元。2003年9月,该书由厦门大学出版社出版,11月29日在厦门大学举行首发式,福建省人民政府副省长、博士生导师汪毅夫教授出席首发式。

该书是第一部全面论述中国东南文化经济的学术巨著。全书充分吸收前人研究成果,在不少史实和理论方法上,提出了自己的独到见解和分析理路,推动了中国东南文化经济研究。

该书出版后,受到学术界和出版界的瞩目,产生了极大反响,认为该书堪称传世之作。新华社、中新社和《人民日报》《中国新闻出版报》《中国教育报》等近百家新闻媒体刊发了该书出版的消息,《中国社会经济史研究》《中国出版》《中国图书评论》等十多家重要报刊发表了评论文章。学界同行给予了高度评价:清华大学历史系主任李伯重教授认为,新中国成立以来,学界对于中国东南区域的社会经济文化史研究固然取得了许多可喜的成果,但是,该书可以说是至今为止最为全面系统地论述这一区域文化经济结构特征的著作。中国哲学史学会副会长周桂钿教授认为,过去虽有大地域的研究,但迄今为止还没有从文化经济角度系统研究一个大区域的;该书是在许多具体研究的基础上进行的综合创新,符合综合创新的思路;这种整合有非常重大的现实意义;对中国地区性的文化经济的研究,对华侨华人商贸经济,对海峡两岸的文化联系,对地区性文化经济的开发,甚至对世界上所有地区性的文化经济研究与开发,都可以提供非常有价值的参考。中国经济史学会秘书长、中国社会科学院经济研究所江太新研究员认为,该书是国内第一部全面论述东南文化经济的学术专著;结构新颖,资料翔实,理论上多有创新;无论在内在质量上,或是在外在装潢设计上,都达到高标准,是一部难得的好书。该书可作为高等院校、科研部门的教学研究人员的重要参考书和政府部门公职人员、企业管理者的重要案头书。

引人注目的是,该书还用一编《台海关系东南文化经济的特殊分布》专门论述了台湾与祖国大陆东南沿海诸多省份之间的密切互动关系,以大量的史实论证了台湾与东南沿海的地缘、血缘、物缘、商缘、文缘、俗缘、神缘关系以及台湾文化与东南文化和中华文化的关系,从而以精确的史实、精湛的研究,再次论证了"台湾自古以来就是中国东南不可分割的地带"的观点。该书主编之一、厦门大学詹石窗教授表示,通过研究,可以认为,根据《易经》八卦定位,台湾自古以来就是中国东南不可分割的地带;台湾岛的发现与文化经济的发展乃是中国东南人民的文化传统与开放精神相结合的一种结果。

该书列入"十五"国家重点图书规划,2004年荣获第十四届中国图书奖,2005年荣获福建省第六届社会科学优秀成果奖一等奖。

珍稀史料见证台湾历史

——大型文化工程《台湾文献汇刊》的出版价值

（本文原载《中国新闻出版报》2005年6月29日，《台湾文献汇刊》荣获福建省社科优秀成果奖特等奖）

国家"十五"规划重点出版项目、厦门大学出版社和九州出版社联合出版的百册历史文献《台湾文献汇刊》，历经十载的编辑整理最近正式出版发行，引起了海峡两岸学术界的高度关注。

自20世纪50年代以来，台湾当局

及台湾银行出资组织大批文史专家,经过近 20 年的努力,搜集编辑了大型《台湾文献丛刊》,共整理出版各种文献资料 400 余种。这套文献丛刊成为迄今为止研究台湾历史最基本和最重要的资料,广为海内外研究者引用。大陆各个主要研究机构和图书馆,大多购置了这套文献丛刊;大陆学者从事台湾问题的研究,基本上都引用这套丛刊的资料。

由于 20 世纪 70 年代末以前,海峡两岸的文化交流完全处于隔绝状态,因此这套丛刊只能网罗台湾岛内的文献资料,而不能顾及台湾之外特别是大陆收藏的众多文献资料。大陆许多图书资料部门所收藏的有关台湾问题的文献资料十分丰富,亟待我们去搜集、整理和出版。更为突出的是,近年来由于台湾某些别有用心的"台独"分子极力在台湾推行"文化台独"活动,在台湾历史的学术研究上蓄意割断台湾与祖国大陆的渊源联系,使得文献史料的整理受到了很大的阻碍,学术的研究日益出现了偏颇的"去中国化"的恶劣倾向。如目前台湾一些官方机构热衷于整理研究日据时期的日本总督府档案,而对于一些与祖国大陆有联系的历史文献档案,则视而不见。

此次整理出版的《台湾文献汇刊》共 7 辑 100 册,收入珍贵文献资料近 200 种。凡《台湾文献丛刊》已经收入的文献,除了少量有明显差异的原稿本、传抄本之外,《台湾文献汇刊》基本上都不再编入。此次收入《台湾文献汇刊》的文献资料,绝大多数是分藏于祖国大陆各地的图书馆、档案馆以及散落于民间的孤本、珍本、抄本,也有一部分是近年在台湾、日本等地新发现的珍贵文件,具有很高的史料价值和研究价值。这些文献资料,为揭示台湾历史发展变迁,揭示两岸不可分割的文化渊源关系,提

141

供了最原始、最有力的证据。

现存有关郑氏家族与明末清初的文献比较稀有,此次收集的文献基本上均为首次刊出的手写孤本和传抄孤本,三种《郑氏家谱》也都是近年来在民间陆续发现的珍本,对于深入了解郑氏事迹和南明史实,具有不可多得的史料价值。此外,由中国第一历史档案馆整理、编译的郑成功家族满文档案,更是研究明末清初相关问题的最原始文件,其价值不言而喻。

关于康熙统一台湾,是台湾当局最为忌讳的问题,因此当年编辑《台湾文献丛刊》时,编者有意无意地回避这部分文献史料的搜集整理。在当前遏止"台独"成为紧迫任务的情形下,将康熙统一台湾的历史原貌呈现出来尤为显得必要。而在康熙统一台湾时发挥举足轻重作用的总督姚启圣的文集、文告,则是研究这段历史所不可替代的宝贵资料。

闽台民间关系族谱专辑收录福建沿海地区大量关于移民台湾记载的民间族谱。其中包括陈水扁、吕秀莲、游锡坤等民进党人士先祖的族谱。近年来有些"台独"分子数典忘祖,否认台湾与大陆的血缘关系,而大量民间族谱所提供的史实,都无可辩驳地证明了两岸源远流长的血缘关系。

清代从大陆派往台湾担任官职或前往台湾谋生任教的知识分子们撰写了许多诗文,多为民间保存的稿本或手抄本。这些珍贵的稿本和手抄本从各个不同的角度和层面反映了台湾社会的历史文化面貌,对于进一步审视台湾社会文化以及与祖国大陆的紧密联系,提供了更为直接的历史证据。

　　清代台湾延续中华民族的文化传统,纷纷撰修地方志书及其他舆地文献。但是由于当时台湾的文献资料较为欠缺,不少台湾地方志的撰修,往往是借助于福建的人力物力而完成的,所以有相当一部分台湾地方志书的稿本、未完稿本,保存在大陆。这些稿本、未完稿本不仅仅是仅存的孤本,而且内容丰富,提供了大量有关台湾社会方方面面最宝贵的原始资料。这些文献的发现和刊出,有助于推动台湾历史文化研究的深入开展。

　　清代台湾在移民社会的形成、发展过程中,由于各地之间、各宗族之间时有冲突发生,所以民间的械斗、暴乱事件较多。到了清代后期,日本殖民主义者野心勃勃,不断侵犯台湾,制造出许多事件。《台湾文献丛刊》虽然对于这些事件的文献资料有所收录,但是顾忌良多,有所隐讳。此次《台湾文献汇刊》收入了许多至今为止未见引用的罕见文献,填补了《台湾文献丛刊》在这方面的史料缺陷。

　　《台湾文献汇刊》的整理出版,弥补台湾方面在文献史料建设上的不足,并在一定程度上消除台湾方面的诸多不良影响;更重要的是能够以扎实厚重文化积累的形式,增强包括台湾人民在内的所有中华儿女的向心力,有力地揭露"台独"分子进行"文化台独"的图谋。它以大量的历史事实与文献史料证明,两岸人民同根同源,具有割不断的血缘关系,拥有源远流长的文化传统,它的出版必将增进了两岸的学术交流与文化联系。

　　资料链接　大型历史文献《台湾文献汇刊》,经过编者十载整理之功,出版社三年的编辑努力,于 2005 年初正式出版发行,引起了海峡两岸学术界的高度关注。在北京人民大会堂举行的出版座谈会上,全国人大常委会副委员长、全国台湾研究会会长成思危、中共中央台办副主任王在希等作了重要发言。

成思危(全国人大常委会副委员长、全国台湾研究会会长):这套文献的出版,用无可辩驳的史实史料,证明台湾与祖国大陆密不可分的历史文化联系,深刻地阐明了台湾的中国属性。日据时代的史料表明,台湾人民顽强地坚持自己的中国属性不被改变,证明任何力量都无法改变已根植于台湾人民心中的这种意志。今天的历史是昨天的延续,这套文献对"去中国化"作了有力的回击,也将有力推进有关台湾的学术研究。

王在希(国务院台办副主任):《台湾文献汇刊》是揭示两岸密不可分的历史文化渊源的有力证据。当前,摆在全体中华儿女面前的一项紧迫任务,就是要坚决遏制"台独"分裂活动。我们反对"台独",但我们热爱台湾同胞。反"台独"与爱台湾是一致的。广大的台湾同胞是希望社会安定、经济发展和台海和平的。我们将坚持不懈地为台海和平而努力。"台独"分裂活动的一项重要内容,就是搞"文化台独",搞所谓"去中国化",企图造成台湾民众国家认同、文化认同、历史认同的混乱,从而割断两岸人民的历史文化联系。因此,这套文献的出版,不仅具有学术意义,而且具有现实意义

《台湾文献汇刊》出版后成为胡锦涛主席 2006 年访美时向耶鲁大学的赠书之一。

毛泽东农业思想研究的代表作

（本文原载《光明日报》2004 年 2 月 13 日）

　　由厦门大学出版社出版、郑以灵教授撰写的学术专著《毛泽东农民观透视》（厦门大学出版社 1999 年版），自出版后受到党史界的高度重视。在纪念毛泽东诞生 110 周年之际，中共中央党校胡为雄教授撰写了长篇文章《20 世纪 90 年代国内毛泽东思想研究回顾》，文中充分肯定了该书的价值，文中指出："在 20 世纪 90 年代，毛泽东思想的各个分支理论研究比 80 年代的研究更加深入，其中研究较为突出的表现在毛泽东经济思想、农业思想、民主政治建设理论等领域。同期研究毛泽东农业思想的代表著作是农业部农业政策研究会主编的《毛泽东与中国农业》和郑以灵的《毛泽东农民观透视》。"

《毛泽东农民观透视》立足于中国革命史和毛泽东思想发展史，根据毛泽东关于农民问题的理论与实践，对农民革命动力论、土地制度的革命、农村革命根据地思想、农民战争与用兵韬略、改造小农经济、小农的大同理想、农村"广阔天地"论、建设"新农村"的思路等题目进行了全面深入的论述，透视了毛泽东解决农业、农村和农民问题的思想成因。

在毛泽东思想的宝库中，关于农民、农业、农村的思想极其丰富，是毛泽东思想的重要组成部分。在有关毛泽东思想研究的著述中论及毛泽东农民观的文章不多，尤其是全面论述毛泽东"三农"思想的专著则更为鲜见。郑以灵教授长期致力于毛泽东思想研究，撰写了有关毛泽东"三农"思想的系列学术论文，对毛泽东思想的研究具有深厚的学养。经过多年的研究，郑以灵教授独辟蹊径，选取了这一选题新颖、视角独特的研究课题。

20 世纪 90 年代中期，作者在确立研究课题时，征求了许多研究毛泽东思想的前辈，他们都有一个共同的看法：毛泽东所以能够领导中国人民取得新民主主义革命的胜利，其中的一个重要原因是他重视农民问题，成功地组织了农民革命。他关于农民、农村和农业的思想极其丰富，这是毛泽东思想的重要组成部分。但是，目前学术界关于毛泽东思想研究的著作虽多，却尚无一本全面、系统地阐述毛泽东关于毛泽东农民、农村和农业思想的专著。本书的选题堪称填补了国内在这个领域的研究空白。前辈专家的肯定坚定了作者研究和写作的信心。

《风雪人间》的美感效应

（本文原载《丁玲与中国当代文学》，厦门大学出版社1988年版）

丁玲的散文集《风雪人间》记叙了她在北大荒12年间的遭际。在当代中国文坛上，丁玲可算是运命多蹇、历尽磨难的作家。九死余生之后，抚今追昔，也许嘤嘤啜泣，舐舐伤痕；也许长歌代哭，怒讨丑恶；也许宣泄委屈，反思求索。我们看到,在她这部描写个人身世、抒写个人情怀的作品里,尽管有伤痕,有痛楚,但更多的则是对人性美、人情美的追求。或许人们以为丁玲是心有余悸,出于某种防卫需求而言不由衷,抑或是因世事嬗变,造成良知的困惑,为一种变态心理使然。当我们纵观丁玲的文学历程,就不难看出,《风雪人间》体现了作家一贯的审美理想。丁玲说:"我以为一篇散文也能就历史的一页、一件、一束情感,留下一片艳红、几缕馨香……能引起读者的无穷思绪,燃起读者的一团热情,给人以高尚的享受,并从享受中使人的精神充实,净化,升华,使人得到力量,推动社会前进。"读了《风雪人间》,使人们既感受到寒冷彻骨的北大荒风雷,更体验到人间的温馨;既看到魑魅魍魉年代被扭曲的灵魂,更洞悉了作家那颗火热而博大的爱心。作家努力透过人情世态,着意发掘人类心灵的美,像淡淡的流水,潺潺地渗入读者的审美的心灵世界,激发了人们追求生活希望的勇气。

《风雪人间》所反映的是丁玲在北大荒时期的人生悲剧,作品描述了作家在痛苦中寻求光明,在患难中寻求幸福,在迷惘中寻求生路的心路历程,它给读者的整体审美感受是:人需要爱、信念和希望。作家从一个被歧视者、被虐待者的视角,观察社会、体验人生、执着地追求寻人性美、人情美,在为世态炎凉所困扰的读者心中产生了强烈的震颤和心灵悸动。首先,作家努力寻求对现实的精神超越,那就是——爱。"爱"是人类生存的支柱之一。丁玲以 54 岁的年纪,毅然选择了到北大荒去的道路,就是去寻求大地的爱,人民的爱,爱人的爱。丁玲一再遭难,在寂寞中,在孤独中,在耻辱中熬煎,她发出悲怆的呼叫:"我是脸上刺得有字,头上戴有帽子，是走不出大门，见不得人的人"。"我被描绘成一个丑陋的怪物，任人指点，任人笑骂，千夫所指，众口一词；这种处境，我怎么生活下去"？面对残酷的厄运，无力反抗并不意味着沉沦，她必须获得某种超脱，寻求对现实的精神超越。"爱"是丁玲人格结构的核心，她曾说："人生为了什么，就是为了爱。活着就是因为我有爱，失去爱就可以不活，不工作。我活着，工作着，都是因为我有爱。"爱，当然不是生活的全部，但它是人类相处的润滑剂，是人类高尚、优美的情感，它可以疗治为世俗所异化了的人心，可以在精神上对世俗生活进行净化。纵使北大荒的气候环境多么险恶，却阻挡不了丁玲冲出北京多福巷去开辟新路，去寻求生活中的人情美、人性美。她期待在爱的避风港里，取得人生的喘息，寻求对不能安宁的心灵的补偿。

其次，作品向人们展示了；人间没有失落爱，深深植根于大地的人民的爱是永存的。在芸芸众生力，人性纯真美好的一面更稳固，更少受到功利的毒害。政治风雨，文坛刀剑，把丁玲推向精神的刑台，她像胸前戴有"红字"的海丝特，不能辩白，不能喊冤，她唯有在心底暗暗饮泣。她来到北大荒，就是为了躲避凌辱和孤独，"重新做人"，博取失落了的"爱"和人情的温热。但是，她没有抱太多的奢望，因为她胸前的"红字"，无论到哪里都标示着她的人的价值，都向人们表明，她是个"十恶不赦"的罪人。她初到北大荒的密山农场，心中忐忑不安，"望见四面八方都是新建的公路，都是通往各个农场的路。我想，我将走向哪里？"，"为了躲避人们审查似的问话或眼光，我又总是到外边散步，像幽灵似地在这个小镇上、在镇子周围徘徊着"。她像从猎枪口下逃窜出来的小兔，战战兢兢地、惶恐地捱日子，"假如我露出了插在我头上的标签，我还能这样安静无事吗？我就像发寒热病似的在不安中度日如年地过了一天，两天……"她终于同爱人陈明相会，在北大荒安下家，这个家，"墙上满是孩子们涂得乱七八糟的图画和不成字体的字，还沾有许多干了的鸡粪"。她的心灵是冷的，是脆弱的，她害怕见人，见到大群的人，她就觉得自己又掉进那些比针还尖，比冰还冷的鄙夷而愤怒的目光中，好像自己是个被展览的怪物。她和陈明到食堂去吃饭，"人像墙似的围绕着我们，还跟着我们移动，只在我们四周，留着一点距离。""如同在动物园观看关在铁笼里的老虎一样。""我攥着陈明的手哭了起来，好像求他似的，好像他能保护我似的：'我不敢去呀！我怕，我怕呵！'"可是，等到他们在众目睽睽之下吃完饭的时候，有几个姑娘推推搡搡地走到他们桌前，很有兴致地围着他们的饭桌走了一圈。她觉得她们没有什么坏意，"她们一群都大笑起来，好像她们忍了半天，没忍住，就一下大笑了"。这大笑，似乎是说，大右派不过如此，也是人。这笑声冲散了她心中的阴霾，她重新感到人间的温馨，人性并没有完全失落，"人世中还有好人"，有这些可爱纯真的姑娘，有没把她当作敌人的李主任，有对她坦率无闯的青年诗人，还有关心她的姜支书……她重新树立了对人、对生活的信心，取得内心的自我调节和心理平衡。作品努力寻找人性美、人情美，挖掘潜藏在生活另一面的亮色，告诉人们，人心不古，纵有丑陋，亦不失童贞和良善，特别在身处逆境时，切不可丧失对人的信念。

　　作品不仅发掘了芸芸众生中的人性美、人情美，还着力刻画了作家进行美的召唤、爱的追寻。作为一个脸上刺有金印的人，随时都要承受辱骂、白眼和斥责,她"就像一个人赤身裸体被严密包裹在一个满是钢针编织的麻包里,随时随地,上下左右,都要碰上许多扎得令人心痛的钢针"。人间纵有温馨,但对她总是那样吝啬。她不能等待施舍,而必须去寻求,寻求更多的力量来征服面临的痛苦。除了对共产主义理想的信念,那就是"爱"的施与。施与和获取是矛盾的统一体。固然,她是一个被歧视者、被虐待者,但生活不能剥夺她爱的权力,纵使她得到的爱,像未成熟的果子那样地苦涩。她爱她的儿子,她需要亲人的爱、温暖、抚慰和信任,但是儿子却因环境所迫,给她寄来"判决书",与她断绝任何联系,她以博大的母爱,体谅了儿子的苦衷,"我很理解儿子的处境、心情和为此而经历着的痛苦与折磨。"倘若缺乏爱的施与,她将在这打击面前全线崩溃。她爱她的丈夫,思恋之情绵绵不绝,"我一个人在这越来越冷的路边,踽踽独步,把思想、把思念、把依依难舍的恋情每天托付这灰暗的浮云寄了过去"。就是在身陷囹圄时,她也能透过"牛棚"窗口的缝隙,像猫一样捕捉爱人的身影,谛听爱人的脚步声。就是这些爱的追寻,鼓舞了她的生的意志,使她在人生苦难的边缘上构筑了"仙岛"。作品通过这些爱的推移,呼唤真善美,告诉人们,人是需要真善美的滋润和感情的升华,才不至陷入精神的黑洞。

饱受人生忧患和苦痛的丁玲,没有着力展示自己的伤痕,以宣泄心底淤积的愤懑和哀怨,却刻意追寻人性美和人情美,似乎有言不由衷之嫌。事实上,生活中就有那样一些人,经历了人生的风霜之后,他们严严地包裹着自我,泯灭意志,用虚假的笑脸为自己筑起一道防护屏障,曲意仰承现实。但是,《风雪人间》里尽管没有充斥痛苦的呼号,我们仍可以强烈地感受到作家心灵的战栗。作品以人间飘飘忽忽的温馨,来反衬人间寒彻凛冽的风雪,这对那些反人道的被扭曲的灵魂,是更严厉的鞭挞,构成了深沉的美的意象。这是一种情感的辩证运动,是一种整合和谐的审美结构。痛苦之始,其辞激烈,痛苦之极,反为平淡,许多人都有这种人生体验,这体现了辩证法中对立面互相转化的原理。

丁玲对自己所受的凌辱着笔不多,但对人生世相却刻画入木三分。如她被监督劳动时,那些造反派对她大施淫威,受尽屈辱和折磨。中午,她拖着疲惫不堪的身体回到牛棚,想躺一躺,舒展一下因劳作而几乎散架的筋骨,耳边便立即响起"你还配睡午觉"的吆喝,"她怎么也敢睡觉?!她怎么能和我们一样?""出去,出去!下地干活去!"她想抽口劣质的香烟,立即有人横加干涉:"什么东西!不准抽烟!"她,一个著名作家,一个年过花甲的老人,只好眼噙泪水,走向野地。"屋外太阳很暖和。风微微地扫过我的全身,也好像扫去了压在我心头的愤懑"。"万物都在这和煦而温柔的春天萌芽生长。一种爱念涌上我的心头,我真想拥抱什么"。这里所刻画的,是作为人的羞辱感和对人的精神上的剥夺,淡淡写来,但味道却是极醇厚的。那种反人道的丑行,在她那宏阔的爱心面前,显得那样地刺目和可怜。美感与悲感共存相生,由悲生美,反过来反射式地由美生悲。这种情感辩证运动,是《风雪人间》的主要美感特征。作品写相思,脉脉含情,催人泪下,但并不纤弱无力。写悲伤,但不令人灰心失望。写苦难,总是给人以希望和光明。这是作家社会责任感的体现,也是丁玲一贯运用的传统的审美方式,即理想化的审美思辨构架。如作品写到她离开牛棚去接受监督劳动,她明知在那帮"凶神恶煞"的眼皮底下

153

过日子，景况很可能比在"牛棚"更悲惨，她又揣摩着、安慰着自己，抱着一线希望，"一边免不了战战兢兢想到我将遭遇的种种灾难，但还是打开一丝心扉，向着阳光、迎接阳光。""我以为人与人在共同劳动中是可以产生共同感情的。这可以打通人为的隔阂而沟通彼此的心曲"。人生必须有希望，没有希望的人生不过是一派混沌，不过是行尸走肉，无论是名流显贵，或是凡人公众，总有其各自不同层次的追求和希望。丁玲无论是为人还是为文，总是坚守着崇高的信念，怀抱着美好的理想，给人一抹光明。她曾说："想不写伤痕是不行的，但要写得气壮山河，不光是同情、悲痛，还要乐观，要有力量。"《风雪人间》在严峻的图画中，少有感伤的情绪，形成美感、悲感交融的情感氛围，正是体现了她所追求的这种美学境界。

《风雪人间》显示了一种对人生世态宏阔的胸怀，给了人们多重的认识历史、认识人生的启悟，其艺术旨趣，朴素天然，浑成精到。作为描写个人身世的散文作品，产生了如此丰厚的美感效果，它是通过什么艺术手段得以实现呢？

洞幽烛微的心理刻画。《风雪人间》同丁玲的其他散文一样，其意境美往往在于通过人物的灵魂的精细刻画，营造一种艺术境界，构成独特的作品面貌。她的笔触，精雕细刻地剖析了人物心底深处每一根跳动的神经，洞幽烛微，曲尽其情。而这种心理缕析，又总是伴随着人物强烈的感情活动，具有深厚浓重的抒情色调。如《远方来信》这一节，叙述了她翘首企望远方儿子来信的始末，淋漓尽致地刻画了她矛盾微妙的心理，撼人心魄。她受冤屈之后，儿子精神上受到沉重的打击，"整天整天不说话,也不吃,只是躺在小屋里流眼泪"。见到此情景,母亲的心几乎要碎裂,"我宁愿自己受责备,挨罚,下地狱,上刀山,也不愿意看见他无言地在那里默默受罪。可是,我能说什么呢? 我不能应承,也不能解释。一切辱骂、一切讽刺,一切在冠冕堂皇言词下的造谣诬陷我能忍受吗? 我能反抗吗? 我能辩护吗? 我只有匍匐流涕,椎心泣血,低头认'罪'"。她多么需要亲人的理解和慰藉呵! 她到达北大荒,日日盼着儿子的信,信终于来了,"我急于要看来信,等不及撕开信封,急切地要知道落在我头上的到底是什么,我心跳,手颤,盼望这是我承受得了的"。她畏畏缩缩地展开信,儿子告诉她,他经过仔细思考,决定在一个时期里不同她有任何联系。她惊呆了,"难道这是真的吗? 这会是最爱我的儿子此刻写给我的判决书吗?""亲爱的儿子呵,你知道吗? 妈妈已经软弱得不能再经受一丝风雨了,她的忍耐力和使自己坚持活下去的这根支柱是摇摇欲坠的。她现在更需要的是爱,是温暖,是了解,是信任,是剥掉强加在身上的那件耻辱的外衣,是挖去盖在罪犯脸上的金印,是要对未来重新确立信心,是要迎着暴风雨屹立在浪涛中的力量,是要坚定,是要坚强"。她那微弱的精神支柱倏然被冲坍了,绝望的情感像决堤的江水,汹涌奔泻。经过一阵内心的骚动和狂乱,母爱又涌上了她的胸膛,她深知株连之可怕,"我很理解儿子的处境、心情和为此而经历着的痛苦与折磨"。在爱、信念和希望的帮助下,她小心翼翼地修补着心底之裂口,"飘浮在海洋中将要沉下去的我的身躯忽被一双有力的手托住了,我挣扎着,我不怕了,我又得救了。我能到达彼岸,踏上新大陆""我写了一封短信寄到列宁格勒,说:'完全支持你,同意你的决定,你是对的;放心妈妈好了。'"急切的期待，焚心的失望，博大的母爱，种种心态一咏三叹，声情毕肖。这一辗转反复的心灵搏斗，既写出了对爱的渴望，又反衬出环境的险恶，悲感与美感交融为一体，产生强烈的艺术力量，叩击着读者的心弦。

以欢愉之笔状凄惨之景。《风雪人间》中许多篇什具体描述了丁玲对爱和美的执着追求，笔触所至，神采飞动，寄寓着爱的衷肠和火一样的热情，使人的精神世界得到升华。与此同时，又产生了一种力透纸背的悲凉、辛酸感，催人泪下。如下卷第二节《牛棚窗后》，描写了丁玲在牛棚中精神上所受的苦刑及在痛苦中追求幸福的场景。丁玲与患难与共的老伴陈明，隔离在两个"牛棚"里，不能见面。死一样的孤寂包裹着她，见不到阳光，见不到文字，只有一个女造反派看守严厉地监视着她。但是，她却利用看守去打饭的短暂的瞬间，像贼一样，从窗棂上悬挂着旧制服的窄窄缝隙，追寻着在广场大扫除的老伴陈明，以获得"几秒钟的、一闪眼就过去的快乐"，享受"缕缕无声的话语，无限深情的眼波"。这是一幅多么凄惨的画面！可是，作家没有大肆渲染凄凄切切的哀怨和悲痛，却以欢愉的笔触，状写了这爱的交流的神奇和为保守这幸福的秘密的努力。"我仔细谛听，一阵低沉的嘈杂的脚步声，从我门外传来。我更注意了，希望能分辨出一个很轻很轻而往往是快速的脚步声，或者能听到一声轻微的咳嗽和低声的甜蜜的招呼……"思念的情怀，宛如初恋的情人，那样敏感和细腻，充满了美妙。"我轻轻挪开一点窗口挂着的制服，一缕晨光照在我的脸上。我注视着的那个影儿啊，举起了竹扎的大笤帚，他，他看见我了。""他张着口，好像要说什么，又好像在说什么。他，他多大胆啊！我的心急遽地跳着，赶忙把制服遮盖了起来，又挪开了一条大缝"。像个偷情的情人,兴奋、紧张的心情,跃然纸上。几秒钟的欢快转瞬即逝,女监守回来了。她为了保守这个幸福的秘密,于是"比一只猫的动作还轻还快,一下就滑坐在炕头,好像只是刚从深睡中醒来不久,虽然已经穿上了衣服,却仍然恋恋于梦寐的样子"。一个年过花甲的老人,因环境的压迫,其动作却比猫还轻快,读来令人鼻酸。欢愉的笔墨和凄惨的际遇,交融反衬,造成特有的美感效果。

阳刚与阴柔兼济的抒情色调。《风雪人间》的抒情基调是:婉约与高亢的融合,细腻与粗犷的统一,豪情与柔情的和谐。中国传统美学,有阳刚与阴柔之别,而丁玲作品的抒情色调,则是两者兼济,自然贴切。因而,虽为抒写个人不幸的际遇,却没有感伤的色彩。如丁玲初到北大荒密山农场,作品在抒发她那惆怅的心情时,充满了一种悲壮的情调,一种阳刚粗犷的美:"东方升上来的太阳,照着我的身影。在密山,一个熟人也没有,我还只是孤身只影。""是不是我脸上的'金印'淡下去了? 是不是我的高帽子矮了? 好像没有人想追究我是谁……""密山,我是喜欢你的……假如我露出了插在头上的标签,我还能这样安静无事吗?""密山!我是喜欢你的,可是我们得离开你了,我们前面的路程可能是很好的吧!"这神茫茫四顾,不无希冀,又惴惴不安的心情,呈现出来的是一种暖色调,在《风雪人间》中,更多的是女性的委婉、纤弱中,裹挟着雄浑与豪放,形成了一种特有的诗意美。她和陈明分离在两个农场劳动,她是这样写她的相思的:

他这会儿在做什么呢? 他肩上压起的红肿块,消了吗? 在窝棚里同同志们一块儿在烫脚吗? 他会不会也走出窝棚看看天,望望从东南方向游来的黑色的云烟呢？不，云烟是走不到那里的。云烟都早已在半路消失了。他会不会从飘去的微风中嗅到什么？感觉到什么？那里将含着薄薄的一缕馨香吧，一点点爱情的馨香吧。唉，太远了，什么都不能捎一点去。不。不要捎，不必捎，他已经带去了，带去了所有的温存，所有的知心。他就生活在这里边，他不会忘去的。而且一定会带回来的。到星期天，星期六的晚上他就会带回来的，把他的关心、把他息息相通的那些体贴就都带回来了。啊！星期六。实在令人想望的星期六呵！

从以上引文，我们还可以看出，本色自然、洒脱酣畅的语言，有助于这部作品婉约与高亢相融合的风格的形成。她的笔触，看似随意点缀，但潜藏着强烈的感情流动，时而湍急，时而舒缓，紧紧地攫住读者的心。《风雪人间》的文字，质朴而闪耀光泽，自然中每含俊逸，文气酣畅，挥洒自如，长歌短叹，情真意切。

根据丁玲生前的意愿，陈明将《风雪人间》交由厦门大学出版社出版单行本。笔者作为这部书稿的责任编辑，在阅稿过程中萌发了几点艺术粗感，现整理成文，就教于专家们。

书斋风景线

（本文原载《出版广场》1995 年第 6 期）

在一次聚会中，听一位学兄说，怀中师白发染鬓，时不时流露出一抹苍凉感，我怦然心跳：难道功成名就者都逃脱不了寂寞的追逐？岁末将至，收到了怀中师馈赠的新著《芬芳岁月》，紫罗兰色的封面上印着一帧照片：广袤无垠的庄稼地,一道道田垄披着金色的霞光,远处一辆拖拉机正在辛勤地耕耘。我满怀喜悦,怀中师依旧笔耕不辍,英雄暮年的苍凉纵然时有掠过他的心头,但他却拥抱着人生的芬芳岁月,心中贮满了紫罗兰的温馨。

　　许怀中先生笔耕生涯的辉煌时期是由三部乐章组成的。

　　随着十年浩劫的结束,中国文坛步入了一个崭新的时期,现实主义文学重放异彩,在一片鲜花堆锦、眼花缭乱中,怀中师情有独钟:全方位研究鲁迅,撰写鲁迅研究的系列专著。1977年春,他开始酝酿写作《鲁迅与文艺批评》,他一面准备资料,一面给我们毕业班"文艺评论"专题组的四位同学讲授,在讲授的过程中,也就理出了书稿的粗坯。其间,我们还一道去北京,参观了鲁迅纪念馆和鲁迅北京故居,当时这两个"文坛圣地"尚门可罗雀,怀中师那份景仰和专注的神情,使我们多少抱着参观游览心理的同学,隐隐觉得亵渎了什么。《鲁迅与文艺批评》于1979年出版后,怀中师一鼓作气写出了《鲁迅创作思想的辩证法》《鲁迅与中国古典小说》《鲁迅与文艺思潮流派》等鲁迅研究专著,在文学界声名鹊起。厦门大学风景秀丽,校园里到处是洋溢着青春活力的年轻面孔,学者的坐冷板凳生涯,在旁人看来总是单调和枯燥。怀中师从不讳言做学问是一项寂寞的事,可他珍惜寂寞的赐予,因为寂寞正是创造的伴侣,他在其中感到生命的丰富和厚实。正当他认定目标执着地追求之际,命运之神叩动他的心扉,他的生命旅途面临着意外的抉择。组织上决定调他到省里担任省委宣传部副部长兼文化厅厅长。在官本位盛行的今天,常人眼中这是何等荣耀的事,怀中师却陷入了苦闷与彷徨。对于这人生道路上不期然的变化,他真有些不知所措,正如他后来在文章中所写的:"记得当我离开平静的书斋的时候，真是心如刀割，果真我的学术研究的生命，就从此夭折了吗？""舍不得割断正在陶醉其中的研究课题和写作所牵连的丝缕，这情结，却是明晰的。""从小就和文学结了缘，早已难弃了。"我们夫妇抱着还未满周岁的幼儿，在贫民窟似的单间宿舍里略备小酌为先生饯行。我搜肠刮肚寻找慰藉他的话。我说，学者当官，从学术角度来说固然是人才的浪费，可是，在知识分子成堆的部门，若非学有专长、德高望重的行家任领导，往往会出现"武大郎开店"压抑人才的局面。怀中师听了若有所思，但未置可否。他毕竟是带着某种缺憾走马上任去了，内心交织着一个知识分子告别书斋生活的留恋和肩负新工作的责任感。

流逝的岁月给世界装点了新的色调，也给人们留下各自的况味。暮色降临的厦大校园林荫道上，失去了怀中师漫步的身影。我时常关注他的状况，听说他很快适应了新的生活和工作，不仅应付裕如，并且口碑颇佳，在80年代前期，思想文化界十分活跃，但也处于多事之秋，他的稳健和宽容的气质，正是知识分子所心仪的。心有千千结。我深知他在各种繁文缛节之余，一定还眷恋着学术研究和写作，因为这已成了他生命中不可分离的一部分。

第一次到省委大院看望他时，我们夫妇带着已会走路的孩子一道去。屏山大院里阒无声息，在夜幕的笼罩下，我们顺着曲曲弯弯的石阶拾级而上，依据所指，找到了坐落在山坡上的那座楼房。周围高大的古樟树，把这座楼房隐在幽绿之中，在石阶上几度上下往返，终于觅到通向第三层的一座水泥浮桥。一株苍劲老松扎根在斜坡石隙之间，树根盘满山坡，长须低垂，虬枝四展，把桥面遮得严严实实，像深山的古刹，十分清幽，倒是个做学问的处所。先生和师母带我们参观了每一间房，小孩蹦蹦跳跳地点数房间的数目，最后竟没点算清楚，我们都快乐地大笑。我说，如果当初这些房子安置在厦大，写东西就不愁没地点了。怀中师却有点怏怏，说很忙，时间对他太吝啬了，又说他经过一年多新生活的调适，准备重新拿起笔写作和研究。我们笑而不答，明知这是绝无可能的事，但用不着去浇他的兴头。谁知，他真的重新挥戈上阵，如他所说，"像捡煤渣的老婆子"，把点点滴滴时间都积攒起来，几年之间，居然写出了《美的心灵历程》《中国现代小说理论批评的变迁》《关于"人"的审视和建构》三部现代小说研究和鲁迅研究的学术著作。学界同仁都被他的成就所折服。我仔细拜读过《美的心灵历程》，它以大量作家作品为基础，着眼现代小说人物的心理内涵，概括了现代小说发展的演变过程，探索了小说发展的社会历史原因，进而揭示其发展规律。它以全新的审视点，突破旧有框架，从人物的心理内涵入手，进行全方位的描绘，对现代小说人物进行社会心理学的分类，勾勒出一条现代小说发展的轨迹，从而形成现代小说史的新结构，提供新的文学思想参照系。这部专著体现了怀中师惯有的稳中求新的学术追求。他后来在《作家自画像》一文中对于我认为的"稳中求新"的看法予以肯定，说"它确是我所追求的学术品格"。接着，他的笔触又指向散文领域，发表了大量记录、抒怀个人行踪、际遇的文章，先后结集成《秋色满山楼》《年年今夜》和《许怀中散文新作选》。当他的第一部散文集《秋色满山楼》出版之际，我原以为这大概是自娱的闲笔，及至拜读之后，叹服之情油然而生：他的散文作品在亲切淡雅的抒写中飘溢着浓郁的生活气息，在诗情画意的描摹中闪耀着对人生世态的哲理思考,既有学者的睿智,又有艺术家的细腻,着力发掘出生活中的美感,诗意浓郁,情致深沉,哲理丰富,回荡着追寻真、善、美的心声。冰心誉其为"散文名家",他是当之无愧的。

十年的时光如十里长亭。怀中师从行政领导岗位退了下来,心之驿站又无可逃遁地面临一个寂寞期,华发已经斑白,心中贮满了过去平静书斋中体会不到的人生新知和生活纷扰,纵横交错的心路,已伸向社会的角角落落,加强了与时代脉搏共振的频率。人生必须多次地同生活的长短亭告别,这次的告别和当初与平静的书斋告别,其中别有一番滋味,但绝不是简单机械的重复。

迢迢心路思悠悠。我想象着他在漫步中,静思默想,翱翔在思维的自由空间,"有时顿悟,有时疑惑,有时感慨,有时亢奋,有时恋旧,有时追求,有时捕捉灵感,有时跌入困顿。""岁月在脚步下消失,结出艰涩的苦瓜和饱满的甜果"。十年的辉煌岁月,怀中师的感情空间和理性世界的浓化和深化,对人生底蕴的品味,这笔宝贵的思想精神财富,一定会化作新的美文奉献给读者。他的《芬芳岁月》仅是报春的第一枝,今后,他的笔耕的芬芳乐章必将更加动人心弦。

寻找美的契合点

（本文原载《福建论坛》1991 年第 6 期）

　　许怀中先生是以鲁迅研究专家和现代文学史家之盛名蜚声学术界的。当他的第一部散文集《秋声满山楼》出版之际，我原以为这大概是自娱的闲笔，及至拜读之后，叹服之情油然而生：他的散文作品在亲切淡雅的抒写中飘溢着浓郁的生活气息,在诗情画意的描摹中闪耀着对人生世态的哲理思考。新近又读到他刚出版的散文集《年年今夜》,那种浓厚的文化意识,那种诗情与哲理的有机交融,那种善于将人生的际遇、往事的钩沉、行旅的履痕进行理性升华的本领,充分体现了作家独特的美学追求。

《年年今夜》收入作者一年间所发表的 59 篇散文作品,从这些作品中,我们可以感受到作者心灵韵律的搏动。作为一名学者,许怀中的思想库房布满了理性的纤维;作为一名领导干部,他的思维空间充斥着繁忙事务的纷扰。可是,他的心灵深处却贮满了情感的活水:一次散步,一次游览,一张贺年片,都会引起他无边的遐想,诱发出一段友情、乡情或亲情,并由此映射出爱的光点。只有热爱生活的人才能保持一颗年轻的心灵,"一味地憎,没有爱,只能令人叹息、消沉,缺乏醍醐的甘美"。这部散文集的一个重要美学特征正是贯穿着浓烈而深沉的爱的情结。《情聚京华》写了"老同学"在中央党校一次会议中的重逢,回忆了当时的学习生活,纯朴、真挚的情感跃然纸上。作者深切地呼唤真情:"在人世间,倘在人际关系的天平上,都以利害得失为筹码,都围绕着势利的轴心转动,那还有什么真情呢?固然现今社会,正在发展商品经济,商品观念渗进意识层,竞争机制引入人际关系,但在人们生活的水流中,还需要友谊和真情的琼浆。彼此关心,彼此理解,彼此尊重,彼此信托的生活美酒,需要加色,加香,加醇,加浓。"在《年年今夜》一文中,大年之夜他独自凭栏,思绪悠悠,想起歌德的话:"假如他们不肯互相喜爱,至少也要学会宽容。"是呵,生活中人们多么需要友谊和真情,特别在商品观念愈来愈渗入人际关系的今天,更需要呼唤爱的真情。宽容的对立面是褊狭,一个心胸褊狭者只能给生活的空间添加恼人的噪音、仇恨和硝烟。《告别》一文作者写与岁月告别,却见不到那种步入老年的惆怅,他用一颗火热的心激发人们追求生活的光明。"热爱生活的人们,正如不知疲倦的跋涉者,迎着艳阳,迎着明月,迎着秋雨,迎着冬雪,不断地和长短亭告别,和过去告别,和自我告别,走向新的征程和期待。"生活中有阴暗更有光明,只有热爱生活的人们才能感光生活的亮色,弹奏出生活的赞歌。

与爱的情结相对应的是寂寞情结。作者说:"感情世界,绝不是单纯颜色的心版,而是多色、复杂、微妙的灵台。"一个贮满爱的心灵似乎没有寂寞的位置。其实不然,寂寞正是创造的伴侣。许怀中先生在大学任教几十年,作为一个学者倘若不能甘于寂寞,没有坐冷板凳的功夫,是不易酿出学术的琼浆的。他走出书斋,走出学府之后,任职于行政领导岗位,按理是没有条件"寂寞"了。但是,寂寞的情结并没有离他而去,正因如此他才能在繁忙的行政工作的间隙,数年中写出《美的心灵历程》《鲁迅与外国文学》《中国现代小说理论批评的变迁》等一批学术专著以及数量可观的散文作品。在《博大慈爱和晶莹透亮的心——近访老作家冰心》一文中,作者想起念小学时国文课本中冰心的作品《寂寞》,他写道:"这种寂寞感,也一直储在我心灵的底层,从幼小到老成。"在《年年今夜》中我们看到,他爱写他居住的宁静小楼,写他的嗜好——晚饭后的漫步,写夜,特别是雨夜,并屡屡提到他和平静的书斋告别的往事。这些都暗示着他的心灵的一角蛰伏着寂寞的情结。《绿色的怀抱》中的小楼,"清静得有点寂寞。""当一个人的时光像在赶集似的熙熙攘攘、喧闹嘈杂中挨过,如果有一段安静的独处生活,也将感到生命的丰富和厚实。这便是寂寞的赐予"。

《年年今夜》饱蘸着作者对人生的体味与哲理思考。生活中的一枝一叶都成了作者审美的客体，虽然未必篇篇精彩，但无不闪耀着思想的火花，有着浓厚的文化意识。作为一个习惯于抽象思维的学者，当他将笔端移向情感的领域，其丰富学识和思想的穿透力往往给抒写对象罩上理性的光环。《年年今夜》的许多篇什，作者在对事物的咏叹中油然感发的人生体味，在一定程度上增强了作品的底蕴与力度。因此，取材虽小，着眼点却宏大，渗透着作者的审美意识和人生思考，使人见微知著，获得某种顿悟。《枕上听雨》写的是病榻中听雨的感受。在心浪滔滔中，他有一朵记忆的独异浪花在雨声中清晰地跳跃着。早年他哥哥无意中发出感慨："求人如吞三尺剑。"不料，这句话影响了他的大半辈子。他从小抱定"不求人"的志向，这种清高的气质"一步步地铸就，不易更改。"中国的知识分子向来推崇"不为五斗米折腰"的品行，作者对"求人如吞三尺剑"的认同，表现了一种洁身自好的独立人格。"求人"总是一件难事，"被求"则是很惬意的。可是作者在文中却抒写了另一种人生体味："被求如吞三尺剑。"这是作者独到的见地。《岁月悠悠》写的是团圆文化中微妙的双重心态。由于种种原因，连续几年的团圆总有些扫兴的事发生，因此他对是否回家过年颇有一番踌躇，"回去团聚怕团圆时的不快。不回去，又怕不团圆的怏怏。"很多文化人都论证过中国人是喜欢团圆的。不是吗？多少旧戏总是以大团圆为结局。作者对团圆却有与众不同的看法。"独坐灯下，鲁迅的话浮在耳际：'中国人底心理，是很喜欢团圆的。'而这种国民文化心理，又往往呈露出喜团圆、盼团圆和伤团圆、怕团圆的双重心态。"他从《红楼梦》中贾妃省亲、家人团圆的描写生发开去，刻写了步入老年时对过年的复杂心理——一种对团圆的双重心态的微妙辐射。许怀中先生是很喜欢散步的,他把散步作为人生的一大乐趣。《漫步"漫步"》一文,他写了独行漫步、与人散步的种种感受和体会,生动逼真,趣味盎然。字里行间每每镶嵌着真知灼见,蕴含着令人深思的哲理意味,以引发读者对人生的深层思考,这是许怀中先生散文作品鲜明的艺术特色。

在"情"中渗入"理"的酵母,在"理"中注入浓郁的"情","情""理"相随,诗情和哲理有机交融,这似乎是作者所要寻找的美的契合点。作品中用心灵美和语言美滋润成淡雅、雍容的诗情,这种诗情又负载着哲理的思索。譬如,作者很喜爱写雨夜,宁静的雨夜给了他丰富的艺术想象:

> "雨夜,有和朋友清谈的逸致,有枕上听雨眠的闲情,有情怀百结的追思,有独自夜读、写作的收获。夜雨,是用诗情编织起来的迷人的'夜声'。"

(《又是潇潇雨夜》)

> "雨声拥有不变的永恒,心境却是无穷的变幻,可以演化出多么奇妙而不同的状态。
>
> "雨声是一曲动人悦耳的乐章,它像是情人情丝绵绵的细语,是母亲苦口婆心的叮咛,是挚友情深意切的祝福,是恋人倾吐不尽的低诉。"

(《枕上听雨》)

一咏三叹的旋律,优美清新的语言,洋溢着浓浓的诗情画意。但这种诗情并非是孤立的抒写,它与题旨中所蕴含的哲理相伴相生。《又是潇潇雨夜》写的是情怀百结的追思，作者谛听年潇潇夜雨，内心所想却是："春雨是情丝的交织，雨声是夜曲的缠绵。莫伤感，莫怕孤独，夜雨将是你寂寞中的伴随者。"《枕上听雨》抒写的则是"被求如吞三尺剑"的人生体味，听雨是"借此来冷静思考人生际遇、世态人情"。

诗理融合的语言往往能直接产生诗情和哲理有机交融的艺术效果。《年年今夜》中的几篇散文诗犹如韵味醇厚的美酒。如：

> "等待，像在夜色苍茫的小巷深处的一盏明亮、跳动的灯火。/等待，又像烈焰炽红的炭盘。/等待踯躅在不同层次、对象、时空、领域。/等待的焦急，蕴含着欢乐和期望，只有那无望的等待是痛苦的种子。"

（《心曲·等待》）

> "落叶是生命在地上的委弃。这是自我牺牲，自我奉献，自我选择，自我价值的实现和消失。/她惋惜自己，又自己骄兵必败。"

（《心曲·落叶》）

"等待"和"落叶"的画面几乎触手可摸，情真意切的语言沁人心脾，而其中昭示的哲理则耐人寻味。

《年年今夜》多是个人行踪与际遇的记录和抒怀，但它在记录和反顾人生履痕时，辐射出广泛的社会内容和时代情绪；它透过人情世态着意发掘人类心灵的美，汩汩地淌入读者的审美世界，激发人们去拥抱生活，热爱生活。许怀中先生的散文作品既有学者的睿智，又有艺术家的细腻，着力发掘出生活中的美感，诗意浓郁，情致深沉，哲理丰富，回荡着追寻真、善、美的心声。

第三辑

出版理念

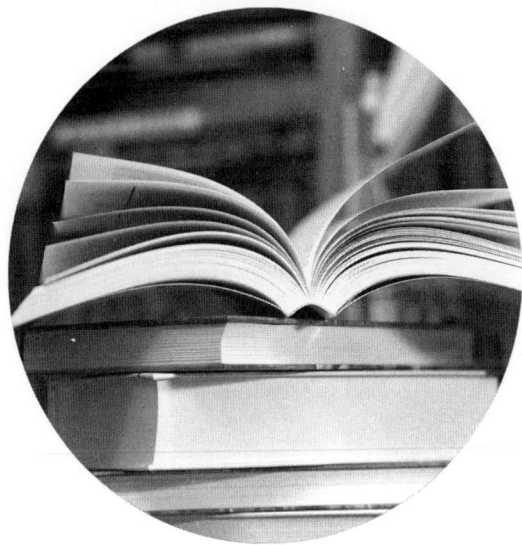

大学理念的趋同与核心竞争力打造

（本文原载《大学出版》2007 年第 2 期）

我国高校出版社与欧美高校出版社有所不同，相同的是办社宗旨是相同的，不同的是他们是"非营利"机构，而我国高校出版社则实行企业化管理，一部分已完成了体制改革，成为市场竞争中的因子。在日趋激烈的市场竞争中，高校出版社已成为我国出版传媒中一支潜质巨大的生力军,在市场化的运作中,显示出不可小觑的竞争力。在诸多竞争因素中,其核心竞争力成为人们思考和探索的重要议题。在长期的工作实践中,我以为高校出版社的核心竞争力有多种元素,其核心之核心是价值观取向和战略定位与实施,其灵魂是大学理念的趋同。本文从大学理念出发,对高校出版社的核心竞争力作一番粗浅的探讨。

一、大学理念与出版社价值观取向

高校出版社既是市场的主体,也是所在高校的重要组成部分,因此,高校出版社的办社宗旨蕴藉着大学精神。大学精神不是用几句话就可以定义的,但其基本精神是各个大学独自的办学理念,也可以说是大学的风骨。本文所关注的大学精神,首先是大学原本的精神风骨,当然也关心现实的大学诉求。因为我们毕竟生存在市场经济的大环境中。原清华大学校长梅贻琦是中国最著名的大学校长之一,曾对中国的大学做出了非常经典的评述:"大学者,非有大楼者谓之也,有大师者谓之也。"也就是说,一所有影响的大学,首先是有一批具备大的人格、大的学养的大师。而厦门大学在办学之初也形成了自己的大学精神:"研究高深学术,养成专门人才,阐扬世界文化。"我以为大学是青年才俊的成长沃土,是新思想新观念的发祥地,是科技创新进步的摇篮。因之,大学精神代表着学术自由和学术创新。

出版社的竞争力随着时代的发展,它有新的特征、新的变化和新的内涵。无论如何千变万化，不外乎是出版社的发展体制和机制，出版资源的占有程度和市场的争夺能力。而作为一家大学出版社，倘若离开了对大学理念的趋同而背离了自己的个性和宗旨，纵然在某一时期有不俗的业绩表现，但其可持续发展的后劲是大可怀疑的，其出版社的核心竞争力将无从打造，持续竞争优势的能力则难以形成。

在高等教育产业化的今天，大学精神的本质依旧是创造精神和社会关怀精神。大学的使命是提升和促进整个社会文明科学的发展和创新能力的提高。"大学精神"不仅是高等教育自身发展的需要，同时也是社会进步的需要。与大学的办学理念相对应，高校出版社的根本任务则是反映前沿研究成果，提升整体学术水平。它的目标与大学的发展目标是相一致的，是学校教学科研的一个重要支撑条件。当我们有了这样的认识之后，就不会左顾右盼而失去定力，就能坚持为高校教学科研服务的办社宗旨不动摇，并由此出发打造出版社的核心竞争力。

在市场竞争如此激烈的今天，我们来谈大学精神、大学理念，似乎在痴人说梦，一派矫情。其实不然。要在市场竞争中胜出，提高产品的质量是竞争的不二法门。提高产品质量的关键在于创新，创新精神恰恰是大学理念的精髓。胡锦涛总书记指出："一个没有文化底蕴的民族，一个不能不断进行文化创新的民族，是很难发展起来的，也是很难自立于世界民族之林的。"同理，一个没有创新精神的出版社，很难成为一个有竞争优势的大学出版社。创新精神是大学在社会有机体中确立自身地位的基石。大学出版社作为大学的有机组成部分，保有创新精神，始终将高质量、高品位、高层次作为自己产品的定位，只会受益无穷，而绝不会

175

适得其反。以北京大学出版社为例,我们就是以学术精品作为自己的核心产品,以大量原创性、反映学术前沿的学术著作和具有新视野、新体例、新材料的高校教材在市场上取得丰厚的经济回报。社会关怀精神也是大学精神的重要内涵。在高度信息化、市场化的社会里,现代大学在社会机器的运行中,早已走出"象牙塔",关注现实、服务社会成为高校重要职能。它为社会提供先进的精神产品和科技新成果,提供高素质的人力资源。这种社会关怀精神贯穿到大学出版过程中,便形成重要的出版资源,不仅占有了丰富的作者资源,还占据了相对稳固的市场资源。爱因斯坦就曾指出,学校的目标应该是培养有独立行动和独立思考的个人,不过我们要把社会服务看作自己人生的最高目的。许多大学出版社就是在传播知识的过程中,把社会关怀精神转化为出版产业的生产力,把目标市场锁定在高校和社会专业人士群体,专注于教育出版和专业出版,从而创造了良好的社会效益和经济效益。

二、大学理念与出版人的角色定位

任何出版社,在其核心竞争力中,具备高素质的出版队伍和高效率的运行机制,都是至关重要的。但是在高校出版社中,出版人主要是编辑人员和营销人员必须通过树立大学理念,以形成独自的角色定位,从而整合出一支在自己的出版领域中能征善战的队伍。大学出版人对大学理念的认同,树立强烈的创新意识和文化传播使命感才能准确地定位自己的角色。缺乏对大学理念的认同,大学出版人的角色就不可能到位。牛津、剑桥这些老牌的大学出版社,曾通过我们的专业出版传播新思想、新观念、新技术,发挥了社会启蒙作用和推动作用,同时在教育出版上通过自己的出版物为高校的进步和发展做出重要的贡献,在社会上取得了极高的认同度。诚然时代已发生了巨大的变化,今天高校出版社的出版人必须在经典理念与当代精神的融合中,在社会主义市场经济的环境中确立自己的角色。

1.学术平台的创造者

高校出版社的出版人其主体意识发挥的程度是出版社的核心竞争力的一个重要元素。高校出版社的作者主要是高校的教师,都有自己的学术专长和学术方向。专家教授们的智慧劳动多呈个体的形式,其成果体现的是个人研究的结果。这是大学理念中学术创新、学术自由的产物,即"象牙塔"现象。此外,大学的社会关怀精神还要求专家教授们为国家的先进科技、文化建设和社会发展承担研究课题,这是国家为学者们提供的学术平台,与出版社无涉。那么,我们为什么要提出高校出版人必须是学术平台的创造者呢?当今的出版社已不是仅仅对学术作品进行筛选优选、编辑加工后,进行物化推向社会的机构。出版人必须发挥自己的主体意识,进行创造性的劳动,其中之一就是就某一具有社会效益和经济效益前景的出版项目创造学术平台,让不同地区不同高校的教授学者汇聚到这一平台中,将分散的学术成果转化为出版项目。例如,当某一编辑根据社会的文化需求和现有高校的科研动向,策划出一个选题(可以是丛书套书系列书,也可以是单本书或其他出版物),这一选题的策划过程,也就是学术平台的创造过程。这一创造者的角色,要求创造者即出版人,既要有求同思维、综合分析的思维,还需要有发散性思维。在信息传播如此迅速的时代,出版物的选题已无空白,编辑构思选题若不善于逆向思维则难以开辟新的方向、新的形式,把握读者阅读心理、阅读需求的流变。创造意识是以广博的知识结构为基础的,高校出版人应建设与时代相适应的知识结构和知识容量,做到知识结构的多维性与知识容量的丰厚性相得益彰。如此才有可能扮演学术平台创造者的角色。

2.学术队伍的组织者

组织学术队伍是高校或研究机构行政领导者的天然职责,但是一般意义上的学术队伍并不能自然转化为出版社的作者资源。作为高校出版人,他在策划出一个具有出版价值的选题的过程中,可以超越某一学校和某一单位,在选题的旗帜下,组织一批专学教授进行写作。例如,出版社根据教学的要求,策划出某一学科的最新教材,这就要在全国高校进行作者的遴选。学科权威的组织作用当然十分重要,但出版人的组织作用则是不可替代的。要扮演好学术队伍组织者的角色,这需要高校出版人必须具有教师的角色意识。出版高校教材、教学参考书是高校出版社的重要任务,教材和教学参考书与学术著作有很大的不同,它必须接受课堂的检验,必须符合教学规律,因此高校出版社的出版人应成为不是教师的教师,要有自觉的课堂意识。教材与专著的质量标准有相通之处,更有各自的要求。高校教材在是否适用教学上必须注意它的内容规定性、认识规律性、体例完整性,在科学水平上必须注意它的理论性、完整性、系统性和先进性,还必须注意它是否有利于素质培养,在内容、结构、体系等方面是否有自己的风格和特色等等,这些都必须有一定的把握。此外还必须弄清该门课程在教学计划中的地位,以及教学大纲对该门课程和要求,正确处理新内容与稳定性的关系。总之,出版好高校教材,要求出版人具有教师的角色意识。同时,教材要进入课堂才能发挥它的使用价值,它必须得到教师和学生的共同认可,因此,出版人应具备一种特殊的市场意识即课堂意识。有了这方面的意识和能力,才能充当好学术队伍的组织者角色。

3.学术作品的策划者

正如上面已阐述的,学术作品多是专家教授们个体劳动的智慧成果,我们在选题和著述过程中,主要根据各自的学术专长进行研究。遴选优秀作品进行出版固然是一种做法,也是传统的主要做法。只要是有质量、有特色的学术作品,它就会受目标读者的欢迎。但是,出版社要在市场上形成竞争力,发挥出版人的主体意识已愈来愈显得重要。出版社不大可能影响专家教授们各自所致力的研究内容,但是出版人可以在现有的学术资源中,发挥自己的主体意识,孵化出新的创意,针对社会的需求,整合出全新的作品。出版人的策划功能,往往充任了"象牙塔"和市场之间的桥梁作用。笔者策划、编辑的曾荣获中国图书奖的学术大书《透视中国东南:文化经济的整合研究》可以说是一次较成功的出版人发挥主体意识,创意成功,实施到位的学术作品。长期以来,中国东南部就是中国经济最活跃的区域,这一现象有其特殊的人文土壤,同时,中国东南的人文精神又是与发达的经济相关联的。中国东南区域文化经济所特有的内在结构、发展动因和互动关系,产生了具有独特的社会景观。

179

通过与专家的反复探讨，笔者对中国东南现象作了定位，从而形成了这一以经济为主线，论述中国东南文化经济特质的选题。选题确定之后，笔者约请中国社会经济史著名专家陈支平教授和中国文化史专家詹石窗教授担任主编，主编邀请了一批在我国东南区域文化经济各个专题上有深入研究的中青年学者，组成一支学术基础雄厚、学科阵容强大，包括历史、经济、哲学、文学等学科的作者队伍。该书首次全方位地勾画出中国东南文化经济与社会发展的轨迹，挖掘出隐藏在其中的历史文化内蕴，被认为是极具特色的透视中国东南现象的学术大书，不仅有其重要的学术价值，也有重大的现实意义，并实现了良好的"双效益"。可见对大学理念的认同，对于扮演好策划者角色在高校出版社是十分重要的。

4.学术推广的营销者

没有成功的营销运作就谈不上出版社的竞争力，从这个意义上说，高校出版人也是"生意人"。这不仅与经典的大学理念不相违背，与现代大学精神更是心意相通。爱因斯坦曾说过，学校向来是把传统的财富从一代传到下一代的最重要的手段。这里所说的"传"即传承、传递和推广之意。现代大学精神中的社会关怀精神，更是要求高校的学术成果走出"象牙塔"进入社会公众领域而非束之高阁，藏之名山。因此，高校出版人要扮演学术推广的营销角色，尤其是策划编辑，其策划的途径应是从市场的终端逆向运作，即市场—选题—组稿—编辑—营销。学术作品的营销方式自有其特殊性，这不是本文想阐述的内容。笔者想强调的是大学理念在高校出版人营销活动中的渗透力、影响力。大学是以人才培养为己任的，在人才的培养中，高尚人格之养成是重中之重。作为高校成员的高校出版人,在学术推广中,在学术作品的营销活动中,出版人的人格力量在一定意义上决定营销工作的成功与否。在诚信危机成为社会痼疾的今天,很有必要呼唤人的诚信,呼唤出版人诚信经营,使品格的力量成为出版社核心竞争力的重要元素。作为一个学术推广的营销者,应当坚决摒除伪学术,把真正学术含量高,理论联系实际的学术产品,通过诚实守信的经营,在社会上取得信誉度,把营销者自我价值和理想的实现,与为社会和人类的发展和进步做出贡献紧密相连。孔子曰:"人无信则不立。"一个人是如此,一个出版社又何尝不是如此。因此,扮演好一个学术推广营销者的角色,其本身就必须认同学术的尊严,以品格的力量为自己创造佳绩,如此才能克服短期行为,成为出版社核心竞争力中的积极因素。

三、大学理念与出版社的战略定位

依靠所在大学办好出版社,这是高校出版社的优势所在。高校出版社所在的大学多为国家高水平的研究型大学,在社会上有较大的影响力。高校出版社从大学理念出发,确定自己的发展战略和办社道路,这是科学的选择,也是现实的诉求。离开了大学理念,以商业理念作为自己的战略指导,高校出版社将无法彰显特色,在激烈的市场竞争中失去优势。

1.坚持学术为本,实施精品战略

大学是知识创新的重要方面军,高校出版社的出版物必须体现所在的学校水平,如此才能把所在学校的社会影响力转化为出版社的现实生产力。为实施精品战略,高校出版社必须坚持学术为本,在贯彻为教学科研服务的办社宗旨时,必须坚守精品意识。贯彻为教学科研服务的办社宗旨,往往由于种种原因,使选题分散,难以杜绝平庸之作。因此,在为教学科研服务的过程中,出版社必须有主体意识,必须坚持质量,坚持出精品,必须有一大批出版物与学校的水平和地位相称。

　　高校承担了大量的科研、教学任务,高校出版社在出版精品图书方面的地位和作用显得十分重要,应该把出版精品图书作为自己的责任和使命。本着弘扬学术、积累文化和传播新知的精神,要把最优秀的科研成果通过出版物的形式反映出来,这些反映学科前沿研究成果的学术专著的出版,不仅提升了出版社的形象,同时也促进了学校学科建设和师资队伍的建设。许多教师正是通过本校出版社出版的校内一流、国内领先的学术成果,提高了学术地位和知名度,这些书并且成为出版社的形象图书。要花大力气组织有重大文化积累价值的传世图书。出版重大文化积累价值的传世图书所产生的巨大影响力,可以提高出版社的知名度,提升出版社的形象。高校出版社在组织精品图书工程的过程中,要着眼于发挥本校的学科和地域优势,并将这一优势与人才优势结合起来。重视组织出版高水平、高质量的精品图书和重大文化积累价值的传世图书,这不仅是传播先进文化的要求,精品图书对出版社的教材和实用图书还可以产生感召力,有推助作用,可以放大品牌效应。在出版物良莠不齐的今天,出版精品是形成并实现出版社可持续增长的动力源泉,是出版社核心竞争力的外在表现。当然,这里必须特别强调的是,精品图书不仅是指高层次的图书,不能陷入把高层次与精品等同起来的误区,精品不仅不排斥多层次,而且必须呈现出不同层次多姿多彩的格局,其本质是高质量。

在实施精品战略的过程中,必须强化几种意识:原创意识、特色意识和出版人的主体意识,因为战略的实施,还得靠出版人执行力的充分发挥,在执行的过程中,如缺乏以上几种意识,其执行力就会打折扣。

2.发挥学校优势,实施品牌战略

大学出版社是大学的有机组成部分,大学出版社核心竞争力的提升,与大学学科建设的推进、学术水平的提高密不可分。大学出版社的发展应与大学理念趋同,与大学整体建设发展目标保持一致,并做到有所为有所不为,充分发挥学校优势,实施品牌战略。品牌竞争力乃企业的核心竞争力。出版社要生存要发展,在竞争愈来愈激烈的今天,创建图书品牌,参与市场竞争,显得刻不容缓。在制定和实施品牌战略的过程中,高校出版社必须从出版社实际出发,依托所在大学的学科优势与发展态势,将学校的学科优势发挥到极致,强化优势品牌与专业特色,才有可能培育和创建出品牌。我们常习惯把特色书、精品书与品牌书等同起来。

其实,特色书、精品书与品牌书是不能画等号的。特色书、精品书主要注重图书的社会效益,而品牌书则必须产生"双效益",它必须有市场占有率,要有较大的社会需求。作为高校出版社,其优势在于有高校教学科研成果这一丰富的出版资源,学者专家这一优秀的作者资源,教师学生这个稳定的读者资源。实践证明,学校的学科优势只有转化为出版优势才能产生品牌效应。我们的品牌建设必须借势学校品牌,只有走高校这条市场通道才有生命力。制定品牌战略的切入点应当是,将学校的重点学科和优势学科、特色学科排队后,将学校那些有可能转化为出版优势的学科,确立为品牌图书的选题方向,进行立体开发,力争做大做强,明晰自己创建品牌的思路,确立品牌重点。在整个品牌格局中,高校出版社在品牌的选题结构上,首先要做全,在做全的基础才有可能做大做强。我社的法律类图书,就是在确定为品牌建设的重点后,把高质量有特色的高校教材摆在突出的位置,进行多层次、立体化开发,形成规模效应。我们以主干课教材为先导,学术专著、选修课教材、教学参考书、普及读物全面开花。作者队伍以本校教师为基干,逐步扩展到全国主要法学院校,逐步形成了一支高水平的作者群。从实施品牌战略的需要出发,在确立品牌的过程中,我们还应有投资风险意识,并与作者建立了恒定的、守信用的良好合作关系。厦门大学广告专业是我国第一个创办的广告专业,上马之初,缺少教材。我社积极鼓励该专业的教师大胆地编写教材。我们出版的广告学教材,经不断修订,始终保持了教材的先进性。该专业在全国同类专业中知名度和美誉度名列第一,这同我们较早推出这套教材关系十分密切。现在这套教材在市场上十年畅销不衰,深受广告专业师生和广告从业人员的欢迎。在整个品牌格局中,在以教材为龙头的同时,把学术专著、实用图书放在重要位置,有主有次,互为映照,进而放大品牌效应,从而形成高知晓度和认同度。

3.打造学习平台,实施目标读者战略

大学理念的社会关怀精神不仅体现在为社会培养高素质的学生,

还体现在为学习型社会提供各种继续教育的知识和提升人文精神的食粮。在市场细分化的今天,高校出版社如何实施自己的目标读者战略,这是打造核心竞争力的重要一环。打造学习平台,引领社会学习时尚,创造目标读者,使自己的出版物有的放矢,实现"双效益",必须注重几个问题。首先要做好服务大教育。高校出版社的主要目标读者是高校的学生,这是不言而喻的,是出版社必须着力争取的读者对象,这就要求我们参与到学校教学改革中去,针对不同的教学内容、教学方法和教学模式,提供不同层次、多种形式的教材和教学服务,甚至还要对教学进程跟踪,建立具有亲和力的十分到位的优质全程教学服务体系。此外,在创造目标读者的过程中,要充分使用学校的品牌,将高校学术资源、师资资源向社会辐射,以不同层次不同类型的出版物为人们主动创造学习平台,服务学习对象。在高等教育、全民学习、终身学习的平台上,锁定目标读者,占有市场份额。其次,要在优化选题结构的过程中,以提供新理念新技术的出版物为专家学者和馆藏服务。除了学生是高校出版社的主要读者对象之外,各类专家学者同样是一个可观的出版物消费群体。充分利用信息时代的各种技术,把营销工作做到终端读者,这是高校出版社的一大目标市场。高校馆藏除了教学之用的图书,供研究之用的文献资料出版物,是高校馆藏的重要组成部分,它多以高校出版社出版物为主,因此,高校馆藏出版物应成为高校出版社的重要产品,因为它的目标市场十分明确,是大有可为的天地。还值得提及的是,引领新生代的人文关怀出版物,可以构建目标读者市场。大学是教育机构,也是青年人格形成的主要环境。

出版引领新生代的人文关怀出版物，高校出版社有得天独厚的条件，还可以近距离地占有目标市场。总之，高校出版社要实施目标读者战略，它离不开对大学理念的趋同。

大学精神与大学出版

（本文原载《出版参考》2005年第5期）

在日趋激烈的市场竞争中，我国高校出版社已成为我国出版传媒中一支潜质巨大的生力军，在市场化的运作中，显示出不可小觑的竞争力。我国高校出版社的改制已进入实质阶段，一部分已完成了体制改革，成为市场竞争中的因子。在诸多竞争因素中,其核心竞争力成为人们思考和探索的重要议题。在长期的工作实践中,我以为高校出版社的核心竞争力有多种元素,其中之一是如何处理好大学精神与出版社价值观取向的关系。

高校出版社既是市场的主体,也是所在高校的重要组成部分,因此,高校出版社的办社宗旨蕴藉着大学精神。大学精神不是可以用几句话就可以定义的,但其基本精神是各个大学独自的办学理念,也可以说是大学的风骨。本文所关注的大学精神,首先是那种大学原本的精神风骨,当然也关心现实的大学诉求,因为我们毕竟生存在市场经济的大环境中。原清华大学校长梅贻琦是中国最著名的大学校长之一,曾对中国的大学做出了非常经典的评述:"大学者,非有大楼者谓之也,有大师者谓之也。"也就是说,一所有影响的大学,首先是有一批具备大的人格、大的学养的大师。而笔者所在的厦门大学在办学之初也形成了自己的大学精神:"研究高深学术,养成专门人才,阐扬世界文化。"我以为大学是青年才俊的成长沃土,是新思想新观念的发祥地,是科技创新进步的摇篮,因之,大学精神代表着学术自由和学术创新。

出版社的竞争力随着时代的发展,它有新的特征、新的变化和新的内涵。无论如何千变万化,不外乎是出版社的发展体制和机制,出版资源的占有程度和市场的争夺能力。作为一家大学出版社,倘若离开了对大学精神的追求和对大学理念的趋同,背离了自己的个性和宗旨,纵然在某一时期有不俗的业绩表现,但其可持续发展的后劲是大可怀疑的,其出版社的核心竞争力将无从打造,持续竞争优势的能力则难以形成。

在高等教育产业化的今天,大学精神的本质依旧是创造精神和社会关怀精神。大学的使命是提升和促进整个社会文明科学的发展和创新能力的提高。"大学精神"不仅是高等教育自身发展的需要,也是社会进步的需要。与大学的办学理念相对应,高校出版社的根本任务则是反映前沿研究成果,提升整体学术水平。它的目标与大学的发展目标是相一致的,是学校教学科研的一个重要支撑条件。当我们有了这样的认识之后,就不会左顾右盼而失去定力,就能坚持为高校教学科研服务的办社宗旨不动摇,并由此出发打造出版社的核心竞争力。

在市场竞争如此激烈的今天,我们来谈大学精神、大学理念,似乎在痴人说梦,一派矫情。其实不然。要在市场竞争中胜出,提高产品的质量是竞争的不二法门。提高产品的质量的关键在于创新,而创新精神恰恰是大学理念的精髓。胡锦涛总书记指出:"一个没有文化底蕴的民族,一个不能不断进行文化创新的民族,是很难发展起来的,也是很难自立于世界民族之林的。"同理,一个没有创新精神的出版社,很难成为一个有竞争优势的大学出版社。创新精神是大学在社会有机体中确立自身地位的基石。大学出版社作为大学的有机组成部分,保有创新精神,始终将高质量、高品位、高层次作为自己产品的定位,只会受益无穷,而绝不会适得其反。以北京大学出版社为例,他们就是以学术精品作为自己的核心产品,以大量原创性、反映学术前沿的学术著作和具有新视野、新体例、新材料的高校教材在市场上取得丰厚的经济回报。社会关怀精神也是大学精神的重要内涵。在高度信息化、市场化的社会里,现代大学在社会机器的运行中,早已走出了"象牙塔",关注现实、服务社会成为高校重要职能。它为社会提供先进的精神产品和科技新成果,提供高素质的人力资源。这种社会关怀精神贯穿到大学出版过程中,便形成重要的出版资源,不仅占有了丰富的作者资源,还占据了相对稳固的市场资源。爱因斯坦就曾指出,学校的目标应该是培养能独立行动和独立思考的个人,不过我们要把社会服务看作自己人生的最高目的。许多大学出版社就是在传播知识的过程中,把社会关怀精神转化为出版产业的生产力,把目标市场锁定在高校和社会专业人士群体,专注于教育出版和专业出版,从而创造了良好的社会效益和经济效益。

诚然,任何出版社在其核心竞争力中,具备高素质的出版队伍和高效率的运行机制,都是至关重要的。但是在高校出版社中,出版人(主要是编辑人员)的素质必须通过树立大学精神,以形成独自的角色定位,从而整合出一支在自己的出版领域中能征善战的队伍。大学出版人发扬大学精神,树立强烈的创新意识和文化传播使命感才能准确地定位自己的角色,如缺乏对大学理念的认同,大学出版人的角色就不可能到位。牛津、剑桥这些老牌的大学出版社,曾通过我们的专业出版传播新思想、新观念、新技术,发挥了社会启蒙作用和推动作用,在教育出版上通过出版物为人类的进步和发展做出了重要的贡献,在社会上取得了极高的认同度。当然,时代已发生了巨大的变化,今天高校出版社的出版人必须在经典理念与当代精神的融合中,在社会主义市场经济的环境中确立自己的角色。

新世纪高校编辑人员素质的时代特征

（闽浙赣鄂四省出版理论研讨会入选论文·1998年，《福建出版科学论集》第三辑）

　　新世纪不是一个简单的时间概念，面对当今这日新月异的时代，新世纪之交已成为人们更新观念，改变生存方式、工作方式的重要契机，这股无形涌动的潜流正在人们心中产生猛烈的冲撞，它使人焦躁不安，也促使人们努力进行自我调整,以适应时代的要求。高校出版社固然置身于高等学校这一相对稳态的环境,但同样不可避免地面临着严峻的挑战。首先,高新技术的迅猛发展,电脑在工作中的广泛使用,正在改变出版社的编辑工作方式;其次,社会主义市场经济正逐步完善并向纵深发展,高等学校作为传播知识、科学研究的机构同样不可能脱离市场经济的轨道,高校出版社积累文化、传播知识的功能将愈趋市场化,编辑将承载传统功能之外许多新的任务。这些都对编辑人员的素质提出更高的要求。

编辑人员的个人素质对出版社编辑工作起着举足轻重的作用,这是毋庸置疑的。但是,随着编辑案头工作比重发生变化,编辑个体劳动的特点也正在发生改变,已经出现了案头编辑与策划编辑的分野,虽然目前还处于尝试阶段,却是市场经济发展的必然要求。特别是高校出版社有学校众多在职的和退休的专家学者为依托,审稿和编辑加工任务完全可以部分委托我们来完成。这样,以策划、组稿为重要任务的编辑队伍,其整体素质的提高就不能与时代的要求相脱节,还需要通过整合形成团队精神。

一、高校出版社编辑素质的特殊要求

编辑素质是一个很宽泛也很抽象的概念,从大的方面说,有政治素质、业务素质、心理素质,具体来说,则有学识、修养、作风、能力等等,难以一言以蔽之。出版界的同仁对此已做了许多分析和阐释,本文无意于此,只想就高校出版社所处的小环境对编辑工作的制约进而形成的特殊要求做一番探讨。

1.编辑角色与学者化定位

高校出版社的编辑多有较高的学历,有一门牢固的专业知识,提倡编辑学者化似不成问题,其实不然,因为编辑角色要求编辑是杂家和通才,而学者则是专门家,纵然有心想鱼和熊掌兼而得之,往往心有余而力不足。但是,即使如此,这一矛盾并不是不可调和的,因为我们所说的学者化并不是要求每个编辑成为专门家,而是要求对自己所学专业的发展动态密切关注,作为文科编辑适当进行一些研究工作和写作,理工科编辑对学科的前沿状况做些综述工作,这样既可避免眼高手低,又与学术保持了血肉的联系。不少编辑由于具有学者的素养,在高校出版这块园地里游刃有余,往往高人一筹。学术水平是高校评判一个人的价值尺度,因此,参与一些学术实践,在价值观上与学者保持相对一致,如此才能取得专家教授的信任,从而建立自己的作者群。具有学者的素质,并有牢固的专业基础知识,他对某一学科的研究现状、研究队伍和发展趋势才能有较深的了解和把握,并由此辐射相关学科,有针对性地参与学术活动,选准组稿对象,从而制定自己的选题规划。有较高的学养,对编辑加工的益处则是不言自明的,它直接关系到编辑的选稿能力,才有可能在加工稿件过程中提出明确具体的修改意见。

2.兼容并包的学术心态

出版学术著作是高校出版社的重要工作,也是出精品图书的基本选题方向,有较高学养的编辑如果缺乏兼容并包的学术心态而定于一尊,这种偏狭的学术心理对出版工作是很不利的。编辑的学术定见不应影响选稿标准,对于不同的学术观点要能够兼收并蓄,只要不是政治问题,对纯学术问题应允许作者"文责自负",否则会扼杀人才和优秀书稿,并封闭自己的视野。编辑的学术心态应比学者更宏阔,更有包容性,对多种学术观点不应排拒,要有求新求全的共存观。之所以特别强调这一点,是因为在编辑与作者共处于一个校园内,学术素养高的编辑往往更容易执于一见。因此,破除门户之见,是高校出版社编辑素质自我培育的重要方面。

3.超越师生关系的心理障碍

高校出版社的编辑基本上是本校毕业的学生,这种人事体制自然不利于工作,国外高校没有这种现象,我国由于种种原因"近亲繁殖"的格局一时还难以打破,因此在编辑过程中,超越师生关系的心理障碍,强调编辑的主体意识显得很重要。许多作者要么是编辑的导师,要么是本系的其他教授,编辑在审稿和加工稿件过程中,常常显得为难,明知稿件有许多不足和疏忽,总是难以启齿。这不是谁比谁高明的问题,而是各有各的职业优势。也有一些编辑以此为借口,敷衍塞责,片面强调"文责自负",从而草率从事,放弃了编辑的职能。排除这种心理障碍并不是不可能的,只要充分表现出你的敬业精神,就会取得作者的认同。

4.非主流校园文化心态

教学和科研是高校的中心工作,教师是学校的主体,显而易见,作为为高校教学科研服务的高校出版社在学校里处在从属位置,因此高校出版社的编辑与地方出版社的编辑在编辑主体意识上就有差别。高校出版社的编辑主体意识既要强调创造精神,更要有服务意识。首先要直面工作的从属性、边缘性,调整好自己的文化心态。编辑与第一线的教学科研人员相比,少有骄人的学术成就让社会瞩目,也没有桃李争艳、众星拱月的讲台效应,校园编辑与地方出版大院编辑相比常有一种心理失衡感,这就需要有正确的文化心态。其次,"为人作嫁"的思想在高校出版社显得更为突出,因为编辑与作者的关系十分贴近,若没有宽阔的胸襟,就难以有成人之美的行为,还很容易被妒忌所自伤,从而埋没和戕害优秀的选题和书稿。

5.教师的角色意识

出版高校教材、教学参考书是高校出版社的重要任务,教材和教学参考书与一般图书有很大的不同,它必须接受课堂的检验,必须符合教学规律,因此高校出版社的编辑应成为不是教师的教师,要有自觉的课堂意识。教材与专著的质量标准有相通之处,更有各自的要求。高校教材在是否适用教学上必须注意它的内容规定性、认识规律性、体例完整性,在科学水平上必须注意它的理论性、完整性、系统性和先进性,还必须注意它是否有利于素质培养,在内容、结构、体系等方面是否有自己的风格和特色等等,这些都必须有一定的把握。此外还必须弄清该门课程在教学计划中的地位,以及教学大纲对该门课程的要求,正确处理新内容与稳定性的关系。总之,出版好高校教材,要求编辑具有教师的角色意识。同时,教材是要进入课堂才能发挥它的使用价值,它必须得到教师和学生的共同认可,因此编辑应具备一种特殊的市场意识即课堂意识。

6.价值观的多维性

高校是学术机构,学术水平的高低是衡量一个人的基本价值尺度,在文化建设和文化积累、创造与传播,诸如此类的对立双项中,往往重视前者而忽视后者,反映在对图书的态度上很容易出现偏颇,如将高质量与高层次等同起来,低层次与低品位相提并论,社会效益与经济效益相对立。这种学院派心理对于走向市场是巨大的妨碍,编辑倘若缺乏多维的价值观,就会作茧自缚,丧失了编辑的角色意识,甚至会置读者于不顾,在纯学术的价值圈里孤芳自赏。随着市场经济的深入发展,在高校出版社里这种现象已不那么突出,但是读者观念的淡薄依旧是一个不容忽视的问题,为教学科研服务常常演变成为教师服务,为教师评职称服务。读者的需求对编辑来说是工作的基本目的,高校出版社教材之外的图书,其基本读者也是各级各类的学生和社会上的专业人士,如果对我们的知识与信息的需求缺少研究,甚至茫然无知,只是按作者一厢情愿的想法从事,这种脱离市场的现象是跛脚的价值观使然。所以说,高校出版社的编辑要摆脱价值观的单一性,要树立市场观念。

二、高校出版社编辑素质的时代要求

随着我国市场经济体制的逐步完善,以及信息技术、高新技术的迅猛发展,可以预见新世纪初出版业将进入一个全新的现代化阶段,成为知识经济时代的一个支柱产业,无论是出版形式、编辑效率、营销方式,还是出版社内部的组织形式、管理方法,都将发生重大变化。高校出版社在这大变革到来之际有着得天独厚的优势,这就是近距离地拥有高校的知识和人才优势,但要将这种学校优势转化为出版社的优势,并取得理想的社会效益和经济效益,则需要高校出版社的编辑努力充实自己,进一步提高自己的素质。

1.获取信息的能力

信息即财富,这是信息时代的特点之一。对于以信息传播为主要行为特征的出版社来说,编辑仅有案头功夫是难以适应时代要求的。在掌握、处理、运用信息等几方面,获取和掌握信息对高校出版社的编辑显得尤为重要。出版社在获取信息方面可以有专门的机构来运作,但它不能代替编辑对信息的直接获取,编辑在采集获取信息的过程中,也对各种信息进行了判别、取舍和加工,从而形成选题。搜集信息既要有广度也要有重点。专业学科的发展动态、作者的著述情况、出版信息、读者阅读信息、图书市场信息、国家政策和社会热点等,应是编辑需要努力掌握的。今后随着计算机网络的普遍应用,信息高速公路将提供极丰富的信息,但这不能代替人与人的直接交流和实地的调查研究。所以编辑要能坐得下来,也能走得出去,深入社会,广交朋友,在实践中形成自己获取信息的技巧。

2.发散性思维与创造意识

发散性思维是相对于集中式思维而言的,集中式思维是一种求同思维、综合分析的思维,发散性思维则是求异思维、发挥想象力的思维,它是与创造意识密不可分的,它对于编辑制定整合思想文化成果的选题极为重要。在信息时代,面对纷至沓来的信息如果缺乏求异思维和创造意

197

识,就会盲目赶时髦、趋时尚,这是创造特色的大忌。在编辑工作实践中,往往可以看到这种现象,有些人并不显得如何紧张繁忙,但他事半功倍,无论是社会效益还是经济效益都有良好的记录,这与他的思维活动很有关系。而有些人尽管很努力,却成绩平平,其中一个很重要的原因就是思路不宽、墨守成规,缺乏发散性思维和创造意识。在信息传播如此迅速的时代,图书选题已无空白,编辑构思选题若不善于逆向思考,则难以开辟新的方向、新的形式,把握读者阅读心理、阅读需求的流变。创造意识是以广博的知识结构为基础的,编辑应建设与时代相适应的知识结构和知识容量,做到知识结构的多维性与知识容量的丰厚性相得益彰。创造意识与丰富的想象力也是密切相关的,新世纪的编辑不可忽视这方面素质的培养。

3.策划与经营能力

策划与组稿是许多高校出版社的薄弱环节,与地方出版社相比显得逊色,这对于走向市场、面对新世纪的挑战是很不利的,其中原因很多,最主要的是高校人才密集、知识密集、稿源充足,在强调为教学科研服务的同时,往往淡化社会传播意识。编辑不可能根据市场需求去引导专家教授从事某项课题的研究,但可以在专家教授深度研究的基础上,策划出具有文化建设和文化积累价值的并有大众传播价值的文化精品,策划出有市场效应的传播最新、实用知识的图书。如何加强策划意识已有许多精辟的阐述,就高校出版社而言需要特别强调的是要有超前意识、胆识、风险意识、社会传播意识。现今的选题策划已不是静态的策划,它与市场营销已融为一体,编辑在策划的过程中就要对市场进行预测,对投入和产出进行科学的测算,既要有风险意识又要做盈亏平衡的估算,此外还需要策划和实施各种促销与宣传活动,将策划工作与图书发行紧密结合起来,这对从校门到校门、处于相对封闭环境的高校出版社编辑无疑是个挑战。

4.计算机知识

微机在编辑工作中的广泛应用已是指日可待,作为一位跨世纪的出版编辑人员缺乏计算机知识将不可思议,尤其是高校出版社的编辑更是如此。因为电子出版物虽然不可能完全取代文字出版物,但可以肯定将独占鳌头,根据国外有关资料表明,目前光盘生产基本上可以归为两大类,一是文艺类,一是教学类。在可以预见的将来,各级各类的教学机构以电脑为媒介的远程教学将成为新的教学形式,传统的书籍——黑板式教学系统将逐步为多媒体电子教学系统所取代,电子教学出版物势必成为高校出版社的重要一翼。如笔者所在的厦门大学新闻传播系已建成"传播教学局域网",已开设了《电子传播概论》试行网上授课与讨论,极大地扩展了教室课堂空间。利用计算机网络开发选题也是高校出版社的优势。高校出版社以出版高校教材专著为主,目前各主要高校均在网络上有自己的网站,举凡学科的发展状况、学术带头人的教学科研情况等有关信息均可以迅速地获得,编辑将有关的信息资料收集整理,建立起自己的信息库,这对于开发选题可以发挥巨大作用。至于微机在审读加工、版式设计和校对等各个编辑环节上所带来的便利则不言自明。

5.版权知识

是否具有法律意识是衡量当代人文明素质的一个重要指数,对于出版人来说是否具有丰富的版权知识则是其素质高低一个不可忽视的方面。在一个长时期里无论是著作权人还是出版者版权意识都是很淡薄的,在以法治国的今天,随着经济活动的规范化,知识产权对著作权人和出版者都是不能须臾漠视的。如今作者的自我保护意识正逐步提高,编辑倘若不熟悉版权知识,有意无意地产生侵权行为,将给出版社带来损失,而且一个不尊重作者权益的编辑也很难建立起自己的作者群。此外,著作权法对出版者的保护作用编辑倘若不能了然于胸,就很难有胆有识地开发各类编辑作品的选题,因为原创作品的选题只能占一定比例而不可能是全部。正确使用著作权,以各种图书的形式传播知识,这是编辑策划选题、组稿的基本功。展望未来,电子出版物将带来许多新的版权空间,如何在其间合理使用版权,组织出版资源,这是摆在编辑面前的新课题。

6.文化建设的使命感

在信息时代文化传播的速率愈来愈快,市场经济的短期行为十分流行,浮躁心理也同样不可阻挡地侵入编辑队伍。面对这瞬息万变、急功近利的时代,相对封闭的高校出版社似乎可以超然物外,其实不然。以专著教材为例,炒冷饭、东拼西凑的灰色学术著作并不鲜见,虽然对传播知识也起了一定的作用,但对文化建设和文化发展却难以产生影响,由于鱼目混珠现象的大量存在,还会打击致力于原创的作者的积极性。因此,树立精品意识和战略意识,以自己的编辑行为推动人类文化的发展与进步,提高民族的文化素质,体现了一个编辑社会责任感。就个人而言,具有文化建设观念和战略意识也是一个成功编辑不可或缺的,它需要编辑能够高瞻远瞩,富有博大胸怀,一个充塞投机心理、目光短视的人,很难实现社会效益和经济效益的统一。21 世纪是世界文化大融合的时代,文化建设意识需要有更宽的视野和知识结构,高校出版社的编辑置身于知识密集和人才密集的高校,更有可能树立起自己的文化战略观念,关键在于培养自身高品位的文化素养。

三、高校出版社编辑素质的整合

我们对高校出版社编辑应具备的素质作了以上粗略的分解,但是每个人的素质总是千差万别,各有所长。衡量一个出版社编辑整体素质的水平,除了个人素质的高低外,还必须视其编辑素质的整合情况,也就是编辑部门对人才素质的培养与综合管理水平。人才的素质培养应包括政治素质、人格素质、思想素质、文化素质、能力素质、思维素质和业务素质等方面。要将各编辑个体的素质整合成群体素质,形成一个政治强、业务精、作风正,团结和谐、开拓进取的富有凝聚力的战斗集体,我认为应处理好以下几个关系。

1.发挥各人所长,做到优势互补

提高编辑部门的整体素质有赖于每位编辑的自身素质,倘若每位编辑都有良好的素质,既有牢固的专业知识又有很好的文字能力,既能埋首书案又有很强的社会活动能力,既能运筹帷幄又可以遨游商海,这当然求之不得。实际上这是不可能的。纵然这种复合型人才能一时齐聚麾下,在今后人才流动日趋频繁的情况下,因各人思想和生活情况的变动,人员的变化是十分正常的,更何况各人还会因适应环境的程度不同,能力和潜力的发挥会有很大差异。因此,发挥各人所长,做到优势互补,这是领导者十分重要的工作。每个人都有受他人尊重的意识,都希望能有所成就,自然也要求自己的付出能得到相应的回报,只要使用得当,就不会埋没人才。每个人都充分发挥出自己的才智,都能敬业爱岗,即使不是人人都有很高的素质,但只要有了这种团队精神,这个出版社的编辑部门其整体素质就有了保证,当然平均素质的起点要高,否则就没有优势互补的基础。

2.策划编辑与文字编辑分流

为了适应市场竞争,策划编辑已在我国出版界应运而生,这在发达国家是早已实行的制度。由于编辑的素质存在差异、各有所长,将编辑人员分为策划编辑和文字编辑,发挥各自的优势,能够提高编辑部门的整体效能。要处理好两类编辑人员的关系以形成合力,我认为应明确几个问题,首先,在指导思想上应明确两类编辑只是工作的分工,不存在领导和被领导的关系。有的编辑的个人素质适合做组稿工作,有的编辑更适合处理稿件做审读加工,如组织协调得好,利益分配得当,就可以相得益彰。其次,策划编辑不应单兵作战,编辑部应根据出版社的规模组成一个精干的策划编辑室。每个策划编辑如各自为战,往往会专注于短期效应,不利于突出出版社的特色,因为策划不仅仅是致力眼前的经济效益,更重要的是出版社的社会效益和宏观的经济效益。再次,策划编辑的职能和权限不应无限宽泛,如有的出版社的策划编辑实行编、印、发一条龙,实际上成为变相的出版个体户,它有悖我国的出版体制和政策法规,也打乱了出版社编、印、发的科学分工。策划编辑应把工作重心放在市场调研、选题创意、组稿、宣传促销等工作上。

3.学科分布相对齐全并向特色学科倾斜

目前高校已进入一个人员新老大交替的阶段,由于十年"文革"的原因,一两年之后 50 岁以上的在岗业务人员将少而又少,基本上是 45 岁以下的中青年。高校出版社亦大体如此,编辑人员基本上由 40 岁以下的研究生构成,因此世纪之交是高校出版社人员最具活力的一个很特殊的时期,如何配备编辑才有利出版社的工作很值得研究。高校出版社在今后的发展中,是否走大发行部小编辑部的路子是市场经济向我们提出来的问题,我以为应根据各社的情况而定。除少数权威高校的出版社因其教材覆盖面广,必须强化发行部门,而其余高校出版社因其系学术出版社的性质,走大发行部小编辑部的模式似乎并不适宜。学术著作和教材是高校出版社图书的基本构成,专业性很强,虽然不必做到凡学校有的学科专业都配备相对应学科编辑,但大的学科都应有编辑,做到相对齐全,并向特色学科倾斜。来自各学科的编辑因专业训练的方式不同,价值观和思维方式就有差异,如理工科的编辑思维更缜密,文科编辑思维相对宽阔,理工科编辑较重实际,而文科编辑则注重精神。编辑人员学科分布齐全一些,可以相互弥补不足,有利于提高编辑部门的整体素质。

4.选人要"五湖四海",力避"近亲繁殖"

我国高校的教学科研人员基本上是从本校的毕业生中选留的,高校出版社的编辑也不例外,这种"近亲繁殖"的现象由来已久,其原因就不在此赘言,它的弊端之一就是容易思想封闭,视野狭窄。欧美国家的高校则不从本校毕业生中直接选留教师,这有利博采众长。我国随着市场经济体制的建立,高校封闭式的办学方式将会逐步打破,"近亲繁殖"的人事体制会发生变化是无疑的,这为高校出版社从社会网罗人才提供了客观条件。编辑人员来自不同的高校对于提高编辑的整体素质其作用是显而易见的。来自"五湖四海"的编辑会带来许多高校的关系及同学关系,还会带来不同的学术思想和学风,这对于开展编辑工作,尤其是开发选题、组稿以至教材的发行都有很大的益处。

5. 既要有激励机制,又要承认能力差别

在一个缺乏竞争过度保护的环境里,人们的惰性会慢慢地滋生,久而久之,即便有良好的素质也会褪色,因此在编辑部内应建立起有效的激励机制,才能形成蓬勃向上的氛围,这是不言而喻的。但是我们还得看到事物的另一面,那就是人们天赋上的差别,有的人长处很鲜明,有的人则是复合型人才,有的人学识渊博,有的人活动能力强,这些素质在向能力的转换过程中,往往是千差万别的,也就形成了能力的差别。如何正确对待不同的人在能力上的差别,关系到编辑部整体素质的聚散问题。没有激励机制自然是行不通的,但同时要有约束机制,才能使应变能力较差的人不至于心理失衡,从而进一步发挥出自己的潜能。我们承认各人能力上的差别,不能搞平均主义,充分调动大家的积极性,但在利益分配上,对那些埋头苦干、尽心尽力但效益又不显著的同志,应有一定的措施以保证其合理利益,这样才能各得其所,使编辑部的整体素质获得优化。

6.做好思想政治工作,增强沟通,培育团队精神

做好思想政治工作,对从事精神产品生产的出版社是须臾不可忘却的,尤其是在凸显经济效益的市场经济条件下,往往容易过分迷信经济手段。现在出版社普遍实行目标责任制,如果不做好有效的思想政治工作,切实强调政治责任感,就很容易出政治偏差,其个人的失误会给出版社带来严重的危害和后果,因此提高编辑部门的整体政治素质是极其重要的,否则只要一环出现差错,就会殃及全局。在强调政治敏感、政治意识、政治责任感的同时,必须做好个人具体的思想政治工作,采取多种形式增进编辑之间的沟通。在信息技术愈来愈发达的 21 世纪,工作将实现网络化,编辑部将出现场所虚拟化,更需加强相互间的思想交流,培育团队精神,以便提高编辑部门的整体素质。

出版人的基本素质训练

（厦门大学出版社新员工培训讲义）

　　素质是一个很宽泛也很抽象的概念，从大的方面说有政治素质、业务素质、心理素质，具体来说则有学识、修养、作风、能力等等，难以一言以蔽之。

　　随着我国市场经济体制的逐步完善，以及信息技术、高新技术的迅猛发

206

展,新世纪初出版业进入一个全新的现代化阶段,成为知识经济时代的一个支柱产业,无论是出版形式、编辑职能、营销方式,还是出版社内部的组织形式、管理方法,都发生重大变化。出版社要想取得理想的社会效益和经济效益,则需要全体员工努力充实自己,进一步提高自己的素质。

一、关于编辑的职能

编辑在出版社占主导地位,如同学校以教师为主,医院以医生为主。

编辑的定位应包含两层基本含义:一是动词,指对于内容文案进行整理加工提升的劳动行为;二是名词,指以此劳动行为作为生存方式的一种社会职业。那么,在出版产业化条件下编辑定位的内涵是什么呢?我认为,编辑的定位从根本上讲,必须基于出版社的主业定位。出版社的主业就是内容的生产和传播,这一基本属性并没有随着出版产业化发生根本性的改变。因此,编辑在出版社的主导地位不应动摇,而应对其内涵进行拓展和延伸,并予以新的阐释。

首先,编辑是出版物选题的策划者。出版物能否在激烈的市场竞争中取得优势,关键在于选题策划的创新能力能否通过其产品予以表现。目前,大量存在的雷同、跟风和同质化竞争问题是益严重,对出版产业化的良性发展形成负面效应,这一问题的根源就在于编辑选题创新策划能力不足。编辑的选题策划能力取决于其综合采集与处理信息能力,信息是选题之源,因此,编辑应当将信息的采集、整理分析当作一种日常工作。一方面，高度关注国家有关政策、社会热点、国内外同行最新动态、读者需求等，不断加以收集整理，综合判断，从而策划出高质量的选题。另一方面，在出版物面市后，编辑还应广泛收集市场和读者的反馈信息，为选题创新和提升提供依据。

其次，编辑内容产品核心竞争力的打造者。编辑不仅是书稿内容的优化者，选择与编辑加工是编辑的基本功、基本任务。要做好提升内容质量、调整章法结构、规范语言文字、消灭软硬伤等工作，此外还要在出版物的封面、版式、格式、美术装帧等形式方面，以及市场营销的宣传推广等方面体现出鲜明而独特的编辑创意。这些编辑含量已成为内容产品核心竞争力不可缺少的构成要素之一。

再次，编辑是出版物生产的组织者和选题把关者。一种出版物的出版，就是一个内容产品项目的实现。其运作的生产流程，包括组稿、三审、编校、装帧、印制、发行等一系列工作，乃至后期的宣传推广等等。就一本图书而言，责任编辑应承担起这一复杂工作流程的组织责任，发挥协调能力，调动各方力量，使每一个环节运转流畅，从而保障图书出版的顺利完成。就组稿而言，作者的构成情况也很复杂，有时是多个作者，有时是多类作者，各作者之间的水平、个性都有差异，这些都需要编辑充当组织者的角色。由于出版物生产复杂性，在各个环节把好质量关就显得十分重要。作为该项目的主持人，编辑自然成了产品质量最重要的把关者。

最后，编辑是市场营销的参与者和引领阅读的推广人。编辑对于自己付出辛勤劳动的出版物成果，所掌握的信息最多，这是其他人无法比拟的优势所在。但在出版产业化的条件下,编辑要善于将这种优势转化为实现和扩大商品价值和社会价值,必须顺势而下,积极参与市场营销,成为引领阅读的推广人。虽然出版社都有专门的营销发行队伍,但编辑的积极参与无疑能使之事半功倍。编辑参与市场营销和引领阅读推广的做法有很多,比如,根据自己对出版物内容特点感受,提炼出市场卖点,与营销团队进行充分沟通,参与制订营销方案,协助开展营销活动;组织书评和专题研讨会,与读者展开各种形式的互动;利用报纸、网络等平台,自学展开阅读指导和推广等等。

二、关于编辑的基本素质和能力

市场经济的发展,同类图书市场表现的巨大差异,证明了出自不同编辑之手的出版物,其内在品质与市场表现也大相径庭。这说明,在市场化的条件下,做一名合格的编辑必须具备多方面的素质和多元化的能力。

1.深厚的专业素养和掌握现代化技能的能力

做一名合格的编辑,需要具备科学的思维方式和先进的学习方法,要有开阔的知识视野。现代出版对编辑素养和知识储备的要求更是越来越高,编辑不仅要熟悉编辑学、出版学、图书学、传播学、市场营销学等业务知识,还要了解美学、心理学,甚至统计学等。这就是通常所说的"博""杂"。但真正做好编辑工作还必须立足于"专",即编辑必须在某一专业领域掌握全面而系统的知识,形成自己的专业特长,在"专"家的基础上，成为具有广博知识的"杂"家。这不仅是为了能够同专业作者进行深层次的对话，生产出优质的出版物，从长远来看，出版产业化的发展必然形成更高意义上的出版社专业分工，对编辑的专业素养也必然会提出更高层次的要求。与此同时，编辑还应掌握各种现代技能。编辑作为内容的生产者，必须与时俱进，不仅要有对文字的敏感度和改错能力，而且要熟练掌握和运用现代化的生产工具和手段，以应对高科技发展所带来的生产方式的巨大变革。今后编辑工作的方方面面，更加离不开对信息化技术、网络平台、多媒体组合等现代化技术的应用和依赖，这已日益成为编辑职业起码的技能要求。

2.较强的社会活动能力和实现目标的执行力

出版与社会息息相关，出版业的产业化更是以市场为前提。因此，编辑应走出书斋，积极参加各种社会活动，和社会各界广交朋友加强沟通，在此过程中不断培养锻炼自己的社会活动和公关能力。不仅要善于与学者专家交朋友，有目的、有计划地建立高水平的作者资源队部，而且要通过书店、学校、读书会、俱乐部等各种渠道，深入终端读者中间，倾听来自市场和读者的反馈。另外，根据工作需要，还应学会与机关、媒体、印刷厂、经销商等相关方面打交道，成为出色的社会活动家。编辑所从事的工作是内容生产与传播的实务工作，目标明确，因此对既定目标必须具有很强的执行力。编辑在出版物的生产过程中，会遇到种种困难和障碍，在组织协调中往往还会产生许多矛盾，若处理不当，不仅会增加摩擦，延缓进程，甚至会使既定目标无法实现，甚至导致流产。因此，编辑必须在工作实践中加强历练，提高修养，善于总结和反省，不断增强执行力。

3.市场预测能力和经营核算能力

对编辑提出这两种能力要求,主要基于两点:一是产业化发展中的出版社,已经成为市场经济中的实体,扩大再生产能力的载体就是如何将内容产品转化为文化商品,实现两个效益,而编辑则是内容产品的主要生产者。二是编辑在出版社居于主体地位,在进行内容产品生产的同时,必须具备这两种能力,才能适应出版社博弈市场的要求。编辑的市场预测能力,即通过对各种信息的整合梳理、分析判断,对自己主持运作的内容产品未来的市场表现,做出相对准确的预测的能力。出版社专门的市场部门,不仅要在个体出版物上具备这种预测能力,更重要的是在整体上把握全社出版物的市场表现。显然,两者之间是全局与局部的关系,是相互交叉的。编辑具备这种能力有着重要意义:可以对选题的形成提前做出必要的经济价值评估;可以根据市场需要对内容产品的呈现方式进行调整;可以更好地把握市场,找到相对准确的切入点。编辑的经营核算能力,就是对于出版物成本、费用、利润实现的计算和审核能力。除对涉及的出版物的呈现方式、工艺技术、选材用料、装帧设计等诸多因素都应有所考虑外,还包括对应强调编辑应具有自觉的经济责任意识,指的是从不同角度来阐释市场经济条件下,对于编辑能力和责任的要求。事实上,目前很多出版社在内部管理中,对于编辑的业绩考核都有明确的经济指标要求,并在实践中不断加大兑现的力度。编辑已成为出版物这一特殊商品实惠经济价值的实际责任人。

4.编辑必须自觉树立对出版物生产全程运作的责任意识

责任编辑必须树立对出版物运作全程的自觉责任意识,在前期的策划、组稿阶段,做好该做的一切,要以高度的责任感,坚决将"平庸稿"、"问题稿""关系稿"予以排除。进入内容生产阶段,要按照规定程序办事,提倡有创造性的个性发挥,例如安排好生产进度,处理好各个流程环节能中出现的种种问题,注重细节,确保质量。进入市场营销和发行阶段,要积极参与,介入其中,对自己责编的出版物应"视同己出"。倍加呵护。绝不能认为编辑就是编稿,发稿后就万事大吉,与己无关了。有一种流行的说法,叫"会做书",其中蕴含着丰富而深刻的道理,合格的编辑都应该成为"会做书"的人。

三、关于出版工作者的政治素质

1.要树立政治意识、责任意识和大局意识

图书是满足人们精神消费的特殊商品,它干预人们的精神生活,除传授知识外,还影响人们的价值观念、道德情操、理想信念等,因此图书生产有很强的意识形态性和政治性。在任何一个国度,任何一种社会制度下,这种意识形态性和政治性都是存在的。我们的出版社作为图书生产单位,是精神产品的生产单位,是社会主义精神文明建设的重要基地,肩负着社会主义精神文明建设的重任。因此,出版工作者要坚持正确的政治方向,努力把好图书内容质量的政治关。

提高出版物的政治质量。在出版物质量体系中,政治质量是首位

的。一些出版物或有严重政治错误,或损害民族宗教政策,或宣扬色情暴力和封建迷信,纵容这类出版物出笼,甚至让其披上合法外衣,毒害人们的心灵,腐蚀社会的肌体,干扰和破坏社会大局,这都是缺乏政治意识的表现。要强化出版队伍的政治责任。

既然我们从事的是精神产品的生产、加工和流通工作,既然我们是"人类灵魂的工程师",那么出版工作者具备良好的政治素质、高度的政治责任感、较强的政治鉴别力和政治敏锐性就显得成就尤为重要。我们要把政治意识落到实处,就要树立正确的世界观、人生观、价值观,做一名政治强、业务精、纪律严、作风正的出版工作者。

2.要做到敬业爱岗

一个优秀的出版工作者,其巨大的工作动力,来源于内心深处对工作的深深热爱。我们只有首先热爱本职工作,才会有崇高的职业道德。刻苦钻研业务,对工作认真负责,是出版工作者履行职业道德的实际行动。比如,编辑工作是一项极其艰苦复杂的脑力劳动,没有较高的业务水平,缺乏认真的工作态度,就不能够站在更高的角度选稿、组稿、审稿、改稿,从而让那些存在政治问题、内容失真、错漏百出的图书出版发行。给社会带来严重后果。如果由于业务能力不够而引起失误而造成不良影响,则负有职业道德上的责任。树立正确的世界观、人生观和价值观,做到个人品质端正,勤奋工作。一定要知道,白纸黑字的权威性,纸质出版物要准确规范,与上课、谈话不同,与网络也不同。

四、网络时代出版人必须着力提升三个方面的能力

第一是发现的能力。我们是做文化传播的,我们要发现好的作者、好的书稿,作为编辑来说,自身首先得是某一领域的"专家",提升自己的学术水准,这是编辑发现作者,选择稿件,审读书稿的前提。自己的学术水准得不到作者的认同,就很难与作者展开对话。

第二是策划的能力。如果说"发现能力"还是一种被动,策划能力,也可以说是组合文化的能力,则体现了出版人的主体意识。作为文化企业,我们必须通过市场争得自己的一席之地,在文化和市场之间架设桥梁。

因此,关注出版理论的动向,钻研出版理论,在理论的指导下,从事我们的出版实践,提高组合文化的能力才会事半功倍。

第三是创新的能力。优秀的出版人总是对产品呈现方式着力追求,力图为优秀作者的创作文本,在内容方面的创新、在呈现形式方面的创新,贡献自己的智慧,在现代信息海量的条件下,这一点更显必要。必须通过组合文化,将分散的、凌乱的甚至是湮没无闻的知识重新汇聚、系统化,不断推出新的文化产品。在创新的系统工程中,做好作者原稿的创新开发和宣传包装都非常重要,这要求组织者多学科的知识、对市场的把握、对自己的产品的热爱和推广。

要做到发现、组合和创新呈现,这一切的基础和前提,除了原有的所学专业知识外,还要在工作中不断地充电学习、加强研究和自我总结。

五、高校出版人素质的特殊要求

1. 进一步提高学术素养

学术水平是高校评判一个人的价值尺度,因此,参与一些学术实践,在价值观上与学者保持相对一致,如此才能取得专家教授的信任,进行深层次的对话,从而建立自己的作者群。

具有学者的素质并有牢固的专业基础知识,对某一学科的研究现状、研究队伍和发展趋势才能有较深的了解和把握,并由此辐射相关学科,有针对性地参与学术活动,选准组稿对象,从而制定自己的选题规划。有较高的学养,对编辑加工的益处则是不言自明的,它直接关系编辑的选稿能力,才有可能在加工稿件过程中提出明确具体的修改意见。

编辑要有与专家学者对话的能力,这样才能赢得作者的信任,获得更多优秀著作的出版机会。不少编辑由于具有学者的素养,在高校出版这块园地里游刃有余,往往高人一筹。

2. 树立编辑的主体意识

在编辑过程中,强调编辑的主体意识显得很重要。高校出版社所面对的作者都是专家教授,编辑在审稿和加工稿件过程中,如果片面强调"文责自负",从而草率从事,就会放弃了编辑的职能,从而放弃了完善和提升书稿的职责。特别在当前,出版工作已进入出版策划时代,如果缺乏主体意识,就很难进入主动策划图书的领地,从而在作者与读者之间架设有效的传播载体和桥梁。

高校出版社的编辑主体意识强调创造精神，组织才干，社会活动能力。

3. 树立编辑的教师意识

出版高校教材、教学参考书是高校出版社的重要任务，教材和教学参考书与一般图书有很大的不同，它必须接受课堂的检验，必须符合教学规律，因此高校出版社的编辑应成为不是教师的教师，要有自觉的课堂意识。教材与专著的质量标准有相通之处，更有各自的要求。高校教材在是否适用教学上必须注意它的内容规定性、认识规律性、体例完整性，在科学水平上必须注意它的理论性、完整性、系统性和先进性，还必须注意它是否有利于素质培养，在内容、结构、体系等方面是否有自己的风格和特色，这些都必须有一定的把握。此外还必须弄清该门课程在教学计划中的地位，以及教学大纲对该门课程的要求，正确处理新内容与稳定性的关系。总之，出版好高校教材，要求编辑具有教师的角色意识。同时，教材是要进入课堂才能发挥它的使用价值，它必须得到教师和学生的共同认可，才能取得两个效益，因此编辑应具备一种特殊的市场意识即课堂意识。

六、高校出版人素质的时代要求

1. 获取信息的能力

信息时代的特点之一就是信息即财富，对于以信息传播为主要行为特征的出版社来说，编辑仅有案头功夫是难以适应时代要求的。掌握、处理、运用信息等几方面显得尤为重要。出版社在获取信息方面可以有专门的机构来运作,但它不能代替编辑对信息的直接获取,编辑在采集获取信息的过程中,也对各种信息进行判别、取舍和加工,从而形成选题。搜集信息既要有广度也要有重点。专业学科的发展动态,作者的著述情况,出版信息,读者阅读信息,图书市场信息,国家政策和社会热点等,应是编辑需要努力掌握的。随着计算机网络的普遍应用,提供了极丰富的信息,但这不能代替人与人的直接交流和实地的调查研究。所以编辑要能坐得下来,也能走得出去,深入社会,广交朋友,在实践中形成自己获取信息的技巧。

2. 发散性思维与创造意识

发散性思维是相对于集中式思维而言的。集中式思维是一种求同思维、综合分析的思维。发散性思维则是求异思维、发挥想象力的思维,它是与创造意识密不可分的,它对于编辑制定整合思想文化成果的选题极为重要。在信息时代,面对纷至沓来的信息如果缺乏求异思维和创造意识,就会盲目赶时髦、趋时尚,这是创造特色的大忌。在编辑工作实践中,往往可以看到这种现象,有些人并不显得如何紧张繁忙,但他事半功倍,无论是社会效益还是经济效益都有良好的记录,这与他的思维活动很有关系。而有些人尽管很努力,却成绩平平,其中一个很重要的原因就是思路不宽、墨守成规,缺乏发散性思维和创造意识。在信息传播如此迅速的时代,图书选题已无空白,编辑构思选题若不善于逆向思考,则难以开辟新的方向、新的形式,把握读者阅读心理、阅读需求的流变。创造意识是以广博的知识结构为基础的,编辑应建设与时代相适应的知识

217

结构和知识容量,做到知识结构的多维性与知识容量的丰厚性相得益彰。创造意识与丰富的想象力也是密切相关的,新世纪的编辑不可忽视这方面素质的培育。

3.策划与经营能力

编辑不可能根据市场需求去引导专家教授从事某项课题的研究,但可以在专家教授深度研究的基础上,策划出具有文化建设、文化积累价值的并有大众传播价值的文化精品,策划出有市场效应的传播最新、实用知识的图书。编辑可以根据教材细分化市场的客观现实,整合力量,组织教学单位和教师编写系列教材。如何加强策划意识已有许多精辟的阐述,就高校出版社而言需要特别强调的是要有超前意识、胆识和风险意识、社会传播意识。现今的选题策划已不是静态的策划,它与市场营销已融为一体,编辑在策划的过程中就要对市场进行预测,对投入和产出进行科学的测算,既要有风险意识又要做盈亏平衡的估算,此外还需要策划和实施各种促销与宣传活动,将策划工作与图书发行紧密结合起来,这对从校门到校门、处于相对封闭环境的高校出版社编辑无疑是个挑战。

4.版权知识

是否具有法律意识是衡量当代人文明素质的一个重要指数,对于出版人来说是否具有丰富的版权知识则是其素质高低一个不可忽视的方面。在一个长时期里无论是著作权人还是出版者版权意识都是很淡薄的,在以法治国的今天,随着经济活动的规范化,知识产权对著作权人和出版者都是不能须臾漠视的。如今作者的自我保护意识正逐步提高,编辑倘若不熟悉版权知识,有意无意地产生侵权行为,将给出版社带来损失,而且一个不尊重作者权益的编辑也很难建立起自己的作者群。此外,著作权法对出版者的保护作用编辑倘若不能了然于胸,就很难有胆有识地开发各类编辑作品的选题,因为原创作品的选题只能占一定比例而不可能是全部。正确使用著作权,以各种图书的形式传播知识,这是编辑策划选题、组稿的基本功。展望未来,电子出版物将带来许多新的版权空间,如何在其间合理使用版权,组织出版资源,这是摆在编辑面前的新课题。

5.文化建设的使命感

在信息时代文化传播的速率愈来愈快,市场经济的短期行为十分流行,浮躁心理也同样不可阻挡地侵入编辑队伍。面对这瞬息万变、急功近利的时代,相对封闭的高校出版社似乎可以超然物外,其实不然。以专著教材为例,炒冷饭、东拼西凑的灰色学术著作并不鲜见,虽然对传播知识也起了一定的作用,但对文化建设和文化发展却难以产生影响,由于鱼目混珠现象的大量存在,还会打击致力于原创文化的作者的积极性。因此,树立精品意识和战略意识,以自己的编辑行为推动人类文化的发展与进步,提高民族的文化素质,体现了一个编辑社会责任感。就个人而言,具有文化建设观念和战略意识也是一个成功编辑不可或缺的,它需要编辑能够高瞻远瞩,富有博大胸怀,一个充塞投机心理、目光短视的人,很难实现社会效益和经济效益的统一。21世纪是世界文化大融合的时代,文化建设意识需要有更宽的视野和知识结构,高校出版社的编辑置身于知识密集和人才密集的高校,更有可能树立起自己的文化战略观念,关键在于培育自身高品位的文化素养。

特色、精品与品牌

（本文原载《中华读书报》2004年5月12日）

组织出版一批高水平、高质量的精品图书和标志性的传世图书。这不仅是传播先进文化的要求，精品图书对出版社的教材和实用图书也可以产生感召力，有推助作用，可以放大品牌效应。为实施"精品图书"工程，高校出版社必须坚持学术为本。

出版社在贯彻为教学科研服务的办社宗旨时，必须坚守自己的精品意识。贯彻为教学科研服务的办社宗旨，往往由于种种原因，使选题分散，难以杜绝平庸之作。因此，在为教学科研服务的过程中，出版社必须有自己的主体意识，必须坚持质量，坚持出精品，必须有一大批出版物与学校的水平和地位相称。在坚持质量的前提下，还要做到有所为有所不为。本着弘扬学术、积累文化和传播新知的精神，要把本校最优秀的科研成果通过图书的形式反映出来，这些反映学科前沿研究成果的学术专著的出版，不仅提升了出版社的形象，同时也促进了学校学科建设和师资队伍的建设。许多教师正是通过本校出版社出版的校内一流、国内领先的学术成果，提高了学术地位和知名度，这些图书也成为出版社的形象图书。

要花大力气组织标志性的传世图书。出版标志性的传世图书所产生的巨大影响力，可以提高出版社的知名度，提升出版社的形象。高校出版社在组织标志性的图书工程的过程中，要着眼于发挥本校的学科和地域优势，将这一优势与人才优势结合起来。一家高校出版社一定要有几项体现本校学科优势的大型出版工程，大力关注独创性、原创性的系列化著作，出版一批反映学术前沿的成果。

出版社要生存要发展，在竞争愈来愈激烈的今天，创建图书品牌，参与市场竞争，显得刻不容缓。但是，在制定和实施品牌战略的过程中，高校出版社必须从出版社实际出发，努力发挥学校的学科优势，才有可能培育出品牌来。打造品牌必须依托学校优势学科，形成品牌必须有规模效应。我们常习惯把特色书、精品书与品牌书等同起来。其实,特色书、精品书与品牌书是不能画等号的。特色书、精品书主要注重图书的社会效益,而品牌书则必须产生"双效益",它必须有市场占有率,要有较大的社会需求。作为高校出版社,我们的优势在于有高校教学科研成果这一丰富的出版资源,学者专家这一优秀的作者资源,教师学生这个稳定的读者资源。实践证明,学校的学科优势只有转化为出版优势才能产生品牌效应。我们的品牌建设只有走高校这条市场通道才有生命力。我们制定品牌战略的切入点是,将学校的重点学科和优势学科、特色学科排队后,将学校那些有可能转化为出版优势的学科,确立为品牌图书的选题方向,进行立体开发,力争做强做大。

在整个品牌格局中,高校出版社必须把高质量有特色的高校教材摆在突出的位置。明晰自己创建品牌的思路,确立的品牌重点。在品牌教材的出版上,要进行多层次、立体化开发,要形成规模。在品牌教材的选题上,强调首先要全,在做全的基础才有可能做大。在品牌教材的开发上,要强调有前瞻性和战略眼光。有些品种预先就可以想见经济效益一时难以体现,从实施品牌战略的需要出发,我们还是列入选题计划,并与作者建立恒定的、守信用的良好合作关系。整个品牌格局中,高校出版社应以教材为龙头,同时把实用图书放在重要位置,有主有次,互为映照,从而放大了品牌效应。

在出版运作上,低俗化、媚俗化盛行的今天,提倡学术为本,多出精品是很有现实意义的事情。

「台」字当头彰显特色

——厦门大学出版社发挥『五缘』优势走特色出版之路

（本文原载《中国出版》2007 年第 12 期）

厦门大学出版社是教育部直属的综合性高校出版社，在强手如林的综合性高校出版社中，如何突显自己的特色，是我社十多年来努力探索和实践的课题。通过深入的调研和权衡，我们决定充分发挥厦门大学的学科优势，充分利用厦门与台湾有"五缘"（血缘、地缘、文缘、商缘、法缘）的独有便利，在"台"字上做足文章。这一战略构想，经过十多年付诸实践和努力，现在已在高校出版社中形成独具的特色，有关台湾的出版物蔚为大观，成为海峡两岸文化交流的一座壮丽的桥梁。

一、发挥学科优势，打造精品力作

厦门大学台湾研究中心是全国最早成立的专门研究台湾的学术机构，是国家文科重点研究基地。厦门与台湾隔海相望，有着长期的历史渊源。我社发挥地域优势和人才优势，出版的台湾研究图书包括台湾历史、经济、政治、文化、文学等领域。该研究中心研究台湾历史的专家力量最为雄厚，我们出版研究台湾历史的学术专著也最多，其学术水准高，我们以此为龙头，带动了台湾经济、政治、文化和文学的学术图书，且都有较强的原创性、前沿性。台湾历史研究的《台湾移民社会研究》《台湾海疆史研究》等专著，是作者多年研究的学术成果，在史学界深得好评。这些历史专著，以翔实的史料，论证了台湾历来是中国的一部分，台湾社会是从大陆的移民到来后发展起来的，明清两代大陆东南沿海民众大规模移居台湾，才造就当代的台湾社会。台湾经济曾一度被誉为亚洲四小龙，研究台湾经济不仅有其学术价值，也有一定的借鉴作用。我们出版的《台湾社会经济史研究》《台湾战后经济分析》等一系列学术著作，不仅从历史的纵向上论述了台湾社会经济的发展和变化，证明台湾经济是属于大陆经济圈的区域经济，也从现实的经济状态分析其优劣得失，对大陆的经济改革开放有重要的参考价值。此外如研究台湾政治的《当代台湾政治研究》,研究台湾法律的《海峡两岸法律制度比较研究》,研究台湾文学的《近20年台湾文学流脉》《海峡两岸新文学思潮的渊源与比较》等一批学术著作,都在各自的学术领域具有前沿性。前不久我社推出的"海峡两岸文化与传播研究"系列图书把台湾研究的图书推向了一个多维的高度。台湾作为中国文化生态圈中的一个区域,其社会文化经济的存在和发展,必然打上中国传统文化不可磨灭的思想烙印。这种思想烙印的传承不息,是经过长时段的文化传播及其变迁磨合的艰辛历程而锻成的。深层次地探索海峡两岸中华文化的传播与变迁之路,对于进一步认识台湾与祖国的不可分割有着重要的学术价值和现实意义。

　　这一大批高质量研究台湾的图书的出版,产生了重大的社会意义。如《台湾海疆史研究》是作者长期研究台湾海疆史的成果,到目前为止还未见到同类著作。本书利用档案史料,研究郑成功及康熙时代的历史,发掘不少前人未用过的史料,并且把这段历史与保卫边疆联系起来提出了独到的见解,对研究这一时期的历史的重要参考价值。其中有关郑成功史事考订部分,台湾学者石万寿认为:"订正若干文献记载的错误,贡献甚大。"书中对有关钓鱼岛的研究也引起学界的重视,作者利用档案和外交文书等,说明姑米山为琉球西面界山,在它以西的钓鱼列岛是我国台湾的附属岛屿。这些研究成果,对维护国家领土主权具有现实意义。又如《台湾社会经济史研究》客观地论述了台湾社会经济的发展和变化,用历史事实说明了台湾社会是中国社会的一个有机组成部分,台湾经济是属于大陆经济圈的区域经济,有力地批驳了"文化台独"的种种谬论。 **225**

它用专章论述大陆与台湾贸易的发展变化,用事实论证了台湾贸易离不开大陆,台湾与大陆的贸易互补性很强,即使在日据时期,日本殖民者采取了种种措施,也不能完全切断两岸民间传统贸易关系,这就有力地批驳了台湾贸易不属于大陆贸易圈的台独谬论。再如《海峡两岸新文学思潮的渊源比较研究》充分论证了台湾新文学是中国新文学的一支脉,其产生与发展都与祖国的文学乃社会文化有密不可分的关系;但由于历史际遇、社会制度等的不同,两岸新文学又有相当差异,积累了各自的经验和教训。本书以著者发掘和搜集的大量第一手资料为基础,从宏观、理论视角系统地梳理萌芽于清末的百年来台湾新文学思潮脉络,着重探讨它与祖国大陆新文学的渊源关系,从而否定试图将台湾文学分割于中国文学之外的错误观点。同时对两岸新文学思潮加以比较,归纳出台湾新文学的特点,从二者的异同中总结含括海峡两岸的 20 世纪中国新文学发展的整体经验,弥补大陆的中国新文学史书写中因缺少台湾文学而造成的脉络中断、涵盖不全等缺陷。

二、发挥"五缘"优势,放大品牌效应

厦门与台湾仅一水相隔,语言相通,习俗相同,所谓"台语"就是厦门话。随着两岸民间经贸和学界交往日益频繁,我们在着力出版大陆专家学者的原创学术著作的同时,充分发挥"五缘"的优势,努力探索如何发挥双方的优势,从而放大"台"字出版物的品牌效应。我们采取了以下几项措施,得到了良好的双效益。

　　1.合作出版。台湾在企业管理方面有我们的长处,也有写作实用图书经验丰富的一批学者,这批学者组成的一家"福友公司"。经过双方多方切磋,我们认为大陆在企业管理方面的图书虽然很多,但与台湾相比在理念上有很大的差别,且针对性也过于宽泛。所以决定出版一套《现代实用企业管理书系》会有市场前景。同时我们将这套书系定位在机械行业。由福友公司组稿,由我们编、审、校、印,然后双方共同发行。我们首先推出了两种书:《品质管理》和《管理技术》,定价分别是 56 元和 72 元。和同类书相比价格高出好几倍。虽然价格不菲,可是一进入图书市场就出现了热销现象。因为台湾作者的写作风格和大陆作者不同,图书本身理念也较为先进,针对性和实用性又很强,所才会产生价格不菲却长销不衰的现象。这两种书的成功,大大鼓舞了我们对与台湾合作出版的热情。每年我们都推出一批新选题,《现代实用企业管理书系》至今已出版了 50 多种图书,取得了很好的双效益。

　　2.开发有台湾背景的作者群。台湾背景的作者,我们的作品的视角和大陆作者有差异,正是这种差异,通过本土化之后,必将给读者带来新的视野。比如厦门大学法学院教授傅昆成,他原是台大的教授,还是台湾"立法院"的顾问。他受聘厦门大学之后,专注于海洋法律的研究,我们请他主编一套《海洋政策与法律研究丛书》,他至今已先后推出《海洋法专题研究》《海洋法相关公约及中英文索引》《联合国教科文组织〈保护水下文化遗产公约〉研究》三本专著。这些专著对相关部门有很强的参考使用价值。随着金门对大陆开放旅游,到金门旅游的大陆人士与日俱增。我们及时请金门的有关人士编写了一本《金门斗阵行》的旅游图书,

227

成为印量颇大的长销书。我们还利用我们的出版平台,为两岸学者共同研究创造条件。比如厦门大学法学院何丽新教授在海商法研究方面取得不小成就,但如果要写本部《中国海商法》没台湾的学者参与,那将出现残缺现象。我们联系到台湾大学法律系主任后,他愉快地表示愿意合作研究撰写。

3. 加强对台输入和输出版权。经管类图书是我们社的重点门类图书。我们在版权引进方面与台湾的五南出版公司建立了长期的合作伙伴关系。这些引进版的图书丰富了我社的品牌图书。在版权输出方面我们也以台湾为主要目标。2007 年 10 月在厦门举办的"第三届海峡两岸图书交易会"上,我们新推出的《中国稀见史料》(第一辑)共 41 册,限印 150 套,每套定价 3 万元。台湾方面订购非常踊跃,在会上就成交了几十套。除了一般文史类图书外,出乎我们意料之外的是,台湾方面对我社的法律图书也颇感兴趣。我们的法律类图书也是社里的重点门类图书,在市场上占有相当的份额。在这次交易会上我们司法类图书一口气与台湾出版商签订了十几种图书的版权交易意向书。

三、整合出版资源　建设大型出版工程

在以"台"字当头打造特色的过程中,我们注意到必须有几项大的具有传世功能的出版工程,才能使特色立稳脚跟。此时,我们得知厦门大学台湾研究中心副主任、厦门大学人文学院院长陈支平教授有一个初步的想法,就是组织一个班子将大陆有关台湾的文献整理出版。这一想法

断断续续经多次探讨，我们觉得可以一边启动一边完善出版方案。

　　这一选题的学术价值和社会效益是显而易见的。自 20 世纪 50 年代以来，台湾文献委员会在台湾银行出资支持下，组织大批文史专家，经过近 20 年的努力，搜集编辑了大型《台湾文献丛刊》，共整理出版各种文献资料 400 余种。这套文献丛刊成为迄今为止研究台湾历史最基本和最重要的资料，广为海内外研究者引用。大陆学者从事台湾问题的研究，基本上都引用这套丛刊的资料，其功不可没。但是由于台湾文献资料分存于海峡两岸，台湾整理出版的《台湾文献丛刊》固然规模宏大，影响广泛，但是这套丛刊是不完备的。由于 20 世纪 70 年代末以前，海峡两岸的文化交流完全处于隔绝状态，因此这套丛刊只能网罗台湾岛内的文献资料，而不能顾及台湾之外特别是大陆收藏的众多文献资料。大陆许多图书资料部门所收藏的有关台湾问题的文献资料十分丰富，亟待我们去搜集、整理和出版。更为突出的是，近年来由于台湾某些别有用心的"台独"分子极力在台湾推行"文化台独"活动，在台湾历史的学术研究上蓄意割断台湾与祖国大陆的渊源联系，使得文献史料的整理受到了很大的阻碍，学术的研究日益出现了偏颇的"去中国化"的恶劣倾向。如目前台湾一些官方机构热衷于整理研究日据时期的日本总督府档案，而对于一些与祖国大陆有联系的历史文献档案，则视而不见。如果剔除《台湾文献丛刊》已经收入的文献和少量有明显差异的原稿本、传抄本之后，我们整理编辑一套《台湾文献汇刊》，这样就可以弥补台湾方面在文献史料建设上的不足。

　　最先我们计划一年出十几册，数年积累下来就很可观了。后来，我们想到与资金雄厚的出版单位共同出版，一次出齐编者已搜集到的 5 万码文献资料，煌煌百册鸿篇巨制，岂非出版界的一件的盛事？九州出版社是国台办主办的出版社，他们承担着出版有关台湾的出版物的任务，如果能同我社合作出版，岂不是可以解决我们资金不足的顾虑？经商定，《台湾文献汇刊》(7 辑 100 册) 由我们两家出版社共同出版，我社负责编辑、排版，九州出版社负责印刷，双方共同发行。这一出版项目被列入国家"十五"规划重点出版项目。

　　大型历史文献《台湾文献汇刊》，经过编者十载整理之功，出版社三年的编辑努力，于 2005 年年初正式出版发行，引起了海峡两岸学术界的高度关注。此次整理出版的《台湾文献汇刊》共 7 辑 100 册，收入珍贵文献资料近 200 种。这些文献资料，绝大多数是分藏于祖国大陆各地的图书馆、档案馆以及散落于民间的孤本、珍本、抄本，也有一部分是近年在台湾、日本等地新发现的珍贵文件，具有很高的史料价值和研究价值。这些文献资料，为揭示台湾历史发展变迁，揭示两岸不可分割的文化渊源关系，提供了最原始、最有力的证据。《台湾文献汇刊》的整理出版，弥补了台湾方面在文献史料建设上的不足。在北京人民大会堂举行的出版座谈会上，全国人大常委会副委员长、全国台湾研究会会长成思危指出：这套《台湾文献汇刊》的出版，将会进一步推动有关台湾问题的学术研究。更重要的是能够以扎实厚重文化积累的形式，有力地揭露"台独"分子进行"文化台独"的图谋。中共中央台办副主任王在希在出版座谈会上也说："《台湾文献汇刊》的出版不仅是文献史料领域的一项重要成果，也是以最原始、最有力的证据，揭示自古以来台湾与祖国大陆密不可分的历史文化渊源关系,用事实揭穿了"台独"分子歪曲台湾与祖国大陆历史文化关系的种种谬论,因此不仅具有学术意义,而且具有现实意义。《台湾文献汇刊》出版后成为胡锦涛主席访美时向耶鲁大学的赠书之一。大型出版工程《台湾文献汇刊》的完成,使我社以"台"字当头的特色愈来愈鲜明。

坚持学术为本　创建特色品牌

（本文原载《出版广场》2005 年第 4 期）

厦门大学出版是教育部直属的高校出版社，也是福建省唯一的一家大学出版社。我社创立于 1985 年 5 月。建社 20 年来，全社员工以不断开拓、勇于进取的精神，脚踏实地，努力奋斗，使我社的事业有了很大的发展。在"一流的大学要有一流的大学出版社"的理念感召下,我社坚持以特色、品牌取胜的经营思想,始终贯彻党的出版方针,坚持为高校教学科研服务的办社宗旨,争创一流业绩,为读者奉献了一大批具有很高的学术品位和文化品位的优秀图书,在学术界和出版界赢得了较高的声誉。

作为福建省唯一的一家大学出版社,20年来,我社共出新书近3000种,其中高校教材、学术专著占80%,本校作者约占50%。所出版的图书中,获省级以上奖励的360多项,其中全国性大奖80多项,获奖率为15%。《毛泽东思想与中国文化传统》《税利分流研究》《膜分子生物学》《透视中国东南:文化经济的整合研究》荣获中国图书奖;《当代中国女性文学史论》被列入第四届世界妇女大会代表赠书;《思想道德修养》获教育部首届评选的"全国高校两课优秀教材";《广播电视广告学》、《货币银行学》等获全国大学版协评出的"优秀畅销书";《中央苏区历史研究丛书》被新闻出版总署列为全国建党80周年100种献礼书之一;《穿透灵魂之旅丛书》《女缘丛书》在2002年和2005年全国书市上广受瞩目;前不久问世的国家十五规划重点图书《台湾文献汇刊》(100册)在社会上引起极大反响。

台湾研究图书、东南亚研究图书是我社的特色图书。厦门大学台湾研究中心是全国最早成立的专门研究台湾的学术机构,是国家文科重点研究基地。厦门与台湾隔海相望,有着长期的历史渊源。我社发挥地域优势和人才优势,出版的台湾研究丛书包括台湾政治、经济、文化、历史、文学等领域,如影响较大的《台湾社会经济史研究》《台湾战后经济分析》《台湾海疆史研究》《台湾移民社会研究》《近20年台湾文学流脉》《海峡

233

两岸法律制度比较研究》等图书不仅有重要的学术价值,而且产生了重大的社会意义。大型文献整理图书《台湾文献汇刊》,是迄今为止大陆最大型的台湾历史文献出版工程。全书 100 册,每册 500 码,16 开本,涵盖了目前有关台湾的珍稀历史文献。它的出版对实现海峡两岸的统一有很强的现实意义。东南亚与华人华侨研究图书。厦门大学南洋研究院是我国最早建立的专门研究东南亚问题和华侨问题的综合性研究机构,在海外颇具声誉。厦门大学由爱国华侨领袖陈嘉创办,与东南亚各国的华人华侨有着密切的"血缘"和"地缘"关系,我社利用这一优势,使东南亚华人华侨研究图书成为出版社的特色书和标志性图书工程。如《东南亚华人企业集团研究》《近现代中国与东南亚经贸关系史研究》《当代海外华人社团研究》《世界华人华侨史》等都有较高的学术价值和现实意义。最近隆重推出《吧国公堂档案丛书》,共 20 册。近年来学术界在印尼发现 18 世纪印尼华侨社会内部的档案,内容丰富,历时久远,是研究当时华侨社会历史的非常珍贵的唯一的档案资料,该档案的整理出版对华侨史、东南亚史等领域的研究将是十分有益的,有很高的学术价值。

大力弘扬精品意识,实施精品战略,组织出版高水平、高质量的精品图书和标志性的传世图书。例如,我社整合厦门大学人文学科的研究队伍,组织策划了《透视中国东南:文化经济的整合研究》这部学术大书,荣获了第十四届中国图书奖。这部著作首次对中国东南区域的文化经济展开全景式的论述。这部著作解剖了中国东南文化经济的内在结构,揭示了中国东南文化经济的发展动因,阐发了中国东南文化经济的互动关系,全方位地勾画出中国东南部文化经济与社会发展的轨迹,挖掘出隐藏在其中的历史文化内蕴。不仅有其重要的学术价值，对我国的经济与社会发展也有重大的借鉴意义。本书出版后，受到了学术界的高度重视和媒体的广泛关注。再如，我社出版的大型历史文献《台湾文献汇刊》，经过编者十载整理之功，出版社三年的编辑努力，最近正式出版发行，引起了海峡两岸学术界的高度关注。此次整理出版的《台湾文献汇刊》共7辑100册，收入珍贵文献资料近200种。这些文献资料，绝大多数是分藏于祖国大陆各地的图书馆、档案馆以及散落于民间的孤本、珍本、抄本，也有一部分是近年在台湾、日本等地新发现的珍贵文件，具有很高的史料价值和研究价值。这些文献资料，为揭示台湾历史发展变迁，揭示两岸不可分割的文化渊源关系，提供了最原始、最有力的证据。《台湾文献汇刊》的整理出版，弥补了台湾方面在文献史料建设上的不足。

出版社要生存要发展，在竞争愈来愈激烈的今天，创建图书品牌，参与市场竞争，显得刻不容缓。在制定和实施品牌战略的过程中，我们从出版社实际出发，努力发挥学校的学科优势，逐步培育出品牌。我们策划组建的法律、经管、广告类图书系列已在书界颇具影响，市场的回声是：厦大社的法律书全、经管书优、广告书特。我们依据本社的出版资源，确立了我们创建品牌的思路，确立了品牌重点，经过市场检验，形成了一批品牌图书，这就是经管类、法律类和广告类。在品牌图书的出版上，我们强调专著和教材并重，专著要出版精品，教材要有规模。如经济类、管理类专著类有葛家澍教授的《现代西方会计理论》《中国城市化：实证分析与对策研究》《中国货币理论史》《国库运作与管理》等数十种高水平的学术专著。教材方面出版了400多种，在这些教材中又以财会、财金为重点,这经过市场检验沉淀下来可以称之为品牌教材的有包括《货币银行学》《国际金融学》《管理学原理》在内的《财经类优秀系列教材》,和《21世纪会计学系列教材》等。《21世纪会计学系列教材》由会计系众多名教授编写,体现了基础性、实践性和前瞻性,是一套适应新世纪高校会计教学要求与社会发展需要的多层次的新教材。法律类我们出版了《海洋法律研究丛书》《国际经济法文库》,主办、出版了《厦门大学法学评论》(每年两辑),出版了经济法学、民商法学、商法学、诉讼法学、刑事法学五大系列近200种教材,并出版了配合教学使用的《最新司法案例精解丛书》、《法学教学参考资料系列》。法律类图书已形成了我社的品牌图书,在市场上受到认同。我校的广告专业是全国第一个创办的广告专业,上马之初,缺少教材。我们积极鼓励该专业的教师大胆地编写教材。我们出版的广告学教材,经不断修订,始终保持了教材的先进性。现在这套教材的使用覆盖60多所高校。在市场上十年畅销不衰。深受广告专业师生和广告从业人员的欢迎。

在我校学科建设方面,出版社发挥了不可替代的作用。近年来,我社为东南亚研究中心出版的《厦门大学东南亚研究中心系列丛书》,以其高质量和高效率赢得了专家的赞誉,为该中心的验收打下坚实的基础;我社为人文学院出版的《文艺学新视野丛书》《应用语言学丛书》《传播新视野丛书》《影视戏剧研究丛书》等,成为该学院在申报博士点的学科建设中的优势条件;我社为法学院出版了9个系列,近百种教材专著,为该学院的教学科研、学科建设及申报民商法博士点起到重要作用;即将出版的《固体表面物理化学:前沿研究的回顾与前瞻》,是作为科技部第三次对国家重点实验室评估的著作项目之一,对评估将起到积极的作用;外文学院的《厦门大学英语语言文学博士文库》的出版,将作为该学院博士后流动站申请的必备条件。随着我社不断推出学术精品,必将极大地推动我校的学科建设。

大学出版社处在大学校园,又是精神文化产品的生产者,我们更应在其企业精神、文化内涵上下功夫,使之拥有奋发向上的人文精神、和谐融洽的人文环境,使每个人的积极性都能充分发挥,使出版工作成为员工热爱的事业。长期以来,我社有一个良好的工作氛围,有一种积极向上的企业文化精神,几任领导班子都十分注意调动职工积极性,努力把出版社办成一个"温馨的家"。20 年来,我社不仅出版了一大批优秀图书,同时也培养了一支政治素质好、有事业心、业务能力强的出版队伍。目前,我社班子团结,富有开拓进取的精神,职工的工作积极性很高,克己奉公、以社为家的精神已蔚然成风。这是我们事业能够不断发展的根本保证。

回顾我社 20 年来所走过的道路,我们倍感欣慰;展望未来,我们充满信心。"十一五"期间,我社将坚持学术为本,以高校教材为龙头,以品牌图书为基干,走出版专业化的路子。我们坚信,我们这支有着强烈事业心的出版队伍,一定能把厦门大学出版社建成一个有鲜明特色、在全国有较大影响的高校出版社。

坚持特色办社　实施三大战略

（本文原载《出版参考》2004 年第 4 期）

厦门大学出版社自建社以来，坚持正确的出版方向，坚持为教学科研服务的宗旨，坚持高层次、高品位、高质量的出书方针，迄今为止已出版各类图书 2300 种，其中教材专著占 80％以上。获得省级以上奖励 400 多项获奖率达

17％,仅2003年就有51种图书获省级以上奖励。《毛泽东思想与中国文化传统》《税利分流研究》《膜分子生物学》荣获中国图书奖。

根据发展要有新思路,改革要有新突破,开放要有新局面,各项工作要有新举措的时代要求,我们紧紧抓住高等教育大发展给高校出版社带来的大好机遇,做好"发展"这篇大文章,与时俱进,乘势而上,呈现出良好的发展态势,尤其是近四年多来,出版社的面貌发生了根本的变化,创造了良好的社会效益和经济效益。在全社员工的共同努力下,社会效益与经济效益实现了同步增长。

我社是一家综合性大学出版社,同时又是一家中小规模的高校出版社。我们从实际出发,综合各种因素,认为我们较适合走小而优、小而特的办社路子。根据这一定位,我们在选题建设方面就必须根据自己的校情和社情,进行战略安排。在实践中,我们在"三个代表"重要思想的指导下,坚持学术为本,实施精品战略;发挥学科优势,实施品牌战略;整合编辑队伍,实施和谐出版战略。由于这三项战略得以实施,从而凸显了我们的图书特色,创建了一批精品工程,树立了精品形象。

一、学术为本,实施精品战略

组织出版一批高水平、高质量的精品图书和标志性的传世图书。这不仅是传播先进文化的要求,而且精品图书对出版社的教材和实用图书可以产生感召力,有推助作用,可以放大品牌效应。为实施"精品图书"工程,我们着重抓了以下几方面的图书。

1.为教学科研服务的图书

贯彻为教学科研服务的办社宗旨,往往由于种种原因,使选题分散,难以杜绝平庸之作。因此,在为教学科研服务的过程中,出版社必须有自己的主体意识,必须坚持质量,坚持出精品,必须有一大批出版物与学校的水平和地位相称。在坚持质量的前提下,还要做到有所为有所不为。

本着弘扬学术、积累文化和传播新知的精神,为把厦门大学最优秀的科研成果通过图书的形式反映出来,我们在庆祝 70 周年校庆时编辑出版了第一辑《南强丛书》。第一辑《南强丛书》共出版了 15 本专著,这批专著有很高的学术价值和社会价值,出版后在学术界和出版界产生了较大的影响,有 9 种书获得省级以上的奖励。此后我们将《南强丛书》的出版纳入经常化,并成立了以校长为主任的编委会。这些反映学科前沿研究成果的学术专著的出版,不仅提升了出版社的形象,同时也促进了学校学科建设和师资队伍的建设。许多教师正是通过《南强丛书》提高了学术地位和知名度。《南强丛书》已成为反映我校科研和教学成果的一个重要窗口,成为培养师资队伍的一个重要园地。现在,《南强丛书》每年出版一辑,荟萃了校内一流、国内领先的学术成果,不仅成为我社的形象图书,也使我社为学校教学科研服务的工作更上一个水平。

2.标志性的传世图书

出版标志性的传世图书所产生的巨大影响力,可以扩大出版社的知名度,提升出版社的形象。我社在组织标志性的图书工程的过程中,着眼于发挥地域优势,将这一优势与相关的国家文科重点研究基地的成果结合在一起。我们两项标志性图书工程已受到学术界和出版界的瞩目。

第一是台湾研究图书。厦门大学台湾研究中心是全国最早成立的专门研究台湾的学术机构,是国家文科重点研究基地。厦门与台湾隔海相望,有着长期的历史渊源。我社发挥地域优势和人才优势,出版的台湾研究丛书包括台湾政治、经济、文化、历史、文学等领域,如影响较大的《台湾社会经济史研究》《台湾战后经济分析》《台湾海疆史研究》《台湾移民社会研究》《近20年台湾文学流脉》《海峡两岸法律制度比较研究》等图书不仅有重要的学术价值,而且产生了重大的社会意义。即将隆重推出的大型文献整理图书《台湾文献汇刊》,是迄今为止大陆最大型的台湾历史文献出版工程。全书100册,每册500码,16开本,涵盖了目前有关台湾的珍稀历史文献。它的出版对实现海峡两岸的统一有很强的现实意义。我们把这套书的出版作为出版社形象工程的组成部分来抓,务求厚重大气。对于这样的大型出版工程,作为我们这样规模的出版社单独运作是有困难的,我们采取了与其他出版社共同投资,共同发行,风险共担的合作出版方式。

第二是东南亚与华人华侨研究图书。厦门大学南洋研究院是我国最早建立的专门研究东南亚问题和华侨问题的综合性研究机构,在海外颇具声誉。同时厦门大学由爱国华侨领袖陈嘉创办,与东南亚各国的华人华侨有着密切的"血缘"和"地缘"关系。我社利用这一优势,使东南亚华人华侨研究图书成为出版社的特色书和标志性图书工程。如《东南亚华人企业集团研究》《近现代中国与东南亚经贸关系史研究》《当代海外华人社团研究》《世界华人华侨史》等都有较高的学术价值和现实意义。

241

最近隆重推出《吧国公堂档案丛书》，共 20 册。近年来学术界在印尼发现 18 世纪印尼华侨社会内部的档案，内容丰富，历时久远，是研究当时华侨社会历史的非常珍贵的唯一的档案资料，该档案的整理出版对华侨史、东南亚史等领域的研究将是十分有益的，有很高的学术价值。为解决出版经费问题，我们组织我校南洋研究院与荷兰莱顿大学汉学研究机构进行合作整理，从海外引入出版经费。

3.以策划"十五"重点图书为契机，组织了一批重量级的精品图书

发挥人才优势，立足本校，面向全国，进行策划。我社有五种图书被列入"十五"国家重点图书选题规划，其数量占全省出版社之首。这些图书有一个共同的特点，文化积累价值高，现实意义强，作者队伍阵容强大。

如《透视中国东南——文化经济整合研究》，组织了我国十五位研究东南社会经济史的教授，对东南地区的经济、文化的历史和现状做了系统、全面的论述。东南文化经济是中国文化经济整体网络的重要区域分布，其沉浮兴衰直接影响到全国文化经济的生态结构。东南文化经济实际上成为人们认识中国社会的重要窗口。通过解剖东南区域文化经济的历史与现状，以及这种特殊的文化生态结构，揭示东南区域的社会文化与经济生态的内在结构及其发展动因，不仅有其重要的学术价值，对于我国的经济与社会发展也有重大的借鉴意义。

再如《物理化学——前沿研究的进展与前瞻》。我校化学化工学院学术力量强大，拥有六位院士和一大批立足学科前沿的教授，尤其是物理化学在全国有很大的影响力和号召力。基于这一条件，我们约请万惠

242

霖院士担任主编,组成由全国十位院士参加的写作班子。本书既对 20 世纪物理化学学科的研究热点进行了全方位的回顾,又对 21 世纪该学科的研究方向进行了展望。本出版后,对推动该学科的进展有重大意义。

此外,我们对还组织了一批数量可观的省"十五"重点图书,专著类有《海洋法律研究丛书》《国际经济法文库》《高等教育研究丛书》《中国城市化的实证与对策研究》《东南亚华文文学研究丛书》《戏剧影视研究丛书》《大众传媒研究丛书》《应用语言学研究丛书》《海洋与环境科学研究丛书》等。

4.关注素质教育人文图书

组织《人文素养书系》是我社实施精品战略的一个重要项目。崇尚高雅、陶冶灵性、提升文化品位、丰富生活内涵,这是现代人所应该具备的人文素养。我们这套书系以随笔的形式,轻松的笔调,深入浅出地介绍人文知识,同时充满作者的主体感受。该书系首先推出《穿透灵魂之旅》丛书。这是一套由著名学者易中天教授主编的艺术修养丛书,一共五种,可读性强,装帧印制精致,在 2002 年全国书市上受到广泛瞩目。

5.大力关注独创性、原创性的系列化著作

如反映人文社会科学方面成果的有,文学的东南亚华文文学系列研究丛书,史学的中国社会经济史系列研究丛书,哲学的朱子学研究图书,经济学的《资本论》研究丛书,法学的国际法系列研究文库。这些选题都是厦门大学的研究强项,我们有计划地将这些原创性的选题组成丛书陆续出版。对我校自然科学研究成果我们十分重视,因为自然科学研究成果能形成专著的不多。如化学方面我们就出版了《电化学实验方法进展》《角动量理论与原子结构》等一批高水平的专著。生物学我们出版的《红树林研究丛书》在全国独一无二。虽然从事这一领域研究的人数极少,但这一研究十分有科学价值。主编这套丛书的林鹏教授前不久被评为工程院院士。

二、发挥学科优势,实施品牌战略

出版社要生存要发展,在竞争愈来愈激烈的今天,创建图书品牌,参与市场竞争,显得刻不容缓。但是,在制定和实施品牌战略的过程中,我们体会到必须从出版社实际出发,努力发挥学校的学科优势,才有可能培育出品牌来。

1.打造品牌必须依托学校优势学科,形成品牌必须有规模效应

我们常习惯把特色书、精品书与品牌书等同起来。其实,特色书、精品书与品牌书是不能画等号的。特色书、精品书主要注重图书的社会效益,而品牌书则必须产生"双效益",它必须有市场占有率,要有较大的社会需求。作为高校出版社,我们的优势在于有高校教学科研成果这一丰富的出版资源,学者专家这一优秀的作者资源,教师学生这个稳定的读者资源。实践证明,学校的学科优势只有转化为出版优势才能产生品牌效应。我们的品牌建设只有走高校这条市场通道才有生命力。我们制定品牌战略的切入点是,将学校的重点学科和优势学科、特色学科排队后,将学校那些有可能转化为出版优势的学科,确立为品牌图书的选题方向,进行立体开发,力争做强做大。由于我们编辑力量有限,不允许我们四面出击,只能选择三四类图书进行品牌开发和培育。

2.重视教材出版

在整个品牌格局中,我们将出版高质量有特色的高校教材摆在突出的位置。高等教育的大发展为我们创造了难得的大好机遇,作为一家没有中小学教辅的高校出版社,我们紧紧抓住机遇,确立了我们创建品牌的思路。我们依据确立的品牌重点,组织优势学科的专业课教材,经过市场检验,形成了一批品牌教材,这就是经济类、管理类、法律类和广告类教材。

在品牌教材的出版上,我们强调要进行多层次、立体化开发,要形成规模。如经济类、管理类出了300多种教材,在这些教材中又以财会、财金为重点,这是因为这两个专业在校学生多,从业人员多。这些能够沉淀下来可以称之为品牌教材的有包括《货币银行学》《国际金融学》《管理学原理》在内的《财经类优秀系列教材》,还有包括被教育部列为研究生指定教材的《现代西方会计理论》在内的《21世纪会计学系列教材》等。《21世纪会计学系列教材》由会计系众多名教授编写,体现了基础性、实践性和前瞻性,是一套适应新世纪高校会计教学要求与社会发展需要的多层次的新教材。

在品牌教材的选题上,我们强调首先要全,在做全的基础才有可能做大。如法律类出了五大系列教材:经济法学、民商法学、商法学、诉讼法学、刑事法学。这些系列教材中,有些品种预先就可以想见经济效益一时难以体现,从实施品牌战略的需要出发,我们还是列入选题计划,并与作者建立了恒定的、守信用的良好合作关系。

在品牌教材的开发上，我们强调要有前瞻性和战略眼光。我校的广告专业是全国第一个创办的广告专业，上马之初，缺少教材。我们积极鼓励该专业的教师大胆地编写教材。我们出版的广告学教材，经不断修订，始终保持了教材的先进性。该专业在全国同类专业中知名度和美誉度名列第一，这同我们较早推出这套教材关系十分密切。现在这套教材的使用覆盖 60 多所高校。在市场上十年畅销不衰。深受广告专业师生和广告从业人员的欢迎。

3.努力出版高质量的实用图书

整个品牌格局中，我们以教材为龙头，同时也把实用图书放在重要位置，有主有次，互为映照，放大了品牌效应。

例如，管理类图书是我社的重要品牌之一。我们首先把教材做充分，同时也策划了一批面向社会市场的实用图书。如《现代实用企管书系》以其实用性及可操作性强，理念和做法先进等特点，在浩如烟海的管理类图书中独树一帜。虽然价格不菲，但广大读者认为物有所值。现在我们的管理类图书市场销售在全国排名居 30 位之前。品牌效应初步形成。

又比如，法律类图书也是我社的品牌之一。我们在做全高校法律教材的基础上，也关注大众对法律知识的需求，积极向社会市场挺进。我们组织出版的《老百姓法律顾问丛书——给个说法》（12 册）在市场上反响很好。新婚姻法一出台，我们立即出版了《新〈婚姻法〉实务丛书》投放市场。

三、整合队伍，实施和谐出版战略

努力办出特色，依靠特色占领市场，这已经成为出版界的共识。但是，在实践中，能够真正坚持特色，尤其是中小型出版社，要做到避免急功近利，而以长远的战略眼光创造特色、坚持特色，这需要树立起牢固的特色意识。特色的追求不是短期行为，它是在出版行为中逐渐积累和强化形成的，长远的选题规划和近期的选题计划必须体现具有出版社个性的文化追求，并在这一基础上不断强化特色意识。出版社是以编辑工作为中心的，从总编到编辑能否树立特色意识至关重要。总编辑的战略观和洞察力对于出版社图书特色的形成起着重要的作用。作为一般编辑同样要有特色意识，要在选题组稿过程中有意识地服务于本社的基本特色。

我们在实践中认识到，要坚定不移地培育特色、营造特色。要树立以特色为立社之本、强社之路的理念。这都是毫无疑义的。与此同时，我们也认识到，作为一家综合性大学出版社，应当创立多极的、而不是单一的特色体系，这样才能分摊市场的风险。因此，我们确立了以出版高校教材为主的总体出版特色，在总体出版特色的涵盖下，具体营造三种图书特色。

精品图书特色。通过重点出版《南强丛书》、台湾研究图书、东南亚与华人华侨研究图书等标志性图书来体现。

品牌图书特色。通过重点出版经济、管理、法律、广告等图书来体现。

基干图书特色。通过出版定向使用的计算机、外语、高职等教材来体现。

我们通过整合重点图书工程、品牌图书、基干图书三种图书特色，形成我们的出版特色。

坚持特色，不打乱战，很重要的一点是要树立团队精神，整合队伍，形成合力。我社作为一个中小型的出版社，编辑人数不多，从为教学科研服务角度考虑，编辑的学科分布应比较全。而从培育特色需要从发，编辑的学科分布应比较集中，才有利创造特色，强化特色。我们的做法是，在策划选题时，不强调编辑的学科分工，但大体有一个组稿范围，也就是每个人都建立了自己的组稿根据地。每种图书的责任编辑则不超学科分工。这样，必然会产生一些矛盾。我们除了通过经济手段解决利益矛盾，还充分重视思想政治工作的作用。

做好思想政治工作，对从事精神产品生产的出版社是须臾不可或缺的，尤其是在重视经济效益的市场经济条件下，往往容易过分迷信经济手段。现在出版社普遍实行目标责任制，如果不做好有效的思想政治工作，就很难形成合力。因此提高编辑部门的整体政治素质是极其重要的。在做好具体的思想政治工作时，应采取多种形式增进编辑之间的沟通，加强相互间的思想交流，发挥各人所长，做到优势互补，培育团队精神，进而提高编辑部门的整体素质。

建立有效的激励机制，加大策划力度，提高策划水平。市场经济体制改变了出版社编辑工作的属性，策划出版适销对路的图书，成为编辑的主要工作之一。策划工作对于编辑来说，已经不是一个新的工作内容。但是,过去我们编辑的策划工作还只停留在选题的策划上。现在我们加大了策划力度,要求编辑对图书进行全程策划。从提出选题、物色作者、参与写作讨论、编审校进度安排、装帧印制要求,到利润成本预算、发行定位、宣传促销、督促回款等工作,都要包含在策划方案中。

为提高编辑的策划水平,通过策划工作产生出效益好的图书,我们采取了一些具体措施。如重奖效益高的图书,以提高单种书的效益,从而鼓励编辑少编精编,减少案头工作,改变粗放式的工作形态,有更多的时间和精力介入市场。我们作为一个小社,编辑人员不多,严格划分策划编辑和文字编辑不太现实。我们实行项目负责制,编辑从选题策划到效益的实现实行全程负责,其中的部分文字编辑工作以社会化的办法解决。为加强教材的出版工作,在编辑部门设立发行助理岗位,负责定向使用的教材的发行工作,使编辑工作与发行工作有机地结合在一起。

大学出版社的品牌战略与策略

（本文原载《大学出版》2005 年第 3 期）

中国大学出版社在 20 多年的发展过程中取得了巨大的成就，积累了丰富的办社经验，但各社的发展状况和发展水平有很大不同，大学出版社应根据自己的实际情况走不同的发展道路，选择更好的发展路径。我认为，为教育和学术研究服务应该是大学出版社发展的主流模式,这也是它的性质和功能决定的。我们要充分认识到,随着大学改革推进。身处大学之中的大学出版社的改革也势在必行。大学出版社的发展与所依托的大学密不可分,可以说,离开大学,大学出版社的发展也不会有今天的模样。我们也看到某些大学存在着诸如单纯地把大学出版社看作创造利润和单位,而忽视大学出版社长远发展的问题。这些问题也是需要通过改革加以解决。

大学出版社在艰苦创业中坚持为教学科研服务,为科教兴国战略和提高全民思想道德素质、科学文化素质服务的出版宗旨,树立了教育出版与专业出版品牌,出版社的社会效益与经济效益回报促进了大学的整体建设与发展,赢得了大学的支持与自身的发展地位。大学出版是大学文化的一个重要载体,是大学的有机组成部分。大学出版水平的提高得益于大学学科建设的推进、学术水平的提高。大学出版社的品牌具有深厚的文化积累价值,更凝聚了独特的大学文化精神。大学出版与大学密不可分,大学出版社的发展应与大学整体建设发展目标保持一致。

高校体制的调整和教学内容的改革,为大学出版社的发展提供了广阔的空间,也为出版社优化结构、扩大规模、提高质量和效益以及制度创新提供了难得的契机。出版社应加速品牌建设发展步伐,形成自身新的增长点。在改革中根据优势资源和创新能力,进行结构优化,强化优势品牌与专业特色,根据所依托大学的学科优势与发展态势,总结出版社的发展经验,探索大学出版的多层次多领域的品牌与专业特色经营战略。

251

编务工作要适应编辑工作的变革

（本文原载《科技与出版》2005 年第 5 期）

随着出版产业化的趋势以及知识经济时代图书的发展趋势，作为出版社工作主体的编辑工作，势必随着时代的发展发生变革。出版社的编务工作是直接为编辑工作服务的，编辑工作的变革对编务工作也就提出了创新要求。

编辑工作发生变革首先表现在编辑人员产业意识的增强。产业意识是出版业改革开放和社会主义市场经济发展的产物。过去,书籍的编辑过程从选题开始,经过组稿、审稿、加工,到发稿、看样便告结束,编辑人员无须增强市场意识,依据市场需求进行全程策划。从市场调研、选题的提出、组稿、参与编写讨论、为市场量体定制、编辑加工,到成本预算、读者定位、确定销售方式和渠道,以及宣传促销、督促发行部门回款等等,都要编辑负责到底,最终实现图书的社会效益和经济效益。因此,与国际接轨的一种组织形式——策划编辑制度便应运而生。随着市场经济的深入发展,与策划编辑制度相对应的项目负责制也成为一种编辑的组织形式。项目负责人制是对传统的编辑室制的改革,是国内出版界认同的一种好的组织形式。

编辑工作的内涵与外延的丰富和扩展,编辑组织形式的改变,都促使编务工作必须在机制上创新,以适应编辑工作的变革。编务人员要有创新意识,创新意识应当成为编务人员的一种自觉行为意识,用新观念、新思路和亲机制做好编务工作。

首先,编务人员观念上要创新,要从埋首纯粹的管理服务工作向着眼于市场转变,要有一些高级编务人员,提升总编办的工作层次。中小型出版社的总编办是全社的图书生产管理部门,要成为贯彻社长总编意图、决策的职能机构和参谋机构,尤其是要发挥参谋作用,加强工作的主动性。要以积极进取的态势,协助社长总编将编辑工作与市场的运作对接,组织编辑工作面向市场,争取两个效益。要努力提升工作的层次和水平,将具体的行政工作与咨询工作相结合,为领导提供有价值的信息

253

和建设性的意见,切实使总编办成为社长总编的参谋部。

其次,编务工作的职能要创新。编务工作有其基本的职能,这就是要认真贯彻党的出版方针和政策,实施各项法律法规,检查编辑室贯彻的情况;从事选题的管理,执行合同的条款,协调各个环节的工作,制定图书宣传计划,组织开展图书审读,整理和保管书稿档案等。这些工作都是十分重要的。面对出版产业化的形成,编辑成为出版社内部市场运作的主角,这就要求编务工作的职能要有所拓展,要为图书的产、研(调研)、发服务,为编辑提供优质服务,做好服务的大文章。在充分重视制度化、规范化的前提下,也要注意在一定条件下能灵活应变。因为市场瞬息万变,机会稍纵即逝,如果处处按部就班,墨守成规,就会失去许多商机。因此,编务工作要增强服务意识,在坚持质量第一的前提下,抓住重要环节,提高工作效率。

再次,编务人员的结构要创新。在传统的出版体制下,编务工作是总编办的主要工作之一,编务人员一般层次较编辑低,其工作的重要性未能与编辑工作等同。在新经济条件下,出版社已成为信息传播型、知识密集型、智能效益型的文化企业;与相适应,作为编辑部门的服务机构和参谋机构的总编办,其人员的综合素质要高,尤其是总编办主任要由最优秀的编辑来兼任。总编办主任由编辑来兼任,有利于同编辑沟通,能使总编办为编辑服务工作做到点子上。同时,社里有关编辑工作的新政策、新举措,可由兼任总编办主任的编辑带头实施,在工作上起示范作用。

精品意识是高校出版社之魂

——以厦门大学出版社为例

（本文原载《大学出版》2007 年第 5 期）

根据发展要有新思路，改革要有新突破，开放要有新局面，各项工作要有新举措的时代要求，高校出版社紧紧抓住全国出版体制改革和高等教育大发展给高校出版社带来的机遇，做好"发展"这篇大文章，与时俱进，乘势而上，呈现出良好的发展态势。

大学出版社绝大多数是中小规模的出版社。如何从实际出发,综合各种因素,走小而优、小而特的办社路子,这是值得探讨的现实问题。以我所在的厦门大学出版社为例,我们坚持学术为本,实施精品战略,从而凸显了我们的图书特色,并以此带动了图书的品牌建设,形成了出版社的核心竞争力,实现了两个效益的同步增长。

一、全方位实施"精品图书"工程

1. 配合学校的学科建设,大力关注独创性、原创性的系列化著作,出版反映学术前沿的研究成果

本着弘扬学术、积累文化和传播新知的精神,我们把厦门大学最优秀的科研成果通过《厦门大学南强丛书》反映出来。《厦门大学南强丛书》迄今为止已出版100多种高水平有特色的专著,这批专著有很高的学术价值和社会价值,作者以院士、资深教授、重点学科学术带头人为主,出版后在学术界和出版界产生了较大的影响,由校长担任编委会主任。这些反映学科前沿研究成果的学术专著的出版,不仅提升了出版社的形象,同时也促进了学校学科建设和师资队伍的建设。《厦门大学南强丛书》作者由于这套丛书的出版,提高了对我社的认同度,为我们开辟了广阔的出版资源。近年来我社又创建了一个出版学术精品的大型出版平台——《新世纪学术新视野大系》,目前已纳入出版计划及正在出版中的有12套丛书,每套丛书有十几种。如《海洋政策与法律研究丛书》

《国际经济法文库》《民事程序与裁判理论研究丛书》《应用语言学研究丛书》《中国近代海关史研究系列》《中国古典文学新论系列》《高等教育产业化研究系列》《华人华侨与经济、政治资源利用研究系列》《广告学新视野丛书》《戏剧戏曲研究丛书》《海洋与环境科学研究丛书》等。

2.出版标志性的传世图书

出版标志性的传世图书所产生的巨大影响力,可以扩大出版社的知名度,提升出版社的形象。我社在组织标志性的图书工程的过程中,着眼于发挥地域优势,并将这一优势与相关的国家文科重点研究基地的成果结合在一起。我们两项大型标志性图书工程已受到学术界和出版界的瞩目。

第一是台湾研究系列。厦门大学台湾研究中心是全国最早成立的专门研究台湾的学术机构,是国家文科重点研究基地。厦门与台湾隔海相望,有着长期的历史渊源。我社发挥地域优势和人才优势,出版的台湾研究图书包括台湾政治、经济、文化、历史、文学等领域,如影响较大的《台湾社会经济史研究》《台湾战后经济分析》《台湾海疆史研究》《台湾移民社会研究》《近 20 年台湾文学流脉》《海峡两岸法律制度比较研究》《海峡两岸新文学思潮的渊源与比较》等一大批高质量图书不仅有重要的学术价值,而且产生了重大的社会意义。大型文献整理图书《台湾文献汇刊》,是迄今为止大陆最大型的台湾历史文献出版工程。全书 7 辑 100 册,每册 500 码,特大 16 开本,涵盖了目前有关台湾的珍稀历史文献 154 种。它的出版不仅有重要的学术价值,同时对于加强台工作、增强民族凝聚力、促进祖国统一大业也有十分重大的现实意义。本书出版后产生

257

了重大的影响,被入选为 2006 年国家主席胡锦涛访问美国向耶鲁大学赠书之一。

第二是东南亚与华人华侨研究系列。厦门大学南洋研究院是我国最早建立的专门研究东南亚问题和华侨问题的综合性研究机构,在海外颇具声誉。厦门大学由爱国华侨领袖陈嘉创办,与东南亚各国的华人华侨有着密切的"血缘"和"地缘"关系。我社利用这一优势,使东南亚华人华侨研究图书成为出版社的特色书和标志性图书工程。如《21 世纪初东南亚社会与经济》《东南亚华人企业集团研究》《当代海外华人社团研究》《战后新加坡华人社会的嬗变》《冷战以来的东南亚国际关系》等一大批图书都有较高的学术价值。最近隆重推出《吧国公堂档案丛书》,共 20 册。近年来学术界在印尼发现 18 世纪印尼华侨社会内部的档案,内容丰富,历时久远,是研究当时华侨社会历史的非常珍贵的唯一的档案资料,该档案的整理出版对华侨史、东南亚史等领域的研究将是十分有益的,有很高的学术价值。

3. 以策划国家重点出版规划图书为契机,组织了一批重量级的精品图书

这些图书有一个共同的特点,文化积累价值高,现实意义强,队伍阵容强大。如《透视中国东南:文化经济整合研究》,组织了我国 15 位在中国东南区域文化经济各个专题上有深入研究的教授。首次对中国东南文化经济的历史和现状做了系统、全面的论述。东南文化经济是中国文化经济整体网络的重要区域分布,其沉浮兴衰直接影响到全国文化经济的生态结构。东南文化经济实际上成为人们认识中国社会的重要窗口。

书中东南范围涵盖浙江、福建、台湾、广东诸省，并延及江西、安徽、江苏南部以及湖南东部，是一部解构大型区域文化经济生态的学术巨著。全书通过解剖中国东南区域文化经济的内在结构，揭示中国东南文化经济的发展动因，阐发中国东南文化经济的互动关系，不仅有其重要的学术价值，对于我国的经济与社会发展也有重大的借鉴意义。本书分上下两册，18 开本，150 万字，内容和形式厚重大气，出版后受到学术界的高度评价和新闻媒体的广泛关注，并荣获第十四届中国图书奖。

再如《固体表面物理化学若干研究前沿》。我校化学化工学院学术力量强大，拥有六位院士和一大批立足学科前沿的教授，尤其是物理化学在全国有很大的影响力和号召力。基于这一条件，我们约请万惠霖院士担任主编，组成由全国多位院士参加的写作班子。本书既对 20 世纪固体表面物理化学学科的研究热点进行了全方位的回顾，又对 21 世纪该学科的研究方向进行了展望。本书出版后，对推动该学科的进展有重大意义。

4. 关注素质教育，组织《人文素养书系》是我社实施精品战略的一个重要项目

崇尚高雅、陶冶灵性、提升文化品位、丰富生活内涵，这是现代人所应该具备的人文素养。我们这套书系以随笔的形式，轻松的笔调，深入浅出地介绍人文知识，同时充满作者的主体感受。该书系首先推出《穿透灵魂之旅》丛书。这是一套由著名学者易中天教授主编的艺术修养丛书，一共五种，可读性强，装帧印制精致，在 2002 年全国书市上受到广泛瞩目。由著名女性学研究专家林丹娅教授主编的《女缘丛书》由《悦读京城女》《悦读海派女》《悦读江南女》《悦读潇湘女》《悦读台北女》五本组成,作者们对当地的地域文化有深入的研究,尤其对女性生命形态、生存状态、生活姿态有独特的感悟,我们以各具特色的书写方式,表现了各自地域女性的特质,在第十五届书市上引起读者和业界人士的瞩目。

二、精品图书是品牌图书的灵魂

出版社要生存要发展,在竞争愈来愈激烈的今天,创建图书品牌,参与市场竞争,显得刻不容缓。我们制定品牌战略的切入点是,将学校的重点学科和优势学科、特色学科排队后,将学校那些有可能转化为出版优势的学科,确立为品牌图书的选题方向,进行专著、教材、实用图书三位一体立体开发,力争做强做大。

我们依据本社的出版资源,确立了我们创建品牌的思路,确立了品牌重点,经过市场检验,形成了一批品牌图书,这就是经管类、法律类和广告类。

在品牌图书的出版上,我们强调专著和教材并重,专著要出版精品,教材要反映前沿研究成果。如经济类、管理类的专著有葛家澍教授的《现代西方会计理论》《中国城市化:实证分析与对策研究》《中国货币理论史》《国库运作与管理》等近百种高水平的学术专著。教材方面出版了600多种,在这些教材中又以财会、财金为重点,这是因为这两个专业在校学生多,从业人员多。经过市场检验沉淀下来可以称之为品牌教材的有包括《货币银行学》《国际金融学》《管理学原理》在内的《财经类优秀系列教材》和《21世纪会计学系列教材》等。《21世纪会计学系列教材》由会计系众多名教授编写，体现了基础性、实践性和前瞻性，是一套适应新世纪高校会计教学要求与社会发展需要的多层次的新教材。法律类我们出版了数套高水平的学术专著，主办、出版了《厦门大学法学评论》（每年两辑），出版了经济法学、民商法学、商法学、诉讼法学、刑事法学五大系列教材，尤其是由厦门大学校长朱崇实教授任总主编的《高等学校法学精品教材》（29种）的出版，进一步提升了我社法律类图书的影响力。法律类图书的市场销售已排名在前列，已形成了我社的品牌图书，在市场上受到认同。经营类、法律类选题已占我社年度选题量的60%。

在品牌图书的开发上，我们强调要有前瞻性和战略眼光。我校的广告专业是全国第一个创办的广告专业，上马之初，缺少教材。我们积极鼓励该专业的教师大胆地编写教材。我们出版的广告学教材，经不断修订，始终保持了教材的先进性。该专业在全国同类专业中知名度和美誉度名列第一，这同我们较早推出这套教材关系十分密切。现在这套教材的使用覆盖60多所高校。在市场上十年畅销不衰。深受广告专业师生和广告从业人员的欢迎。随后，我们又推出了高水准的学术专著《传播新视野丛书》。

整个品牌格局中，我们以专著为基石，以教材为龙头，同时也把实用图书放在重要位置，有主有次，互为映照，从而放大了品牌效应。例如，管理类图书是我社的重要品牌之一。我们首先把教材做充分，同时也策划了一批面向社会市场的实用图书。如《现代实用企管书系》以其实用性及可操作性强，理念和做法先进等特点，在浩如烟海的管理类图书中

261

独树一帜。虽然价格不菲,但广大读者认为物有所值。现在我们的管理类图书市场销售在全国排名前列。品牌效应初步形成。

厦门大学出版社自 1985 年建社以来,坚持正确的出版方向,坚持为教学科研服务的宗旨,坚持高层次、高品位、高质量的出书方针,迄今为止已出版各类图书 3000 多种,其中教材专著占 80％以上。获得省级以上奖励 400 多项,其中《毛泽东思想与中国文化传统》《税利分流研究》《膜分子生物学》《透视中国东南:文化经济的整合研究》荣获中国图书奖。

组织出版高水平、高质量的精品图书这不仅是传播先进文化的要求,而且精品图书对出版社的教材和实用图书可以产生感召力。在出版产业链已形成的今天,提倡学术为本,多出精品,这是时代的感召,也是创建品牌、参与市场竞争的必由之路。

大学理念与出版人的角色定位

（本文原载《编辑学刊》2003 年第 6 期）

任何出版社，在其核心竞争力中，具备高素质的出版队伍和高效率的运行机制，都是至关重要的。但是在高校出版社中，出版人主要是编辑人员和营销人员的素质必须通过树立大学理念，以形成独自的角色定位，从而整合出一支在自己的出版领域中能征善战的队伍。大学出版人对大学理念的认同,树立强烈的创新意识和文化传播使命感才能准确地定位自己的角色。缺乏对大学理念的认同,大学出版人的角色就不可能到位。牛津、剑桥这些老牌的大学出版社,曾通过我们的专业出版传播新思想、新观念、新技术,发挥了社会启蒙作用和推动作用,在教育出版上通过自己的出版物为高校的进步和发展做出了重要的贡献,在社会上取得极高的认同度。诚然时代已发生巨大的变化,今天高校出版社的出版人必须在经典理念与当代精神的融合中,在社会主义市场经济的环境中确立自己的角色。

一、学术平台的创造者

高校出版社的出版人其主体意识发挥的程度是出版社的核心竞争力的一个重要元素。高校出版社的作者主要是高校的教师,我们都有自己的学术专长和学术方向。专家教授们的智慧劳动多呈个体的形式,其成果体现的是个人研究的结果。这是大学理念中学术创新、学术自由的产物,即"象牙塔"现象。此外,大学的社会关怀精神还要求专家教授们为国家的先进科技、文化建设和社会发展承担研究课题,这是国家为学者们提供的学术平台,与出版社无涉。那么,我们为什么要提出高校出版人必须是学术平台的创造者呢?当今的出版社已不是仅仅对学术作品进行筛选优选、编辑加工后,进行物化推向社会的机构。出版人必须发挥自己的主体意识,进行创造性的劳动,其中之一就是就某一具有社会效益和经济效益前景的出版项目创造学术平台,让不同地区不同高校的教授学者汇聚到这一平台中,将分散的学术成果转化为出版项目。例如,当某一编辑根据社会的文化需求和现有高校的科研动向,策划出一个选题(可以是丛书套书系列书,也可以是单本书或其他出版物),这一选题的策划过程,也就是学术平台的创造过程。这一创造者的角色,要求创造者即出版人,既要有求同思维、综合分析的思维,还需要有发散性思维。在信息传播如此迅速的时代,出版物的选题已无空白,编辑构思选题若不善于逆向思维则难以开辟新的方向、新的形式,把握读者阅读心理、阅读需求的流变。创造意识是以广博的知识结构为基础的,高校出版人应建设与时代相适应的知识结构和知识容量,做到知识结构的多维性与知识容量的丰厚性相得益彰。如此才有可能扮演学术平台创造者的角色。

二、学术队伍的组织者

组织学术队伍是高校或研究机构行政领导者的天然职责,但是一般意义上的学术队伍并不能自然转化为出版社的作者资源。作为高校出版人,他在策划出一个具有出版价值的选题的过程中,可以超越某一学校和某一单位,在选题的旗帜下,组织一批专学教授进行写作。例如,出版社根据教学的要求,策划出某一学科的最新教材,这就要在全国高校进行作者的遴选。学科权威的组织作用当然十分重要,但出版人的组织作用则是不可替代的。要扮演好学术队伍组织者的角色,这需要高校出版人必须具有教师的角色意识。出版高校教材、教学参考书是高校出版社的重要任务，教材和教学参考书与学术著作有很大的不同，它必须接受课堂的检验，必须符合教学规律，因此高校出版社的出版人应成为不是教师的教师，要有自觉的课堂意识。教材与专著的质量标准有相通之处，更有各自的要求。高校教材在是否适用教学上必须注意它的内容规定性、认识规律性、体例完整性，在科学水平上必须注意它的理论性、完整性、系统性和先进性，还必须注意它是否有利于素质培养，在内容、结构、体系等方面是否有自己的风格和特色等等，这些都必须有一定的把握。此外还必须弄清该门课程在教学计划中的地位，以及教学大纲对该门课程和要求，正确处理新内容与稳定性的关系。总之，出版好高校教材，要求出版人具有教师的角色意识。同时，教材是要进入课堂才能发挥它的使用价值，它必须得到教师和学生的共同认可，因此，出版人应具备一种特殊的市场意识即课堂意识。有了这方面的意识和能力，才能充当好学术队伍的组织者角色。

三、学术作品的策划者

正如上面已阐述的，学术作品多是专家教授们个体劳动的智慧成果，我们在选题和著述过程中，主要根据各自的学术专长进行研究。遴选优秀作品进行出版固然是一种做法，也是传统的主要做法。只要是有质量、有特色的学术作品，它就可以受到目标读者的欢迎。但是，出版社要在市场上形成竞争力，发挥出版人的主体意识已愈来愈显得重要。出版社不大可能影响专家教授们各自所致力的研究内容,但是出版人可以在现有的学术资源中,发挥自己的主体意识,孵化出新的创意,针对社会的需求,整合出全新的作品。出版人的策划功能,往往充任了"象牙塔"和市场之间的桥梁作用。笔者策划、编辑的曾荣获中国图书奖的学术大书《透视中国东南:文化经济的整合研究》可以说是一次较成功的出版人发挥主体意识,创意成功,实施到位的学术作品。长期以来,中国东南部就是中国经济最活跃的区域,这一现象有其特殊的人文土壤,同时,中国东南的人文精神又是与发达的经济相关联的。中国东南区域文化经济所特有的内在结构、发展动因和互动关系,产生了具有独特的社会景观。通过与专家的反复探讨,笔者对中国东南现象作了定位,从而形成了这一以经济为主线,论述中国东南文化经济特质的选题。

选题确定之后,笔者约请中国社会经济史著名专家陈支平教授和中国文化史专家詹石窗教授担任主编,主编邀请了一批在我国东南区域文化经济各个专题上有深入研究的中青年学者,组成一支学术基础雄厚、学科阵容强大,包括历史、经济、哲学、文学等学科的作者队伍。该书首次全方位地勾画出中国东南文化经济与社会发展的轨迹,挖掘出隐藏在其中的历史文化内蕴,被认为是极具特色的透视中国东南现象的学术大书,不仅有其重要的学术价值,也有重大的现实意义,并实现了良好的"双效益"。可见对大学理念的认同,对于扮演好策划者角色在高校出版社是十分重要的。

四、学术推广的营销者

没有成功的营销运作就谈不上出版社的竞争力,从这个意义上说,高校出版人也是"生意人"。这不仅与经典的大学理念不相违背,与现代大学精神更是心意相通。爱因斯坦曾说过,学校向来是把传统的财富从一代传到下一代的最重要的手段。这里所说的"传"即传承、传递和推广之意。现代大学精神中的社会关怀精神,更是要求高校的学术成果走出"象牙塔"进入社会公众领域而不是束之高阁,藏之名山。因此,高校出版人要扮演学术推广的营销角色,尤其是策划编辑,其策划的途径应是从市场的终端逆向运作,即市场—选题—组稿—编辑—营销。学术作品的营销方式自有其特殊性,这不是本文想阐述的内容。笔者想强调的是大学理念在高校出版人营销活动中的渗透力、影响力。大学是以人才培养为己任的,在人才的培养中,高尚人格之养成是重中之重。作为高校成员的高校出版人,在学术推广中,在学术作品的营销活动中,出版人的人格力量在一定意义上决定营销工作的成功与否。在诚信危机成为社会痼疾的今天,很有必要呼唤人的诚信,呼唤出版人诚信经营,使品格的力量成为出版社核心竞争力的重要元素。作为一个学术推广的营销者,应当坚决摒除伪学术,把真正学术含量高,理论联系实际的学术产品,通过诚实守信的经营,在社会上取得信誉度,把营销者自我价值和理想的实现,与为社会和人类的发展和进步做出贡献紧密相连。孔子曰:"人无信则不立。"一个人是如此,一个出版社又何尝不是如此。因此,扮演好一个学术推广营销者的角色,其本身就必须认同学术的尊严,以品格的力量为自己创造佳绩,如此才能克服短期行为,成为出版社核心竞争力中的积极因素。

试论大学出版社的特色与价值取向

（本文系第六届国际出版学研讨会论文·1993年，本届会议中国高校出版社唯一入选论文，原载《第六届国际出版学研讨会论文集》，高等教育出版社1994年版）

大学出版社相对于地方出版社有其鲜明的特色。但是，作为一家具体的大学出版社要形成自己独具的特色，则必须使它的出版物在众多的大学出版社中形成人无我有、人有我新的整合效应，使自己的某一类图书在图书市场和读者心目产生共鸣,占有稳固的位置。实现这一目标是一个复杂的系统工程,而价值取向则是其中的主体。

一、特色效应与办社宗旨

大学出版社必须为学校的教学、科研服务这是没有疑义的。但是,我们也应注意到,这一办社宗旨在一定程度上制约了特色的形成。

负效应之一:服务功能造成文化信息量的耗散。大学出版社必须为办好大学服务,为促进学校的教学、科研工作服务,这是它与其他出版社的差异。教师的优秀教材和科研成果需要通过出版物来体现。学校里的专业门类众多,课程五花八门,教师的科研课题又主要是结合教学内容来选择的,不可能依据社会的图书构成做过多的选择与倾斜;同时,教学、科研的成果是相对稳定的,不可能赶潮流趋时尚产生轰动效应,它的动态性小于静态性。因此,它形成特色所需要的向社会提供的文化信息量不那么集中,只能从保存流传价值和稳定性方面取胜。

负效应之二:服务功能对图书的整体质量形成潜在威胁。图书作为知识载体,对于一个有事业心的教师来说是很神圣的,它使教师的精神劳动得以物化,实现一种社会价值的承认。应当说多数教师编写的教材都是经年累月耕耘的成果,其学术著作都是呕心沥血的思想结晶。但也毋庸讳言,急功近利而粗制滥造的现象并非罕见。因此,为教学、科研服务应努力做好优化选题的工作,力避作者写什么就出什么的现象。大学出版社应成为教学、科研的助产士,把货真价实的教学、科研成果奉献给社会,这样才能有利于学校教学、科研和师资水平的提高,提高出版社图书的整体质量。反之,如若单纯地强调服务功能,一则影响了学风,二则降低了图书的整体质量。特色的形成不是某类图书的总量相加,如果单纯刻意追求某类图书的系列化、大型化,而忽略了单本图书的质量,这与真正特色的形成相去甚远。

二、价值取向的趋同与悖逆

大学出版社既是学术性单位也是经营性单位,它不可能不考虑面向市场,编辑的价值取向倘若仅仅囿于学者圈内的价值评判而不能向市场机制认同,出版社的生存与发展势必受到严重的挑战。从本质上说,面向市场和塑造形象、形成特色是一致的,竞争归根结底是质量的竞争,真正的特色是固定的读者群对出版社个性的理解和接受。但是,在市场机制发育的初始阶段,难免会出现某种无序状态,特别是中国有着人口众多、幅员广大这一基本国情,"东方不亮西方亮",质量的竞争往往会出现变异,因此特色的较量往往为人所忽视。况且,文化导向与市场导向的悖逆,对大学出版社走向市场也是一个困惑。学术价值高的图书往往读者面窄,学术建设和文化积累是大学出版社的天赋使命,要在文化导向与市场导向中寻找一个最佳临界点,追求自己的图书特色,这就要克服一些习惯心理障碍。

习惯心理障碍之一:高层次与高质量的错位。大学出版社以出版大学教材、教学参考书和科学著作为主,它的读者对象层次高,特别是学术专著,其读者主要是同行的专家学者。但是,高层次的图书未必就有高质量。我们不难看到,有些书名很严肃,常常冠以××学,或××教程,一副高深莫测的面孔。可是它们中的有些所谓专著,常常是拾人牙慧,既无新角度新材料,更无新思想新方法;有些教材缺乏新体例新风格,也没有反映本学科的新成就。一些作者出于自我防卫的需求,将高质量与高层次等同起来,其隐衷是可以理解的。倘若我们的编辑也对某些错位现象不加辨别,显然会祸及出版社特色的形成。

习惯心理障碍之二:低层次与低品位的等同。大学出版社要走向市场,必须处理好教材、专著与一般图书的关系。低层次的图书读者面宽,可以给出版社带来较大的经济效益,实现"以书养书"。然而,知识分子的清高思想往往将低层次与低品位等同起来,鄙夷通俗性的低层次的图书。高等学校是教学中心、科学研究中心,是培养人才出成果的地方,但同时也应是社会服务的基地,将知识与科学研究成果推向社会转化为生产力。通俗性的普及读物同样有品位高低的问题。大学出版社对固有的价值取向必须作某些调整,才能克服传统的学院派心理走向市场。

习惯心理障碍之三:社会效益与经济效益的对立。内容上健康的、学术水平高的图书自然就是社会效益好,这种看法是不全面的。优秀的学术著作因为专业性强,读者面不广,的确很难取得好的经济效益。然而教材和教学参考书则不同,倘若覆盖面只限于本校或少量的学校,未能走向市场,其社会效果显然有很大的局限性。社会效益与经济效益即有对立的一面也有统一的一面,对不同的图书应加以区别对待,否则就有可能在社会效益的光环下掩饰了平庸书,从而耗散了出版社的特色效应。

三、选题计划的特色定位

大学出版社要办出特色其关键在于依靠本校的学科优势,发挥学校所处的地缘优势,通过选题能动地引导学校的教学、科研,不断优化选题,调整结构,从而形成重点和风格。特色的追求不是短期行为,它是在出版行为中逐渐积累和强化形成的,长远的选题规划和近期的选题计划必须体现具有出版社个性的文化追求,并在这一基础上不断强化特色意识。

设有出版社的大学多为历史悠久实力雄厚的重点大学,顾名思义,重点大学显然都有自己的"拳头产品"即重点学科。这些重点学科集中了一批学术造诣精深的专家及其潜力很大的学术梯队,各学科学术带头人有多年的治学著述经验,梯队的中青年思想活跃、思维敏捷,知识结构比较新;我们处于学科的最佳位置,基础雄厚,居高鸟瞰,搏击八面来风。我们的教学、科研成果无疑在学界有着独特的优势,其编写的教材有相当的权威性,有可能大面积涵盖该学科的教学,其研究著作往往能独树一帜,在学术上有所创新有所发展。因此,紧紧地依靠本校的学科优势,扬其所长,是大学出版社形成自己图书特色的关键一环。以笔者所在的厦门大学出版社为例,我们就以重点学科为龙头,有重点地出版了系列专著和教材,如会计学、财政学、中国社会经济史、物理化学等学科一批高质量的教材与专著,在读者中产生了较大影响。

发挥学校所处的地缘优势也是形成自己的图书特色的重要手段。

中国幅员广大,东西南北中,各地均有自己独特的社会经济、人文地理的优势,只要精心组织,加以强化,就可以形成特色。厦门大学出版社地处厦门经济特区,与台湾隔海相望,与台湾有着历史的渊源和现实的密切交往;厦门大学是爱国华侨领袖陈嘉庚创办的,与东南亚毗邻,同东南亚各国及当地的华人华侨有密切的"血缘"、"地缘"关系。厦大出版社紧紧抓住这一地缘优势,使得涉外经济类图书和南洋研究、台湾研究方面的图书成为出版社的重要特色,特别是发挥了特区建设思想库的功能,出版了一批财政金融、财务会计、审计统计、管理方法、经济理论等经济类的图书并形成系列化。

四、编辑价值观的多维性

出版社是以编辑工作为中心的,从总编到编辑能否树立特色意识至关重要。总编辑有如一座工程的总设计师,总设计师的价值观和审美观往往决定了其建筑风格,总编辑的战略观和洞察力对于出版社图书特色的形成则起着举足轻重的作用。大学出版社的图书主要反映学校的教学、科研成果,倘若在规划选题的时候,总编不能居高俯瞰,总揽全局,选题规划就难以超脱出纯粹为教师的书稿提供出路的窠臼,出版社的图书特色也就无从谈起。作为一般编辑同样要有特色意识,要在选题组稿过程中有意识地服务于本社的基本特色。但是,编辑仅仅有特色意识是不够的,还必须建立起多维的价值观。

学者化定位。科研成就和学术地位往往是大学校园内评判一个人的尺度,因此大学出版社的编辑要在校园内树立自身的形象,取得作者——专家教授们的认同,就必须与高校的价值取向趋于一致,成为一名专家学者。如果说作为一名编辑在具有广博知识的前提下,最好要有一门较深的专业知识、提倡编辑应当成为一名学者,那么作为一名大学出版社的编辑就不仅是提倡的问题,是否具有学者的素质,能否成为一名专家,往往直接决定一名编辑的工作成效,自然也关系其发展潜力。始终以一个学者的身份去从事编辑工作,才有可能在教授专家为主体的作者群中取得认可,从而发掘出有特色的选题,组织到有特色的书稿。

经营意识。出版社的图书特色必须通过市场来检验,因此,仅以学者的眼光来审视选题以期形成自己独特的出书风格,似乎是跛脚的价值观。编辑的主体创造精神要求其既能够坐冷板凳、埋首书案,又可以潇洒地走向色彩纷呈的市场,对各种信息进行捕捉、判别和取舍,从而对教师、科研人员的研究与写作进行能动地引导,使之既符合本社的出书特色,又能在市场上一争高下。

非主流的校园文化心态。为人作嫁是做编辑的共性,大学出版社的编辑、作者同处一个校园,因此,成人之美的恢宏胸襟在编辑过程中显得特别重要。调整个人的价值观,坦然地直面非主流的从属地位,真正树立敬业精神,是大学出版社形成特色不可或缺的内在驱动力。

特色是出版社个性的张扬,它需要在出版行为中根据本社的实际,以达成共识价值取向进行自我设计,独辟蹊径,逐步拓展和强化自己的优势,进而形成出版风格。出版社一旦形成自己的特色,也就焕发出了强劲的生机与活力。

制胜留痕

厦门大学出版社实施『三大战略』取得双效益

（本文原载《中国新闻出版报》2010年11月9日，执笔作品）

厦门大学出版社在全国首次出版社评级中荣获国家一级出版社称号，是全国大学出版社20家一级出版社之一。近年来，我们以弘扬学术为根本，打造核心竞争力，做到科学定位，进一步明晰了发展思路。在出版实践中我

279

们认识到,高校出版社必须从大学理念出发,确定自己的发展战略和办社道路,这是科学的选择,也是现实的诉求。离开了大学理念,以商业理念作为自己的战略指导,高校出版社将无法彰显特色,在激烈的市场竞争中失去优势。

为此,我们制定了可持续发展的"三大战略",即坚持学术为本,实施精品战略;发挥学科优势,实施品牌战略;打造学习平台,实施目标读者战略。由于这"三大战略"的实施,取得了良好的"双效益"。前两年共出版新书560多种,90%为学术著作和高校教材,特色图书和品牌图书占60%,有120种图书获得省级以上的各种奖励,图书获奖率居全国大学出版社之首。经济效益也有大幅度的提高。

一、坚持学术为本,实施精品战略

厦门大学出版社在实践中形成了共识,这就是:大学是知识创新的重要方面军,高校出版社的出版物必须体现所在的学校水平,如此才能把所在学校的社会影响力转化为出版社的现实生产力。

为实施精品战略,我们坚持学术为本,坚守精品意识。我们先后出版了四辑反映厦门大学优秀学术成果的《南强丛书》(70 种),成为展示厦门大学学术成果的一个重要载体和平台。《透视中国东南:文化经济的整合研究》等四种图书荣获中国图书奖;《台湾文献汇刊》被选送作为2006 年胡锦涛主席访美赠耶鲁大学图书馆的赠书之一,同时获福建省第六届社会科学优秀成果奖特别奖;《东亚华人社会的形成与发展:华商网络、移民与一体化趋势》荣获第二届中国出版政府奖提名奖；《固体表面物理化学：前沿学科的回顾与前瞻》、《中国农村社会保障法律问题创新研究》入选新闻出版总署"三个一百"原创图书。

在坚持学术为本，实施精品战略的过程中，出版社形成了以台湾研究和东南亚与华人华侨研究图书为特色的精品图书体系。厦门与台湾地区以及东南亚各国有着密切的"血缘"和"地缘"关系，厦门大学在台湾及东南亚与华人华侨研究方面有雄厚实力，出版社充分发挥地域优势、学科优势，出版了一大批标志性的传世图书和特色图书。出版的台湾研究大系已具有规模，内容包括台湾政治、经济、文化、历史、教育、文学等领域，国家"十五"重点规划图书《台湾文献汇刊》是迄今为止大陆最大型的台湾历史文献出版工程，全书 100 册，涵盖了目前有关台湾的珍稀历史文献。它的出版对实现海峡两岸的统一有很强的现实意义。在华人华侨与东南亚研究方面，我们出版的图书涵盖政治、经济、历史、文学、教育等多个领域，出版了 200 多种学术价值和现实意义结合较好的系列专著，为该学科的建设产生了重要的作用。成为全国出版这方面学术图书的重镇。第二届中国出版政府奖提名奖图书《东亚华人社会的形成与发展：华商网络、移民与一体化趋势》，是作者多年研究的成果，它首次对东亚华人社会进行了整合研究，深入剖析中国崛起与华人社会资源之关系，多角度探究东亚经贸圈与华人社会的互动，是首部泛东亚华人社会整合研究的学术大书

二、发挥学校优势，实施品牌战略

"大学出版社是大学的有机组成部分，大学出版社核心竞争力的提升，与大学学科建设的推进、学术水平的提高密不可分。大学出版社的发展应与大学理念趋同，与大学整体建设发展目标保持一致，并做到有所为有所不为，充分发挥学校优势，实施品牌战略。"这是厦门大学出版社的另一共识。作为高校出版社，其优势在于有高校教学科研成果这一丰富的出版资源，学者专家这一优秀的作者资源，教师学生这个稳定的读者资源。我们的实践证明，学校的学科优势只有转化为出版优势才能产生品牌效应。

在整个品牌格局中，我们出版社依托厦门大学，将学校学科优势转化为出版优势，实施品牌战略，逐步形成了一批在书界颇具影响的品牌图书，经管类、法律类、广告类、人文类、古籍整理类图书形成了自己的品牌和优势。厦门大学在经济学科和管理学科方面学术影响位居全国前列，有一批学术大师和具有全国影响的中青年优秀教师，出版社立足本校，向全国辐射，经管类图书占总选题量的 30％，其中学术著作如《中国农村经济制度变迁 60 年研究》教材如《21 世纪会计学教材系列》、实用图书如《福友现代企管书系》等影响广泛。《中国农村经济制度变迁 60 年研究》这部学术大书首次从历史与逻辑两方面全景式地观照中国农村经济制度的变迁，对中国农村经济制度的演进作了权威解读，对中国农村经济制度的变迁作了深刻探究，对中国农村经济制度的走向作了科学昭示，出版后产生重大影响。出版社的法律类图书在全国异军突起，已出版了 400 多种专著、高校教材和普及读物，《高等学校法学精品教材系列》《国际经济法文库》等 20 多套丛书的作者涵盖全国主要法学高等院校，近两年来法律类图书零售销售排行居全国第 13～15 位之间。《共和国 60 年法学论争实录》（全 8 册），以史家的笔法，以"实录"的方式，从学术史的层面再现共和国 60 年历史进程中发生的一次次法学重要问题的论争，从一个个侧面揭示我国法学从"荒蛮之地"走向"显学"，从"幼稚之学"走向成熟的不断开拓的历程。以"实录"的方式来再现共和国 60 年间发生的法学论争，这在我国法学学术史的理论研究方面还是第一次。厦门大学广告学专业是全国第一个创办的广告专业，知名度和美誉度居全国第一，被誉为广告人才的"黄埔军校"。出版社和该学科联手进行学科建设，实现了双赢。《21 世纪广告丛书》是全国第一套系列化的广告教材，为该学科的建设做出了重要贡献，经多次修订和改版，历经 16 年畅销不衰。随后出版的《广告传播与艺术丛书》《先锋广告人丛书》等一批广告图书，和《厦门大学广告学丛书》一批有影响的学术专著和高校教材系列的出版，壮大了这一品牌。人文类图书是出版社的主要图书构成，国学研究、社会经济史研究、海洋海关史研究、闽南地方文化、戏剧影视研究和旧方志方面的图书形成特色。在古籍整理方面以史料文献图书为主，如《中国稀见史料》，收纳海内外现存复本十部以内乃至孤本的稀见史料，具有保存、传播珍贵史料的价值。

我们出版社在整个品牌格局中，以教材为龙头的同时，把学术专著、实用图书放在重要位置，有主有次，互为映照，进而放大品牌效应，从而形成高知晓度和认同度。

三、打造学习平台,实施目标读者战略

"大学理念的社会关怀精神不仅体现在为社会培养高素质的学生,还体现在为学习型社会提供各种继续教育的知识和提升人文精神的食粮。在市场细分化的今天,高校出版社如何实施自己的目标读者战略,是打造核心竞争力的重要一环。"这是我们厦门大学出版社的又一共识。在出版活动中,我们倾力打造学习平台,引领社会文化阅读,创造目标读者,使自己的出版物有的放矢,实现"双效益"。

出版社在立足高校阵地,实施目标市场战略过程中,以品牌图书为基干,开发多学科多层次教材系列,并立体化地整体推进:组织一系列精品专业课教材、高校公共课教材、职业考试培训用书;开发研究生、本科、专科院校等不同层次适用的教材;配套出版高校教辅图书以及供教学使用的电子出版物。与此同时,在市场营销上,出版社确立了以高校市场为主要目标市场。遵循市场规律加强产品营销策划,切实抓好图书质量、提高售后服务水平,以品牌力、完善的服务和诚信力赢得市场。我们的高职高专教材已形成规模,特别在外语、计算机、经管、服务性专业方面的教材具有地方特色和较强的实训性。

厦门大学出版社是福建省唯一的高校出版社,在为高校教学科研服务的同时,我们也把为厦门特区的理论建设和文化传播作为自己的崇高使命,并创造了目标读者群。出版社把弘扬厦门历史文化作为自己为厦

门经济特区服务的一个重要方面。出版社与厦门社科联合作，每年出版一批以厦门为研究对象的学术著作，有力地提升了厦门的文化品位，也为政府的决策提高了参考。《厦门文史丛书》现已出版几十种，这些追述厦门历史人文发展轨迹的图书，对发展海峡两岸关系产生了亲和力，也受到读者的欢迎。

以学术为纽带　彰显对台特色

（本文原载《中国图书商报》2011年10月21日，执笔作品）

厦门大学出版社是福建省唯一的一级出版社，也是20家一级大学出版社之一，在强手如林的综合性高校出版社中，如何突显自己的特色，是我社十多年来努力探索和实践的课题。通过深入的调研和权衡，我们充分发挥厦门大学的学科优势,充分利用厦门与台湾有"五缘"(血缘、地缘、文缘、商缘、法缘)的独有便利,在"台"字上做足文章。这一战略构想,经过十多年付诸实践的努力,现在已在高校出版社中形成了独具的特色,有关台湾的出版物蔚为大观,成为海峡两岸文化交流的一座壮丽的桥梁。

一、发挥学科优势,打造精品力作

厦门大学台湾研究中心是全国最早成立的专门研究台湾的学术机构,是国家文科重点研究基地。厦门与台湾隔海相望,有着长期的历史渊源。我社发挥地域优势和人才优势,出版的台湾研究图书涵盖台湾历史、经济、政治、文化、文学等领域。该研究中心研究台湾历史的专家力量最为雄厚,我们出版研究台湾历史的学术专著也最多,其学术水准高,我们以此为龙头,带动了台湾经济、政治、文化和文学的学术图书都有较强的原创性、前沿性。台湾历史研究的《台湾移民社会研究》《台湾海疆史研究》等专著,是作者多年研究的学术成果,在史学界深得好评。这些历史专著,以翔实的史料,论证了台湾历来是中国的一部分,台湾社会是从大陆的移民到来后发展起来的,明清两代大陆东南沿海民众大规模移居台湾,才造就当代的台湾社会。台湾经济曾一度被誉为亚洲四小龙,研究台湾经济不仅有其学术价值,也有一定的借鉴作用。我们出版的《台湾社会经济史研究》《台湾战后经济分析》等一系列学术著作,不仅从历史的纵向上论述了台湾社会经济的发展和变化,证明台湾经济是属于大陆经济圈的区域经济,也从现实的经济状态分析其优劣得失,对大陆的经济改革开放有重要的参考价值。此外如研究台湾政治的《当代台湾政治研究》研究台湾法律的《海峡两岸法律制度比较研究》研究台湾文学的《近20年台湾文学流脉》《海峡两岸新文学思潮的渊源与比较》等一批学术著作，都在各自的学术领域具有前沿性。前不久我社推出的"海峡两岸文化与传播研究"系列图书把台湾研究的图书推向了一个多维的高度。台湾作为中国文化生态圈中的一个区域，其社会文化经济的存在和发展，必然打上中国传统文化不可磨灭的思想烙印。而这种思想烙印的传承不息，是经过长时段的文化传播及其变迁磨合的艰辛历程而锻成的。深层次地探索海峡两岸中华文化的传播与变迁之路，对于进一步认识台湾与祖国的不可分割有着重要的学术价值和现实意义。

这一大批高质量研究台湾的图书的出版，产生了重大的社会意义。如《台湾海疆史研究》是作者长期研究台湾海疆史的成果，到目前为止还未见到同类著作。本书利用档案史料，研究郑成功及康熙时代的历史，发掘不少前人未用过的史料，并且把这段历史与保卫边疆联系起来提出了独到的见解，对研究这一时期的历史的重要参考价值。其中有关郑成功史事考订部分，台湾学者石万寿认为："订正若干文献记载的错误，贡献甚大。"书中对有关钓鱼岛的研究也引起学界的重视，作者利用档案和外交文书等，说明姑米山为琉球西面界山，在它以西的钓鱼列岛是我国台湾的附属岛屿。这些研究成果，对维护国家领土主权具有现实意义。又如《台湾社会经济史研究》客观地论述了台湾社会经济的发展和变化，用历史事实说明了台湾社会是中国社会的一个有机组成部分，台湾经济是属于大陆经济圈的区域经济，有力地批驳了"文化台独"的种种谬论。

它用专章论述大陆与台湾贸易的发展变化,用事实论证了台湾贸易离不开大陆,台湾与大陆的贸易互补性很强,即使在日据时期,日本殖民者采取了种种措施,也不能完全切断两岸民间传统贸易关系,这就有力地批驳了台湾贸易不属于大陆贸易圈的台独谬论。再如《海峡两岸新文学思潮的渊源比较研究》充分论证了台湾新文学是中国新文学的一支脉,其产生与发展都与祖国的文学乃社会文化有密不可分的关系;但由于历史际遇、社会制度等的不同,两岸新文学又有相当差异,积累了各自的经验和教训。本书以著者发掘和搜集的大量第一手资料为基础,从宏观、理论视角系统地梳理萌芽于清末的百年来台湾新文学思潮脉络,着重探讨它与祖国大陆新文学的渊源关系,从而否定试图将台湾文学分割于中国文学之外的错误观点。同时对两岸新文学思潮加以比较,归纳出台湾新文学的特点,从二者的异同中总结含括海峡两岸的 20 世纪中国新文学发展的整体经验,弥补大陆的中国新文学史书写中因缺少台湾文学而造成的脉络中断、涵盖不全等缺陷。

二、发挥"五缘"优势,放大品牌效应

厦门与台湾仅一水相隔,语言相通,习俗相同,所谓"台语"就是厦门话。随着两岸民间经贸和学界交往日益频繁,我们在着力出版大陆专家学者的原创学术著作的同时,充分发挥"五缘"的优势,努力探索如何发挥双方的优势,从而放大"台"字出版物的品牌效应。我们采取了以下几项措施,得到了良好的双效益。

289

1.合作出版

台湾在企业管理方面有我们的长处,也有写作实用图书经验丰富的一批学者,这批学者组成的一家"福友公司"。经过双方多方切磋,我们认为大陆在企业管理方面的图书虽然很多,但与台湾相比在理念上有很大的差别,且针对性也过于宽泛。所以决定出版一套《现代实用企业管理书系》会有市场前景。同时我们将这套书系定位在机械行业。由福友公司组稿,由我们编、审、校、印,然后双方共同发行。我们首先推出了两种书:《品质管理》和《管理技术》,定价分别是 56 元和 72 元。和同类书相比价格高出好几倍。虽然价格不菲,可是一进入图书市场就出现了热销现象。因为台湾作者的写作风格和大陆作者不同,图书本身理念也较为先进,针对性和实用性又很强,所以价格不菲却能长销不衰。这两种书的成功,大大鼓舞了我们对与台湾合作出版的热情。每年我们都推出一批新选题,《现代实用企业管理书系》至今已出版了 50 多种图书,取得了很好的双效益。

2.开发有台湾背景的作者群

台湾背景的作者,我们的作品的视角和大陆作者有差异,正是这种差异,通过本土化之后,必将给读者带来新的视野。比如厦门大学法学院教授傅昆成,他原是台大的教授,还是台湾"立法院"的顾问。他受聘厦门大学之后,专注于海洋法律的研究,我们请他主编一套《海洋政策与法律研究丛书》,至今已先后推出《海洋法专题研究》《海洋法相关公约及中英文索引》《联合国教科文组织〈保护水下文化遗产公约〉研究》三本专著。这些专著对相关部门有很强的参考使用价值。随着金门对大陆开

290

放旅游,到金门旅游的大陆人士与日俱增。我们及时请金门的有关人士编写了一本《金门斗阵行》的旅游图书,成为印量颇大的长销书。我们还利用我们的出版平台,为两岸学者共同研究创造条件。比如厦门大学法学院何丽新教授在海商法研究方面取得不小成就,但如果要写本部《中国海商法》没台湾的学者参与,那将出现残缺现象。我们联系到台湾大学法律系主任后,他愉快地表示愿意合作研究撰写。

3.加强对台输入和输出版权

经管类图书是我们社的重点门类图书。我们在版权引进方面与台湾的五南出版公司建立了长期的合作伙伴关系。这些引进版的图书丰富了我社的品牌图书。在版权输出方面我们也以台湾为主要目标。2007年10月在厦门举办的"第三届海峡两岸图书交易会"上,我们新推出的《中国稀见史料》(第一辑)共41册,限印150套,每套定价3万元。台湾方面订购非常踊跃,在会上就成交了几十套。除了一般文史类图书外,出乎我们意料之外的是,台湾方面对我社的法律图书也颇感兴趣。我们的法律类图书也是社里的重点门类图书,在市场上占有相当的份额。在这次交易会上我们司法类图书一口气与台湾出版商签订了十几种图书的版权交易意向书。

三、整合出版资源,建设大型出版工程

在以"台"字当头打造特色的过程中,我们注意到必须有几项大的具有传世功能的出版工程,才能使特色立稳脚跟。此时,我们得知厦门大

学台湾研究中心副主任、厦门大学人文学院院长陈支平教授有一个初步的想法,就是组织一个班子将大陆有关台湾的文献整理出版。这一想法断断续续经多次探讨,我们觉得可以一边启动一边完善出版方案。

这一选题的学术价值和社会效益是显而易见的。自 20 世纪 50 年代以来,台湾文献委员会在台湾银行出资支持下,组织大批文史专家,经过近 20 年的努力,搜集编辑了大型《台湾文献丛刊》,共整理出版各种文献资料 400 余种。这套文献丛刊成为迄今为止研究台湾历史最基本和最重要的资料,广为海内外研究者引用。大陆学者从事台湾问题的研究,基本上都引用这套丛刊的资料,其功不可没。但是由于台湾文献资料分存于海峡两岸,台湾整理出版的《台湾文献丛刊》固然规模宏大,影响广泛,但是这套丛刊是不完备的。由于 20 世纪 70 年代末以前,海峡两岸的文化交流完全处于隔绝状态,因此这套丛刊只能网罗台湾岛内的文献资料,而不能顾及台湾之外特别是大陆收藏的众多文献资料。大陆许多图书资料部门所收藏的有关台湾问题的文献资料十分丰富,亟待我们去搜集、整理和出版。更为突出的是,近年来由于台湾某些别有用心的"台独"分子极力在台湾推行"文化台独"活动,在台湾历史的学术研究上蓄意割断台湾与祖国大陆的渊源联系,使得文献史料的整理受到了很大的阻碍,学术的研究日益出现了偏颇的"去中国化"的恶劣倾向。如目前台湾一些官方机构热衷于整理研究日据时期的日本总督府档案,而对于一些与祖国大陆有联系的历史文献档案,则视而不见。如果剔除《台湾文献丛刊》已经收入的文献和少量有明显差异的原稿本、传抄本之后,我们整理编辑一套《台湾文献汇刊》,这样就可以弥补台湾方面在文献史料建设上的不足。

最先我们计划一年出十几册，数年积累下来就很可观了。后来，我们想到与资金雄厚的出版单位共同出版，一次出齐编者已搜集到的 5 万页文献资料，煌煌百册鸿篇巨制，岂非出版界的一件的盛事？九州出版社是国台办主办的出版社，我们承担着出版有关台湾的出版物的任务，如果能同我们合作出版，岂不是可以解决我们资金不足的顾虑？经商定，《台湾文献汇刊》（7 辑 100 册）由我们两家出版社共同出版，我社负责编辑、排版，九州出版社负责印刷，双方共同发行。这一出版项目被列入国家"十五"规划重点出版项目。

大型历史文献《台湾文献汇刊》，经过编者十载整理之功，出版社三年的编辑努力，于 2005 年初正式出版发行，引起了海峡两岸学术界的高度关注。此次整理出版的《台湾文献汇刊》共 7 辑 100 册，收入珍贵文献资料近 200 种。这些文献资料，绝大多数是分藏于祖国大陆各地的图书馆、档案馆以及散落于民间的孤本、珍本、抄本，也有一部分是近年在台湾、日本等地新发现的珍贵文件，具有很高的史料价值和研究价值。这些文献资料，为揭示台湾历史发展变迁，揭示两岸不可分割的文化渊源关系，提供了最原始、最有力的证据。《台湾文献汇刊》的整理出版，弥补了台湾方面在文献史料建设上的不足。在北京人民大会堂举行的出版座谈会上，原全国人大常委会副委员长、全国台湾研究会会长成思危指出：这套《台湾文献汇刊》的出版，将会进一步推动有关台湾问题的学术研究。更重要的是能够以扎实厚重文化积累的形式，有力地揭露"台独"分子进行"文化台独"的图谋。中共中央台办副主任王在希在出版座谈会上也说："《台湾文献汇刊》的出版不仅是文献史料领域的一项重要成果,也是以最原始、最有力的证据,揭示自古以来台湾与祖国大陆密不可分的历史文化渊源关系,用事实揭穿了"台独"分子歪曲台湾与祖国大陆历史文化关系的种种谬论,因此不仅具有学术意义,而且具有现实意义。《台湾文献汇刊》出版后成为胡锦涛主席访美时向耶鲁大学的赠书之一。大型出版工程《台湾文献汇刊》的完成,使我社以"台"字当头的特色愈来愈鲜明。

为强化出版特色,做足"海峡概念"的大文章,我们最近策划了泛台海地区国学家文库出版项目(以厦门大学国学研究院和台湾"国史馆"、台湾"中研院"的骨干力量为主组成编委会,并聘请中国社科院、厦门大学、台湾大学等有关专家学者参加)。整理出版泛台区域近当代在国学研究方面具有卓越贡献、顶尖学者的生平著述全集,计划出版 30 套,目前已启动《陈荣捷全集》(15 册)《王梦鸥全集》(30 册)。这些涉台大型出版工程的实施,将使我社"海峡"特色更加鲜明。

华人华侨与东南亚研究图书的出版重镇

（宣传通稿）

厦门大学是爱国华侨领袖陈嘉庚先生创办的，与东南亚和华人华侨有着天然的血缘关系。厦门大学南洋研究院是全国最早成立的研究东南亚与华人华侨的研究机构，学术力量雄厚。厦门大学出版社发挥这一天然的优势，在华人华侨与东南亚研究图书出版方面,形成了规模,成为出版社的特色图书,所出版的图书涵盖政治、经济、历史、文学、教育等多个领域,成为全国出版这方面学术图书的重镇。迄今已出版 200 多种学术价值和现实意义结合较好的系列专著。

《厦门大学东南亚研究中心系列丛书》规模宏大,以其高质量和高效率赢得了专家的赞誉,为该中心的验收打下了坚实的基础,为该学科的建设产生了重要的作用。

"十五"国家重点出版规划项目《吧国公堂档案丛书》(共 20 册),是近年来学术界在印尼发现的 18 世纪印尼华侨社会内部的档案,内容丰富,历时久远,是研究当时华侨社会历史的非常珍贵的唯一的档案资料,该档案的整理出版对华侨史、东南亚史等领域的研究将是十分有益的,有很高的学术价值。

"十一五"国家重点图书《东亚华人社会的形成和发展:华商网络、移民与一体化趋势》是出版社总编辑主动策划的图书,是庄国土教授多年研究的成果。它首次对东亚华人社会进行了整合研究,深入剖析中国崛起与华人社会资源之关系,多角度探究东亚经贸圈与华人社会的互动。在全面系统地阐述东北亚与东南亚华人社会演进历史的基础上,深入探讨华人在所在国经济与社会发展中的角色、地位与作用,进而研究东亚华人社会经济、社会资源对我国社会主义现代化建设的作用,是首部泛东亚华人社会整合研究的学术大书,出版后荣获第二届中国出版政府奖提名奖。

《东亚华人社会的形成与发展:华商网络、移民与一体化趋势》所指的东亚,在学术上指称泛东亚,包括地理位置上的东北亚和东南亚各国和地区。本书运用史学、经济学、社会学、政治学等多学科的理论,探讨、分析东北亚与东南亚华人社会的变迁和华人政治认同及文化认同的进程,通过对不同"个体"和"群体"的探讨,勾勒出当代东北亚与东南亚华人社会"整体"发展变化的历史轨迹。在全面系统地阐述东北亚与东南亚华人社会演进历史的基础上,深入探讨华人在所在国经济与社会发展中的角色、地位与作用,进而研究东亚华人社会经济、社会资源对我国社会主义现代化建设的作用。

相比其他国家的海外移民及其裔群研究,中国的华侨华人研究具有超越一般学术价值的特殊性。这不但在于庞大的海外华侨华人曾在历史上对中国本土的社会发展起特殊作用,更在于华侨华人迄今仍是中国最重要的海外资源,是中华民族复兴的主动力之一。中国大陆改革开放事业发展,一直建立在充分利用华侨华人资源上。海外同胞提供中国大陆现代化建设最急需的资金、现代化企业和国际营销网络。

近30年来,东亚华侨华人已成为世界各主要国家政治界、经济界、学术界关注的热点。近代以来,研究华侨华人的国外学者,向来主要是民族、文化、历史学者和汉学家,而1980年代以来,国外的中国学研究者、国际经济学者、亚太地区国际关系研究者,纷纷将研究焦点投向华侨华人,尤其是研究这一群体经济实力迅速发展的原因、华人族群认同和文化乃至政治地位前景、华侨华人与中国的互动关系及其对海峡两岸关系的影响。作为专门的研究领域,中国的华侨华人研究已历百余年,对民族学、人类学、历史学、社会学、经济学等传统学科的发展做出较大的貢献。随着近 30 年华侨华人数量及其经济实力和政治潜力的急遽增长,其研究的现实意义更具"中国特色"。

然而,本书的研究目的,并非为了说明中国应当如何利用华侨华人资源,而是试图通过研究东亚地区华人华侨社会的形成和发展及其与中国大陆互动的历史,论证在东亚经济一体化进程中,东亚华人经济体间进一步整合的可能性和必然性及其在东亚一体化进程中的先导作用。

全书分三篇。第一篇《东亚华商网络、中国海外移民与华侨社会的形成》,内容包括明清时期中国的二次海洋机遇与华商网络的形成;中国移民下南洋与南洋华侨社会的形成;东北亚和台、港大陆移民社会的形成。第二篇《侨政和东亚华社的转型》,内容包括 20 世纪中期之前中国政府的华侨政策;东亚华侨参与祖国革命和建设;东南亚华人社会的转型与中国任务政策的变化;1970 年代以来东亚各国对华人的政策与态度。第三篇《东亚华人经济体崛起及其一体化趋势》,内容包括东亚经济体崛起与华商;东亚华商与中国大陆的经济整合;中国新移民前往东南亚的过程、原因和分布;东南亚华侨华人的基本构成;东亚经济一体化与华商;华侨华人智力资源在中国大陆的整合。

东亚华商网络和华人经济体间的整合具有坚实的支点。

一是共同文化。虽然华商网络并非排他性的网络,这个网络包括华商与非华商的经济联系。然而,共同的亲缘、语言和表现在共同心理状态上(主要体现在价值观上)的文化基础,能使华商之间易于建立"由同一种语言和文化产生的关系,这种关系可以弥补法治的缺乏以及规则和法规缺少透明度"。具有共同文化背景的合资者之间,其合作的社会成本比处于不同文化的群体之间的合作要低。如果说，亨廷顿在《文明冲突论》中，将文化冲突作为政治、经济冲突的根源的说法具有合理性，那么华人的共同文化背景也将更容易消解冲突，促进合作，正如西欧和北美的经济互相渗透与合作基础即是文化的一致性使然。二是共同处于东亚区域。处于共同或邻近的区域意味着相近的自然和地理条件和相互交往的交通便利，也因此降低物流和人流的成本。在全球化突飞猛进的今天，区域经济合作作为全球化的补充，正在方兴未艾。海外华商网络也可视为区域经济合作的一种方式，是在"自然经济区域"内的不同经济体的合作典范。三是历史的基础。明代以来形成的华商经贸网络基于共同的地域和文化基础，寻求共同的经济和社会利益。数百年来华商之间的联系长期维系，基本上一直能够为共同利益而聚合，尽管华商网络的中心在不同时期有所变化，但客观上都增强了东亚华人经济体间的整合。

这部著作通过研究东亚地区华人华侨社会的形成和发展及其与中国大陆互动的历史，论证了在东亚经济一体化进程中，东亚华人经济体间进一步整合的可能性和必然性及其在东亚一体化进程中的先导作用。

海外华人高度集中在东亚地区，尤其是东南亚地区。这一现象不但是地理因素使然，更是东亚经济贸易圈的形成和发展所致。远在西洋人东来以前，东亚地区已大体形成华商主导的、从日本海到赤道的经贸圈，被及日本、朝鲜、中国东部地区和东南亚地区。这一商圈与印度和阿拉伯人主导的印度洋经贸圈、欧洲人主导的大西洋和地中海经贸圈鼎立，共同组成世界的主要贸易体系。

近 30 年来,虽然华人华侨研究的著作汗牛充栋,但多是专题性研究,如国别、市镇的华人研究,或华人历史、文化、教育、民族和经济问题的研究,或华人与中国及侨乡的研究,令人有"只见树木不见森林"之感。因此,在宏观层面系统梳理华人华侨社会产生和发展的脉络及其与当代华人社会的承继关系、当代华人华侨数量与分布、华人华侨与中国关系的现状及发展趋势,以及东亚华人社会的相互关系和整合前景,不但是把握华人华侨历史、现状和发展趋势研究的需要,也是认知中国最重要海外资源的现实要求。

随着中国经济的崛起及其经济国际化程度的飞速发展,中国与东亚各经济体的资本、贸易、产业、技术的交流和融合程度前所未有,其先导作用首先在于华人经济体之间的高度整合。东亚地区的人员往来和迁徙也以空前的规模进行。最引人注目的是 1980 年代以后中国人第四次移民东南亚热潮,人数达 250 万以上的中国移民进入东南亚,近百万人移居日本和韩国,东亚各地密布华人社区,再次呈现经贸与移民互动的状况。与此同时,近 80 万韩国人、数以十万计的日本和东南亚人、百万台湾人和数十万港澳同胞在中国大陆或经商、或求学或务工。东亚华人经济体之间的密切互动推动了东亚经济一体化的进展,而东亚经济一体化的进展也进一步促进东亚华人经济体之间的整合。

鉴于海外同胞对中国的特殊意义,且绝大部分华侨华人集中在东亚,尤其是东南亚,东亚华侨华人已成为近 30 年来世界各主要国家政治界、经济界、学术界关注的热点,其重点是研究这一群体经济实力迅速发展的原因、华人社会的发展及其认同和文化乃至政治地位前景、华侨华人与中国的互动关系及其对东亚经济一体化、海峡两岸关系的影响。在国内，由于华侨华人一直是中国改革开放事业发展的主动力之一，中央及各部委对涉侨工作的重视前所未有。中央有"五侨"（全国人大侨委会、全国政协港澳侨台委员会、国务院侨办、中国致公党和全国侨联）等五个正部级机构主理华侨华人事务，这种政府和准政府机构的设置在世界各主要国家中独一无二，体现了中国政府对华侨华人的重视。诸如统战部、中联部、商务部、教育部、公安部等越来越多的部委，也对涉侨工作日益关注。

作为专门的研究领域，中国的华侨华人研究已历百余年，对民族学、人类学、历史学、社会学、经济学等传统学科的发展做出较大的贡献。随着近30年华侨华人数量及其经济实力和政治潜力的急遽增长，本书研究的现实意义更具"中国特色"。

《菲律宾华人通史》是"十二五"国家重点出版规划项目，由厦门大学南洋研究院与菲律宾世界日报社联手，中菲两国学者、报人参与写作，历时5年，全书达百万字，详细记述了菲律宾华人社会500年来的发展、变迁。出版后荣获新闻出版总署第四届"三个一百"原创图书工程奖。

本书在菲首都马尼拉举行了隆重的首发式。到会的有中国驻菲律宾大使马克卿、中菲双方的主要撰稿人、菲律宾各界重要侨领以及媒体记者共计200余人。

中国驻菲律宾大使马克卿当天到场对《菲律宾华人通史》一书在菲首发表示祝贺。她指出，中国与菲律宾一衣带水，两国人民的密切交往已超过千年，早在中国宋代的历史文献中，就有关于菲律宾群岛的详细记载。16 世纪后期,中国商人开始大规模定居菲律宾,菲律宾的华人秉承勤奋、节俭、仁义、善贾的中华民族的秉性,经过数十代人在菲律宾的努力,终事业有成。迄今,菲律宾华侨华人为菲律宾经济发展、社会进步,为促进中菲两国的友好关系及在经济、文化等方面交流与合作,作出了不可磨灭的贡献。马克卿大使表示,相信《菲律宾华人通史》一书的出版不仅是菲律宾华侨华人社会的大事,而且能够进一步增进两国人民的相互了解,促进中菲友好继续向前发展。

菲华商联总会理事长施文界称赞本书是一部"菲华社会百科全书",可让华人新生代和所有华裔子弟加深了解先辈在背井离乡、远渡重洋后如何以血汗与泪水开创一片天地,更让华社年青一代认识中华文化血脉、根基。本书主要作者之一、菲律宾世界日报社社长陈华岳在致辞时指出,菲华社会是一个历经苦难的社会,但华人奋发图强,创造出骄人成绩。他举例说,2009 年一项统计显示,当年菲律宾上市公司共有 248 家,华商占到 73 家,华商上市公司总资产达 424 亿美元,占菲律宾股市总市值 32%。而今年 10 月份,美国福布斯杂志列出菲律宾全国 40 位富豪,其中有 19 人是华人。陈华岳认为,菲律宾以及海外其他国家的华人社会不会因为中国的和平崛起而萎缩,"我们有理由相信,一个强盛的中国会使(海外)华人社会更具活力,因此,《菲律宾华人通史》可以也只能被视为一个起点,随着华人社会的强化,更优质的作品会出现"。

厦门大学校长代表、本书主要撰写人、厦门大学南洋研究院院长庄国土教授在致辞中说,我们说中国梦就是要实现中华民族的伟大复兴。当然,中华民族的复兴从来没有,也不想妨碍其他民族的发展。因此,我们要对华侨华人的历史做一个记叙、一个纪念，并弘扬他们的精神。菲律宾华人的特色在于命运特别曲折，特别让人动心，让我们觉得有责任来纪念曾经为菲律宾华人社会发生和发展做出贡献的前辈们，有责任有义务去记载他们的丰功伟绩。菲律宾华人跟祖籍国、祖籍地，也就是跟他们的家乡和祖国，情感和联系最深厚。在现代的中菲关系中，菲律宾华人做了相当多的工作，化解了过去的敌意，让中国和菲律宾顺利建交。建交之后，菲律宾华人又一直在充当两国之间政治、经济、文化交流的使者。这就是我们为何要把菲律宾华人史作为东南亚华人通史的第一篇。

厦门大学出版社代表陈福郎编审在会上介绍说，本书出版后，在学术界出版界引起了较大的反响，被誉为 21 世纪东南亚华侨华人历史和中菲关系史研究的一个里程碑，最近荣获国家新闻出版广电总局第四届"三个一百"原创图书。厦门大学出版社把出版东南亚华侨华人研究图书作为特色之一，在华人华侨与东南亚研究方面出版的图书涵盖政治、经济、历史、文学、教育等多个领域，已出版了 200 多种学术专著，成为全国出版这方面学术图书的重镇。本书 2007 年正式启动，2009 年列入出版社的选题计划，该项目成功申报列入国家"十二五"规划重点出版项目，并获得国家出版基金项目资助。

《菲律宾华人通史》对 500 年来菲华社会与 1000 多年中菲关系史做了全景式论述，是迄今为止菲律宾华人研究领域规模最大的学术成果。在世界华人历史中，菲律宾华人社会可以说最具特色，与中国的关系最为密切。菲律宾华人人数超过 150 万，经济成就斐然，不但在菲律宾政治、经济、文化和社会生活中扮演重要角色，还是推动菲律宾和中国友好关系发展的引擎之一。本书把区域性华人置于全球化的移民群体进行整合研究,昭示了华侨华人独特的软实力。作者运用和融合近年来流行的多种国际移民与族群理论来阐释菲律宾华人社会,从而较好地把握菲华社会的历史发展脉络和趋势。该书引证各类文献资料超过800种,资料翔实,论从史出,在菲律宾华人华侨问题上的新论断和新观点,都是建立在把握最新研究动态、新资料的发掘、旧有资料重新诠释的基础之上。《菲律宾华人通史》一书是新世纪以来海外华侨华人研究领域不可多得的上乘著作,堪称菲律宾华人研究前所未有的标志性巨著,足以体现该研究领域的国际前沿学术水平。

整合学术资源 凸显海洋特色

（宣传通稿）

近年来厦门大学出版社出版了一大批海洋自然科学、涉海人文社会科学和服务国家海洋战略的图书，形成一定的规模，成为出版社图书的新亮点，形成了出版社继台湾研究、华人华侨研究图书之后的新特色。我们厦门大学出版社在整合涉海学术资源、凸显海洋图书特色的过程中,走过了从服务学校教学科研展示学术成果、到主动作为整合学术资源、再到服务国家战略彰显出版特色的三个阶段。

一、依托学校的学科优势,展示海洋学科的学术成果

厦门大学濒临东海,靠近南海,面对台湾海峡,周近的海域及涂滩盛产各种海洋生物。早在建校之初的 1923 年美籍教授莱德在考察厦门海区动物分布时,发现了脊椎动物远祖宗亲之活化成石文昌鱼,这种由无脊椎动物进化至脊椎动物的过渡类型动物,在世界各海域均极为罕见,是生物界的一大奇迹。莱德的考察报告发表后引起国际学术界的瞩目厦门大学海洋生物科研由此闻名于国内外,被国内外学术界公认为极适宜于开展海洋科学研究的学府,以此为发端海洋生物的研究不断取得具有国际影响的成果。厦门大学 1946 年正式成立海洋学系,开设的课程包括海洋学基础、水产、航海等三个领域,适应了收回海权及开发海洋资源的需要,当时全国各大学还无一校设立海洋学系。厦门大学一直以面向海洋作为办学特色之一,我社转企改制之后,在出版定位上我们仍把为学校教学科研服务作为办社宗旨之一,实践证明,我们正是依托了学校的学科优势,阐扬了展示学术成果的功能,从而初创了出版社的海洋特色。

厦门大学近海海洋环境科学国家重点实验室是优秀国家重点实验室,是具有重要国际影响力的海洋环境科学研究和创新性人才聚集的基

地。在近海海洋生物科学方面，我们出版了著名海洋学家郑重、李少菁的《海洋浮游桡足类生物学》等一批高质量的学术专著。郑天凌教授是近海海洋环境科学国家重点实验室学术骨干、"海洋生物地球化学机制与过程研究"国家级创新群体成员、滨海湿地生态系统教育部重点实验室副主任，国家自然科学基金委员会学科评审组成员。他的著作《海洋浮游动物生物学》（共三册），其中《海洋磷虾类生物学》阐述海洋磷虾类的生物学。磷虾是一类较大型的浮游甲壳动物，种类较少（迄今，全世界仅发现 86 种），但数量大，特别是南大洋磷虾资源丰富，估计最高资源量有数亿吨之巨，对磷虾的研究具有重要的理论和实践意义。本书对磷虾类的形态、种类组成、种群、时空分布、行为生态、个体生物学等方面作了全面的论述，为我国海洋浮游动物种群遗传学提供了基础资料。

厦门大学教授苏永全是 1991 年被国务院学位委员会授予"做出突出贡献的中国博士学位获得者"、教育部高校科学研究优秀成果奖评委会评委（农林牧渔学科），他的科研成果比较集中在我社出版。如去年荣获国家新闻出版广电总局第四届"三个一百"原创图书工程的《台湾海峡常见鱼类图谱》，介绍了台湾海峡 266 种常见鱼类的分类地位、形态特征、生态习性和地理分布，并提供了原色彩色照片，特别是比较全面地收集了入谱鱼类在大陆和台湾地区的中文名和地方名。台湾海峡是福建与台湾共同保护、管理与利用的海域，海峡渔业资源的保护与利用、渔业经济的持续发展是两岸人民共同的责任，多年来大陆和台湾渔业科技工作者与产业人员开展了多元化的交流与合作，特别是在海水鱼类资源养护与人工繁养殖等方面的交流与合作更具广泛性和实质性。他的另一学术专著《台湾海峡及毗邻海域生物多样性与渔业资源可持续利用》的出版，促进了台湾海峡及毗邻海域的相关研究进展，使台湾海峡渔业资源能够健康发展并达到可持续利用之目的。

《中国鲨研究》作者洪水根教授是享誉国内外知名的鲨研究专家，30多年如一日、孜孜不倦、持之以恒从事中国鲨研究。该书是他数十年辛勤耕耘的总结和结晶，内容丰富，既有专深理论、精辟论述，又有实际应用实例、技术介绍。尤其引人关注的是，书中数百帧有关鲨发育生物学的精美照片，在国内外属首次刊登。该书对于人工恢复鲨种群数量、挽救这一濒临灭绝的物种，都具有较大的社会意义，极大地提升了我国鲨研究的学术地位。《中国鲨生物学研究》出版后被评为国家出版基金代表成果。

厦门大学滨海湿地生态系统教育部重点实验室是建立在著名生物学家金德祥、唐仲璋、林鹏等多位先驱几十年工作的基础上，以国家重点学科（水生生物学、动物学、环境科学）、福建省重点学科（生态学）为依托的部级重点实验室。国内很少滨海湿地生态系统研究方面的相关图书，我们出版的中国工程院院士林鹏的《红树林研究系列丛书》在学术界深受瞩目。水声通信与海洋信息技术教育部重点实验室主要研究水声通信、海洋信息技术在海洋声场声信道、水声通信与网络、多媒介立体通信、海洋遥感、海洋数值模拟与分析、声信息与声探测等方面卓有成绩。在这方面我们也出版了一批有较高质量的学术专著。

二、发挥出版人的主体意识，
整合人文社会科学的学术资源

　　厦门大学人文社会科学的师资队伍力量雄厚，有一大批重量级的学者和全国重点学科。作为高校出版社，我们的优势在于有高校教学科研成果这一丰富的出版资源，学者专家这一优秀的作者资源，教师学生这一稳定的读者资源。我社在以学术为本的办社实践中，充分发挥了大学出版社发掘学术资源的功能，整合学术队伍的功能，展示学术成果的功能，培育学术新人的功能。我社正是通过发挥出版人的主体意识，通过设计选题来起到凝聚作者和整合研究成果的作用，出版了一大批人文社会科学涉海图书，深化了我社的海洋特色。

　　在海疆史研究方面，我们出版的谢必震教授的《中国与琉球》以翔实的史料论述了中国与琉球的历史渊源。琉球王国建立于1429年，当时中国正处于明朝，琉球国是作为明朝的附属国存在的。明清两朝规定，琉球作为属国每两年或五年来朝一次，但是由于每次来朝贡不仅可以进行货品交易，还可以学习先进技术文化，因此我们一年都来好几次。本书以中琉关系档案资料、古籍文献、中琉关系历史遗存为依据，考察了中琉交往中的册封与移民、从册封琉球看古代中国人的航海生活、中国的文化教育与琉球社会、明清士大夫与琉球、中琉航海交通、中琉宗教文化、明代琉球的中介贸易、明代福建造船业对中琉关系的影响、清代台湾与琉球关系等，印证了琉球及附近海岛的历史地位。陈再正教授的《台湾海疆史研究》是作者长期研究台湾海疆史的成果,到目前为止还未见到同类著作。本书利用档案史料,研究郑成功及康熙时代的历史,发掘不少前人未用过的史料,作者把这段历史与保卫边疆联系起来提出了独到的见解,对研究这一时期的历史有重要参考价值,对维护国家领土主权具有现实意义。

在海洋法研究方面,十年前我们就策划组织《海洋法律与政策研究丛书》,陆续出版了《联合国科教文组织〈保护水下文化遗产公约〉研究》《中国海洋法学评论》《弗吉尼亚大学海洋法论文精选集》等重要著作,其中学术译著《弗吉尼亚大学海洋法论文精选集》(四卷本)在学术界深受瞩目。弗吉尼亚大学法学院不但是美国前十名大学的知名法学院,而且是美国唯一提供以"海洋法与政策"为专业方向的法学硕士生课程的法学院。该大学法学院海洋法律与政策中心每年举办一场的海洋法与海洋政策研讨会,是国际海洋法学界的盛事。本书的出版,对于中国海洋法律与政策未来的研究发展将发挥现实的参考借鉴作用。《两岸海商法现状与修订论文集》是一部重要的学术著作,旨在寻求两岸海商法修订的可行之法,以推进两岸海商法律制度的协调配合,减少两岸海商领域的区际法律冲突,为彼此之间的海商法律协作提供基础性理论框架。《厦门大学南海研究院海洋事务系列丛书》的主编傅崐成教授,系中组部"国家千人计划"专家、厦门大学海洋法与中国东南海疆研究中心主任、厦门大学南海研究院院长、厦大法学院教授、博导、国家社科基金重大项目"我国南海国家核心利益维护策略的研究"首席专家。本丛书推出的首部著作是《争议海域内航行权与海洋环境管辖权冲突之协调机制研究——兼论南中国海》，本书根据协调措施的理论基础不同，将海洋冲突协调机制归纳为基于法律拟制区域的协调机制和基于生态系统的协调机制两类，通过对两类协调机制的研究和比较，针对争议海域内航行权与海洋环境管辖权冲突的特殊性，提出不能任由划界争议阻碍维护生态系统可持续发展的步伐，而基于生态系统的协调机制恰好可以满足尚未完成划界的争议海域的特殊需求。我国在南中国海建立特别敏感海域便是对这一结论的落实

在海洋文史研究方面，我们有意识从人文学科的研究成果中，组织了一批研究海洋精神的学术图书。海洋精神作为海洋文化的主要内核是海洋的冒险与搏击精神、海洋的多元与包容精神、海洋的自然与纯粹精神。闽南文化研究图书是我社着力出版的图书品种。《海洋文明与汉语文学书写》就是一部有分量的海洋文学图书，本书论述了中国古代作家的海洋想象与文学书写研究，中国现当代作家的海洋想象与文学书写研究，外国作家的海洋想象与文学书写研究。全书分别从文学发生学、比较文化学、文学叙事学等角度展开探讨，对中国作家、国外作家的主要海洋文学叙事进行个案性研究，力求表现中外文学家"海洋想象"的特征、文化意义等。海洋史学方面出版了一批重要著作，其中《中国东南海洋性瓷业发展史》从一个重要方面对中国海洋文明史作了阐释。《海外交通史迹研究》以中古时期重要的国际贸易港泉州与海外交通史作为自己研究的范围，从考古学的角度，对海外交通史迹进行了多方面的考证，又以历史学的眼光，对泉州的海外贸易加以深入的研究，尤其对"明初盛事"的郑和下西洋事件，从对"宝船"的研究，到对下西洋的人员组成分

析,反映了中国古代的航海技术与海洋精神。

在海洋强省战略研究方面,我们组织出版了《福建省海洋发展战略研究》等海洋强省战略研究著作。其中《福建海洋发展战略研究》站在世界海洋发展的高度,通过对比各海洋强国战略与各海洋强省战略,结合福建省海洋资源、港口资源等战略重点区域优势,提出有理论深度的、翔实的战略研究内容和战略研究重点。

三、服务国家的海洋战略,搭建涉海学术平台

在打造涉海特色图书的过程中,我们以强烈的责任感、使命感,花大力气出版高端大气上档次的精品图书工程,以争取国家"十二五"重点出版规划项目为契机,服务国家的海洋战略,组织大型出版项目,搭建涉海学术平台,从而深化了出版社的海洋特色。

我们策划组织的大型出版工程《海上丝绸之路研究丛书》成功入选"十二五"国家重点出版规划项目。中外贸易中很大一部分是通过海上丝绸之路完成的,在中国东部沿海,若干港口在不同时期成为中外贸易的始发地,像山东文登、天津、上海、宁波、福州、泉州、漳州、广州、北海等均具有悠久的海上丝绸之路发展史。由这些港口出发行经的海域亦留下了诸如沉船等历史遗迹,通过解读沉船遗物可以复原一部分海洋贸易史。海外贸易各国用我们自己的文字记录了海上丝绸之路的历史,这部分资料也是可以深入挖掘并加以解读的。《海上丝绸之路研究丛书》的出版将提供给人们一套由海洋史视野观照中国历史的新著作,复原中国

海洋国家的发展史,提升国人的海洋意识,为海上丝绸之路的申遗和中国走向海洋强国提供历史借鉴。三个系列共20册的《海上丝绸之路研究丛书》对于海上丝绸之路"申遗"以及重新认识中国海洋文明史将产生重要意义。

我们正在着手整理出版大型文献资料《海疆学术资料剪报集成》。厦门大学图书馆藏厦门私立海疆学术资料馆剪报资料,是民国时期陈盛明等人创办的厦门私立海疆学术资料馆,鉴于"海疆问题之研究,实有不容或缓者。顾研究工作,必以资料为本,资料不备,巧妇难为无米之炊",从民国前后国内外各种重要的报纸中剪辑,并按专题整理而成的一套报纸剪辑资料。该剪报资料以南洋问题为中心,同时兼顾国内其他地区和世界政治局势,其内容涉及民国前后国内外的政治、军事、社会、经济、文化、风俗等各方面情况。它是研究这一时期历史不可或缺的、史料价值很高的资料。以南洋问题为主的剪辑报刊资料是其一大特色。海疆学术资料馆剪报资料现存1075辑,计有文章40000多篇,图片6000多幅。内容有电讯、社论、特稿、文件译文专辑、史话、调查报告、专案报告调查统计、论著、秘闻轶事、照片、漫画、地图等。

我们策划组织的《海峡蓝色经济发展丛书》(8册)已列入"十二五"国家重点出版规划项目,本丛书以宏观和微观、整体和具体相结合的研究思路,从多个角度对福建海峡发展蓝色经济进行深入研究,对福建海峡蓝色经济提出相应发展模式,对海洋科技、港口建设和蓝色旅游等各个发展方向提出具体措施。2012年《福建海峡蓝色经济试验区发展规划》获批,是国务院谋划中国海洋发展战略布局、推动福建又好又快发展的重大举措。本丛书对福建海峡蓝色经济提出相应发展模式、发展方向以及具体措施,对蓝色经济规划具有很强的现实指导意义。

　　人类进入 21 世纪以后,海洋在世界政治、经济、军事等领域的战略地位更为显著,世界对海洋的争夺和在海洋领域内的竞争也将日趋激烈。今后无论是推进经济发展还是维护国家安全,我国对海洋都拥有重大的战略需求,因此研究海洋科学、开发海洋资源、论述海洋精神、发展海洋经济的出版物有着光明的前景,我们将一如既往重视出版这方面的出版物,在服务国家海洋战略的过程中,进一步强化出版特色,实现出版社的"双效益"。

广告图书品牌与学科建设

（宣传通稿）

厦门大学广告学专业是全国高校第一个创办的广告专业，因缘际会，厦门大学出版社于 1988 年出版了中国大陆第一部广告学教材、陈培爱主编的《广告原理与方法》，这部教材的出版为这一学科的教材建设奠定了最初的基石。厦门大学广告专业经过几年的教学和人才培养,逐步建立起一支有教学经验的教师队伍,培养了一批社会亟须的广告人才。社会的转型与现实的需要,对这学科的发展提供了广阔天地,而厦门大学广告专业此时也有能力编写出一套中国大陆的广告学教材,以满足和提高教学的需要,满足社会转型后广告从业人员迅速膨胀的对广告图书的需求。

1993 年厦门大学出版社出版了陈培爱主编的国内高校第一套广告学系列教材《21 世纪广告丛书》(共 10 本),这套系列教材的出版,对厦门大学广告专业的学科提升起到了促进作用。1997 年传来了令我们自豪的好消息,厦门大学广告专业被学界和业界评为知名度和美誉度全国第一,被誉为中国广告人才的"黄埔军校"。这其中《21 世纪广告丛书》作为全国第一套系列化的广告教材,为该学科的建设做出了重要贡献。陈培爱教授被广告界誉为"中国广告第一人,中国广告界泰斗"。2001年厦门大学出版社建社 15 年时,陈培爱发表了一篇深情的文章《扶上马,送一程》,对出版社表示了由衷的感谢。

厦门大学出版社在发展过程中,对发挥学校学科优势建立图书品牌的出书理念逐步形成,除了将台湾研究、东南亚与华人华侨研究图书作为特色图书倾力关注外,确定在品牌建设方面重点抓好经管类、法律类两个大图书品牌和广告类一个小图书品牌,实现"两个效益"的统一。

自 1983 年厦门大学建立国内第一个广告学专业,至 2005 年我国已开办广告学专业的院校已发展到达 230 多所,其发展速度之快是新闻传播类其他专业无法比拟的。广告教育发展的成绩令人振奋,这不仅表现为办学数量的增长和规模的扩展,还表现为办学模式的科学化以及质量

的显著提高。广告教育发展正从"高速"走向"高质",这是广告学科发展的内在需要和必然趋势,是广告业界大发展推动的结果,是媒介市场发展的需要,也是高校适应市场化办学改革要求。

《21世纪广告学丛书》经多次修订和改版,历经十多年畅销不衰。2007年我们根据教学和从业人员的实际需要,对《21世纪广告学丛书》进行了一次较大的扩展,改名为《厦门大学广告学丛书》共计17种,使该丛书成为国内广告学专业门类最齐全、结构最合理的一套丛书,它包括《广告原理与方法》《广告策划书与策划书撰写》《广告经营与管理》《网络广告原理与实务》《广告文案创作》《广告心理学》《广告调研技巧》《广告设计原理与方法》《广告统计基础》《公共关系的基本原理与实务》《商标与品牌》《平面广告视觉设计》《品牌形象识别与传播》《图文英语广告文案》《整合品牌传播学》《中国广告案例精解》《世界广告案例精解》。未纳入这套系列教材的还有其他一些广告教材也有很高的质量和销售业绩,如《广告视觉设计基础》、《广告客户管理》、《广告调研方法》、《广播电视广告学》、《转化率——网络广告方法、流程和案例》等。

我们新版的这批广告学教材,在教学理念上有几方面的新的突破。其一,广告教育必须在原有基础上向高起点上培养高素质的广告专业人才提升,必须紧跟科技发展的步伐。网络广告、投影广告、飞船广告、激光广告、卫星广告等新的广告媒介在生活中发挥越来越大的作用,广告媒介向多元化、国际化方向发展。科技手段不仅扩大了广告信息传播的范围和规模,变更了运作方式,还刺激人们转变思维的方式、广告观念。其二,广告学理论基础理论研究是提高广告教育水平的重要一环。多年

317

来，广告学的研究对象及其理论基础的探讨还相对薄弱，广告学与传播学、市场学、文学、美学、心理学及艺术的关系，在广告专业课程中各学科的比重如何掌握还需进一步厘清。还应加强对广告发展环境的研究，探讨广告与经济、科技、政治、舆论、社会、文化、法律法规等的关系。其三，广告行业是一项充满竞争的行业，要代表不同角色去竞争。应把培养学生能力放在主导地位，使学生由知识型变为能力型，广告教育应突出开拓创新精神，教给学生获取知识的能力与方法。其四，网络空前强大的传播能力改变了广告的运作方式，广告教育处于广告事业与教育事业的交叉点，更深刻地感受到网络的冲击，应关注网络向传统大众传播的挑战，研究整合营销传播向传统广告策划的挑战。其五，广告公司的广告作业系统与模式，更了解广告作业的细节。广告教育的应用型人才培养可以借助广告公司的实务长才。高校与广告公司应该成为广告业发展的双引擎。其六，广告教育的理念与目标必须研究国际经济、国际广告管理法规、国际广告运行机制对中国广告的长远影响及其自身必备的应对措施。我国广告教育已经进入新一轮的整合期。

新出版的《厦门大学广告学丛书》反映了上述广告教育的诉求，以全新的面孔进入高校市场、图书市场，继续保持了畅销的势头。

与此同时，我们抓住广告学专业教师队伍整体更新换代这一时机，先后组织策划了多种丛书，已出版的《广告传播与艺术丛书》《先锋广告人丛书》《厦门大学广告人丛书》《广告学研究丛书》《广告新视野丛书》等一批广告图书，形成了规模效应，和《厦门大学广告学丛书》一样，这一大批广告图书同样成为有影响的学术专著和高校教材。我们还出版了《广

告学报》，每年一辑，反映广告学界的前沿理论研究成果，团结了一大批高端的作者队伍。

努力终有回报，我社的广告学图书成为厦门大学出版社的品牌书，得到社会的普遍赞誉，荣获来自各个机构的各种奖励。近年出版的《厦门大学广告人丛书》中的《品牌资产积累十八法》《创建差异》《品牌智胜之道》《品牌颠覆案例与启示》《广告人第一课—从象牙塔到广告圈》、《网络广告媒体策略与效果评估》等广受欢迎，成为广告从业人员的案头书，在业界有很高的声誉。

架设和谐海峡的文化桥梁

（宣传通稿）

胡锦涛在纪念《告台湾同胞书》发表30周年座谈会上指出："恪守一个中国，增进政治互信。维护国家主权和领土完整是国家核心利益。世界上只有一个中国，中国主权和领土完整不容分割。1949年以来，大陆和台湾尽管尚未统一,但不是中国领土和主权的分裂,而是上世纪40年代中后期中国内战遗留并延续的政治对立,这没有改变大陆和台湾同属一个中国的事实。两岸复归统一,不是主权和领土再造,而是结束政治对立。"近年来,海峡两岸在"九二共识"的基础上,台海局势峰回路转,拨云见日,打破了对峙、对抗的僵局,从缓和、交流、合作进入到和平发展的新阶段,尽管还有一些"台独"不和谐的噪音,但这已阻挡不了历史前进的步伐。

如今,"九二共识"已日益得到台湾同胞的认同,成为建设和谐海峡的基础。要和平不要对抗,要稳定不要动荡,要发展不要倒退,这是两岸关系发展的大势,也是两岸同胞的共同期盼。厦门大学出版社通过组织出版一大批涉台学术图书,诠释和谐理据,促进两岸互信;整合学术资源,促进学术互补;寻根探究"五缘",促进情感互动;为两岸互信提供学术支撑,成为架设和谐海峡的一座壮丽的文化桥梁。

一、诠释和谐理据,促进两岸互信

台湾作为中国文化生态圈中的一个区域,其社会文化经济的存在和发展,必然打上中国大陆文化不可磨灭的思想烙印。而这种思想烙印的传承不息,是经过长时段的文化传播及其变迁磨合的艰辛历程锻铸而成的。深层次地探索海峡两岸各个领域的互信互动,不仅对于进一步认识台湾与祖国的不可分割有着重要的学术价值和现实意义,并有助于进一步加强海峡两岸的沟通与合作。

福建与台湾隔海相望,有着长期的历史渊源,厦门大学台湾研究院是我国最早成立的台湾研究机构,有着雄厚的研究力量。我社充分发挥厦门大学的学科优势和人才优势,近年来出版了一大批台湾研究图书,成为我社图书的鲜明特色。这些学术图书都有较强的原创性、前沿性,为促进两岸互信提供了有力的学术支撑。

前不久,台湾地区领导人进行新一轮的选举后,"九二共识"进一步得到了台湾同胞的认同,我们立足两岸关系和平发展的新形势,以厦门大学台湾研究院研究人员为基本作者队伍,提出了台湾研究一系列新课题,计划出版一套15种《台湾研究新跨越系列》。这一丛书选题涉及"两岸政治互信""两岸军事互信""ECFA 与两岸经贸关系""海西战略与两岸区域经济整合""两岸产业合作""台湾历史上的移民与社会""台湾文学的发展脉络""两岸民众交往的法律问题"等。《台湾研究新跨越系列》近期首先推出的《台湾地区对大陆经贸事务立法研究》对台湾地区大陆经贸事务立法加以全面的研究。近年来,两岸经贸关系日益热络,除了表现为交流领域、规模的不断扩大外,更表现为制度化、机制化的逐步构建。在这一过程中,法律所扮演的角色将越来越重要。长期以来,两岸经济的互动始终是在政治对立的背景下展开的。两岸经贸交流中"政治与经济角力"的不正常现象,充分体现在台湾地区大陆经贸事务立法的"过程"与"规则"两个层面。为此,本书通过"法律—经济—政治"的研究路径,对台湾地区大陆经贸事务立法的历史与现状,以法律为主兼及经济、政治进行系统深入研究。其核心内容包括:参照法律发展主体理论分析台湾地区大陆经贸立法的演进路径及其动力;参照行政立法的审查理论研究台湾地区大陆经贸事务立法框架构成中"'法律'—'法规'"的配置,以及行政立法的扩张与不作为,亦即"泛化"与"缺位"问题;参照涉外经济法"适度"管理及"非歧视原则"探寻台湾地区大陆经贸事务立法中存在的种种贸易壁垒;参照区域贸易协定相关理论探讨两岸经济合作框架协议中的法律问题。此外,本书还从法律价值的角度就台湾地区大陆经贸事务立法进行了客观的评析。在出版过程中得到国务院台湾事务办公室的高度重视。本书不仅在学理上有新的阐述,对两岸的现实交往产生了积极的推助作用。

正在陆续出版的《台湾研究系列》《台湾研究博士文库》《闽台文化与经贸系列》,每年都推出数十种高水平的学术著作,对台湾的历史与现状作全方位的研究,把台湾研究的图书推向了一个多维的高度,加深了海峡两岸的互相了解,增进了两岸的共识。一批学术精品列入重点出版计划,如"台湾女性文学"作为独立的研究对象与学术增长点,也越来越被海内外学者所共识,但台湾女性文学史至今仍为一项空白。这项空白一方面意味着对台湾女性文学研究的缺漏与断层;一方面则意味其在中国文学史与女性文学史中实际上的空缺。由于台湾地区与大陆母体文化关系的特殊性,这个空白越发成为中国文化与学术研究的双重性缺漏与缺憾。因此,补上这项研究,既是台湾女性文学研究发展至今的水到渠成,亦是当下海峡两岸政治与文化、教学与研究时势发展的必要。我们组织一批女性文学与台湾文学的研究专家,拟推出两岸首部《台湾女性文学史》,这一选题已被列入"十二五"国家重点出版规划项目。

二、整合学术资源，促进学术互补

"九二共识"是 1992 年由两岸正式授权的民间团体达成的，是客观存在的事实。认同"九二共识"是两岸开展对话协商的必要前提，也是两岸关系和平发展的重要基础。坚持和维护"九二共识"，增进政治互信，才能继续引领和推动两岸关系开辟新的前景。

我社整理出版的《台湾文献汇刊》共 7 辑 100 册，收入珍贵文献资料近 200 种。为揭示台湾历史发展变迁，揭示两岸不可分割的文化渊源关系，提供了最原始、最有力的证据，弥补了台湾方面在文献史料建设上的不足。台湾自古就是中国的一部分，大量的文献资料印证了海峡两岸具有割不断的血缘关系，拥有源远流长的历史文化传统。这套文献的出版，用无可辩驳的史实史料，证明台湾与祖国大陆密不可分的历史文化联系，深刻地阐明了台湾的中国属性。日据时代的史料表明，台湾人民顽强地坚持自己的中国属性不被改变，证明任何力量都无法改变已根植于台湾人民心中的这种意志。这套《台湾文献汇刊》的出版，进一步推动有关台湾问题的学术研究，更重要的是能够以扎实厚重文化积累的形式，有力地揭露"台独"分子进行"文化台独"的图谋。

前不久推出的台湾研究资深专家陈孔立教授的《走近两岸》，作者以自己的亲身经历，讲述了近 30 年来两岸学术交往过程中许多鲜为人知的事件，分析了台湾的政治生态及运作特点，这有助于了解和把握台湾民众的多元情感与政治走向。被誉为台湾研究"南派泰斗"，现年 82 岁高龄的陈孔立先生，一直活跃在海峡两岸关系问题研究的最前沿。《走近两岸》是陈孔立先生关于海峡两岸关系问题研究的最新著作。陈孔立教授通过到台湾实地考察以及与台湾民众特别是学者、政治人物的长期接触，提出对台湾的深刻认识，注重台湾民意、台湾同胞的政治心理，对重大事件、重要人物进行全面而客观实际的解读，其中包括了台湾岛内的政治体制及其运作特点，两岸对"一个中国"及一国两制的不同解读，对国民党治台的评价、对民进党的评价、渐进式"台独"与"法理台独"等等两岸关系方面的重大问题。全书记述从1986年至今厦门大学台湾研究院与台湾各界人士（主要是学界）交流的情况，重点是台湾方面对两岸关系的看法，记述了作者与民进党人的交往，以及作者在两岸关系研究过程中，与一些同行学者不同的看法及其解决过程等。书中记叙的作者与民进党人士的交往，以及台湾学界与民进党人士关于两岸关系的详细论述、有关理论的提出背景，目前在大陆都是非常珍贵的资料。

我们最近策划了"泛台海地区国学家文库"出版项目，以厦门大学国学研究院和台湾"国史馆"、台湾"中研院"的骨干力量为主组成编委会，并聘请两岸著名高校和研究机构的有关专家学者参加，整理出版泛台区域近当代在国学研究方面具有卓越贡献、顶尖学者的生平著述全集，目前已启动《陈荣捷全集》的整理和编辑工作。陈荣捷是全球公认的研究朱子学的权威，台湾"中研院"院士。朱熹理学是中国封建社会后期的统治思想，影响后世700余年，在国学热的今天，朱子理学在现实生活中仍发挥着影响力，整理出版《陈荣捷全集》对两岸的文化交流有重要意义。

三、寻根探究"五缘",促进情感互动

闽台血肉相连,手足相亲。如何通过两岸学者的共同学术研究,充分挖掘福建与台湾的"五缘"(血缘、地缘、文缘、商缘、法缘)关系,对增进两岸情感沟通、互信互动有重要的现实意义。台湾同胞80%祖籍在福建,而福建省漳州市是台湾民众最集中最主要的祖居地,漳台两地的经贸、文化、信俗等交流活动日益热络,是两岸和平发展交流对话的主角之一,出版一套阐述台湾与漳州关系的学术图书是一项十分有意义的学术工程,可以让两岸民众更加了解漳州与台湾的渊源关系,进而增进理解与认同,促进交流与合作。出版社与漳州市密切配合,组织有关专家,历时多年,撰写了一套《漳州与台湾关系丛书》共8种,从寻根问祖到现实交往,全面历史地阐述了两地的关系,资料翔实,论述精当,为进一步加强两岸的交往发挥了文化支撑作用。

《漳州与台湾关系丛书》共8册,200多万字,包括《漳台关系史》《漳州人与台湾开发》《漳台经贸关系》《台湾政要的漳州祖根》《漳州涉台文物》《漳台闽南方言童谣》《漳州芗剧与台湾歌仔戏》和《漳台民间信仰》等,这些书涵盖漳台血缘、神缘、人物、文物、地名、经贸、民俗、语言、戏剧等各方面,是一套系统介绍漳台关系发展全貌、展现两岸同根共源,集史料性、可读性为一体的历史专著和通俗读本,《丛书》全面系统地收集挖掘了漳州与台湾关系史料,多层次展现了漳台关系的丰富内涵,介绍了

源远流长的漳台经贸交流历史与各种不同的形式,展示了台湾政要与漳

州祖地的血脉源流，以及先民迁徙开发宝岛的历史，并以实物遗存的文物，见证漳台从史前至今各个历史阶段经济、文化、交流、发展的进程等。

《丛书》是一套两岸专家学者携手打造、通力合作的结晶，阵容强大，实力雄厚。编委会组织了多轮讨论会、审稿会，有200多人次对各册书稿进行修改、审核把关。每部书稿都由一位大陆专家和一位台湾专家进行审阅，几经修改，反复讨论，数易其稿，力求使《丛书》集两岸学界之智慧，为两岸同胞所认同。这套丛书是两岸文化交流的一项新成果。

此外，我们还出版了《漳州与台湾族谱对接指南》。漳州与台湾族谱对接指南》是在系统梳理近年来漳台族谱对接成果的基础上编撰而成，全书共178万字，分为7部分，详细介绍了漳人迁台历史、各姓迁台概况、族谱对接提要、宗祠庙宇对接、台胞回乡省亲等内容。其核心内容是撰述了千部漳州与台湾族谱对接提要，是在广泛收集漳州与台湾各姓族谱的基础上，经两岸专家学者进行对接研究而成的。为两岸同胞提供丰富、准确的血缘信息，促进两岸和平发展，促进两岸民间血缘文化的交流融合，是一部海内外漳州人知根识源、寻根谒祖的血缘地图和服务指南。通过这两套书的出版，推动两岸之间祖根文化的研究、交流与合作，共同提升研究水平，促进了两岸民众的情感互动。

我们坚持学术为本，以学术为纽带，把涉台图书做强做大，在大学出版社中形成了独具的特色，有关台湾的出版物蔚为大观，成为海峡两岸文化交流的一座壮丽的桥梁。

为特区建设和发展鼓与呼

（本文原载《厦门大学学报》2008年11月9日）

厦门大学出版社是福建省唯一的高校出版社，在为高校教学科研与厦门大学发展服务的同时，也把为厦门特区的理论建设和文化传播作为自己的崇高使命。建社20多年来，服务厦门特区建设与发展的出版物据不完全统计达 300 多种,这些出版物见证了厦门特区的发展成就、理论探索,还传播了厦门特有的历史文化,不仅为厦门特区建设和发展做出了现实的贡献,也为厦门积淀了一份丰厚的精神文化成果。

一、展示特区建设与发展理论研究成果的园地

厦门大学出版社成立的时候正是厦门经济特区走过了最初的探索与大胆实践的阶段,厦门特区如何实现新一轮的跨越,需要在理论上进行研究,把实践升华为新的认知。我们及时出版了《厦门经济特区建设与发展研究》一书,内容涉及厦门战略地位、发展历程、选择模式、建立特点、外资作用,以及深化改革有关方面的问题。全书突出了厦门对台地位、实行自由港某些政策的两个核心问题,全面论述了特区创业历程光辉发展前景。本书理论联系实际,重视总结经验,观点新颖,资料翔实,在当时对深入认识和研究特区经济问题,具有重大的参考价值。紧接着我们又出版了《厦门特区二次创业战略研究》,总结了厦门特区经过去15 年艰苦奋斗,取得了令人瞩目的变化,本书从宏观经济的角度,对二次创业中的若干经济发展问题做了深入的探讨。特区在发展的过程中,不断承载着新的任务和使命,充分发挥经济特区的示范、辐射和感动作用,这就需要在充分调研的基础上,探究新一轮跨越式发展的新思路。我们从 1997 年开始,按年度出版了《厦门经济特区经济体制改革调研》连续出版物,选编了厦门体制改革工作难点和热点问题的理论探讨文章,汇编成集,这些理论文章涉及了对深化厦门国企改革、股份制改革、

完善社会保障体制、建立中小企业服务体系、拓展利用外资渠道、建立科技风险投资基金、金融体制改革、推进经济市场化、深化行政、企事业单位改革等等展开探讨,提出了具有针对性的见解。我们出版的《创新厦门崛起海西——建设厦门科学技术创新型城市》,内容包括厦门自主创新能力建设现状、区域科技创新体系建设形势和主要问题、加快区域科技创新体系建设的主要任务、建设区域科技创新体系的对策等。这一大批图书载体的理论成果探索了厦门经济特区前进中的发展之路,为当今厦门经济特区如何努力成为科学发展先行区作了理论上的准备。

二、反映特区精神文明建设的窗口

厦门是全国精神文明建设的先进单位,它不仅在经济建设上取得了辉煌的成就,而且是美丽宜人、管理先进、和谐温馨的城市。长期以来,我们出版的图书全方位地反映了厦门精神文明的成就。我们出版的《与时俱进开拓未来——创建全国文明城市》《构筑成向 21 世纪的精神文明大厦》两书,全面阐述了厦门市在经济特区的环境里如何搞好精神文明建设的指导思想、奋斗目标与实际举措,对厦门经济特区精神文明建设进行了整体规划,体现强烈的时代感。《厦门市民道德教育读本》《以人为本和谐社区》《厦门爱国主义教育手册》《公民德育教程》等书正面反映了厦门精神文明建设的举措,为提高市民的基本素质发挥了积极的作用。特别值得一提的是,我们出版的《城市空间—真实·想象·认识—厦门城市空间与建设发展历史研究》一书,对如何建设一个现代化的、以人为本的厦门城市提供了有益的探索。城市空间是由事实城市、想象城市、认知城市三方面的原型共同构成的,本书作者以此作为本体论基础和认识论框架对城市建设的理论和方法进行系统研究,并以厦门为个案进行完整的实证研究,通过实态、规划以及量化评价的叠合分析,可以全面了解城市空间形态与结构发展的历史脉络,以及城市空间发展的特征及趋势。这为建设一个具有自己独特个性与面貌的厦门城市提供了参照系。我们还出版了一部独特的图书,这是一位在厦门监狱服刑人员在狱中的改造期间书写的著作《心灵的天籁》,它以读书读报笔记体的形式,从一个新颖的角度体悟人生观、价值观、由表及里层层阐述人生,拨开眼前的迷雾,反映了一个罪犯通过学习教育改造,提升了精神境界,它虽是厦门精神文明建设的一个独特个案,也从一个侧面反映出厦门精神文明建设的成绩。

三、传播厦门历史文化的桥梁

厦门深厚的历史文化积淀是它有别于特区之处,也是厦门经济特区发展的丰厚文化土壤。我们把弘扬厦门历史文化作为自己为厦门经济特区服务的一个重要方面。我们把厦门大学外教潘维廉教授打造成一张厦门对外的"名片"。潘维廉教授对厦门情有独钟,以中英文的形式书写了一批以厦门为题材的图文并茂的图书,深受读者的喜爱。他的著作《魅力厦门》《魅力鼓浪屿》以一个长期居住工作在厦门的外国人的视角,对厦门林林总总的文化现象作了全方位的描述,在对外宣传方面产生了独特的影响。每凡厦门重大的中外交流活动，他的著作都吸引了众多的眼球。我们还与厦门社科联合作，每年出版数部以厦门为研究对象的学术著作，有力地提升了厦门的文化品位，也为政府的决策提高了参考。我们出版的《厦门文史丛书》现已出版十几种，如《厦门音乐家》《厦门名人故居》《厦门电影百年》《厦门史地丛谈》《厦门古代建筑》《厦门绮丽山水》《厦门闾里记忆》《厦门旧影新光》《厦门体坛百年》等等，这些追述厦门历史人文发展轨迹的图书，对发展海峡两岸关系产生了亲和力。在文学艺术方面我们也出版了一批富有厦门地方特色的图书，如《歌仔戏的生存与发展》《林鹏翔答嘴鼓艺术》《高甲戏传统曲牌》《厦门同安农民画作品选》等，都极具独特性。

在纪念改革开放 30 周年之际，我社推出了《厦门三十年》、《厦门发展蓝皮书》等一系列著作，为厦门特区的建设和发展抒写了浓墨重彩的一笔。

悠悠往事：1987 年的记忆

（代后记）

　　1985 年在中国出版史上是划时代的年份，全国出版社的数量发生了令人惊诧的突变，原来每个省份只有一家出版社—人民出版社，这年各省人民出版社的主要编辑室一跃变身为独立的出版社，如科技出版社、文艺出版社、少儿出版社、美术出版社、教育出版社等等，福建人民出版社还在厦门设立了副牌社"鹭江出版社"。大学出版社原来只有为数很少的几家，一大批新的大学出版社也在这一年如雨后春笋般诞生了，厦门大学出版社应运而生，在这一年宣告获批成立。好个"忽如一夜春风来，千树万树梨花开"的景象。这一规模格局此后30年基本未再有变化，只有小的微调。

厦门大学出版社刚成立时，暂借囊萤楼一楼的一间房间开张，但领导班子的构架却很庞大，为"招兵买马"摆开了架势，足见当时学校目光长远，雄心壮志。

但地方出版社的扩张是在原有出版队伍的基础上繁衍的，而大学出版社则是一切从零开始，且不说如何运作需要从头学习，队伍也是从教学科研人员中调集而来，万事开头难，考验着大学出版社的开路先锋们。

1987年，我就是在这样的背景下，从学校党委宣传部来到厦门大学出版社的。其时出版社已成立两年多，出版社已搬迁至经济学院大楼，不过社长却换了两任，编辑只有三四人。这年3月周勇胜先生从学报编辑部主任岗位上调任出版社总编辑，9月又兼任社长，随后不久又兼任党支部书记，他以开放的胸怀和气魄，广纳人才，这一年，除我之外，陈森镇、陈子雄、蒋东明、宋文艳、黄茂林等人先后来到出版社，充实了显得有些凋敝的出版队伍。

我来社里之前，原来的编辑队伍分两类人，一是从教学岗位转来的，二是从本校应届毕业生分配来的。我的到来则是个例外，是个已有10年编龄的编辑，带着编辑（中级）职称到社里，是社里第一个有编辑出版专业职称的人。今天我写这篇短文,要特别感谢时任校党委宣传部部长的洪桂芳同志,那年宣传部第一次得到评职称的名额,有两名编辑(中级)职称的名额。在他的力主下,我评上了职称,之后又同意我调出宣传部。现在的年轻人不能想象"同意调出"四个字的艰辛难度,那年月"调动"是几同难于上青天的事啊!

我在出版社编辑的第一本书是散文集《风雪人间》,这部著作是丁玲回顾在北大荒岁月的作品。著名作家丁玲是我校的兼职教授,1981年曾前来参加厦门大学60周年校庆,对厦大有深厚的感情。她于1986年3月逝世,临终前交代将她的作品、部分手稿及照片等赠送厦门大学,以表示她对厦门大学的深情。厦门大学出版社征得陈明先生的同意,得以率先出版她的遗作《风雪人间》。记得是刚卸任不久的郑文贞副总编交给我来处理的,我到出版社时,郑老师已调任中文系系主任,手头上尚有一些出版社的事情未处理完毕。特别要提及的是,是他和周勇胜总编鼎力支持我到出版社的。这部书出版后,我写了一篇书评《爱,信念和希望》,刊发在当时发行量很大且权威的《博览群书》上,在当时读书风气很盛的年代,影响了读者的兴趣,首印15000册进入市场后,因本书与其他流行的"伤痕文学"有所不同,得到较好的市场表现。可喜的是,翌年本书荣获福建省首届优秀图书编辑奖一等奖。

我当年编辑的第二本书是《广告原理与方法》。本书的作者陈培爱老师是我中文系的同学,他以敏锐的目光和胆识,从中文系转到新开办的新闻系,并首开广告学课程。我到出版社时,他刚完成了中国大陆第一部广告学教材《广告原理与方法》的初稿。因缘际会,我就成了这部书的责任编辑。后来,我社的广告学图书成了气候,与这部教材在全国率先出版密切相关。我社出版的广告学教材,对这一学科的建设产生了重要作用,厦门大学成为中国广告人的"黄埔军校"与我社的贡献密不可分。这是出版社与学科建设实现"双赢"的一段佳话。

我到出版社时,算是单位的新人,但也是个有 10 年编辑经历的"老人"。到社不久,当年我策划出版了《现代人的风采》小丛书,这套小丛书共设计为三册,分别为《大丈夫的小经验》《人生竞技场》《少男少女的憧憬》。选题报告呈送周总编后,得到他的大力肯定,要求立即进入实施。当时同为 1987 年进入出版社的东明、文艳、茂林各认领了一本作为选编者,他们热情很高,行动迅速,很快就编选出来,我也及时编辑完毕。书上没有署主编,各册书的选编者也是著化名,大家都没有额外报酬。那是个讲事业不计报酬的年代。翌年出版,首印 23000 册,不久就销售一空。日前,在家里翻出了这套书,但不全,仅存两种书,见封底赫然印着:装帧设计吴晓平。那时节,封面设计均为出版科三位同志自己设计,还偶见东明也加入设计行列,而且都是手绘设计的。记得我社用电脑设计图书封面应是 1998 年的事。

当年年底我还与时任副社长的庄呈芳老师到福州组织了《初中文言文注译》一书,我任责任编辑。该书首印十几万册,由新华书店经销一空,取得很大的经济效益。

这些初入出版社的点滴事情,鲜明地进入周勇胜总编和陈天择社长的视野。他们怀着惜才爱才之心,对我这棵成长中的小树,倾心施肥、浇灌和养护,正是他们一步步的提携和栽培,才有我后来为出版社肩挑重任的一点能耐。他们是我的恩师。

悠悠往事已过去 28 年了,1987 年,那是我记忆中的火红岁月。

抚今追昔,厦大出版社如今已然成为大学出版界的一支劲旅,我为我们出版社成为一家名社感到无比自豪,曾试写了一首社歌歌词,现录于此,以表心声:

开花的书页,

流淌着馨香,

那是我们出版人,

智慧和汗水的浇灌。

与作者有约,

与读者有约,

与市场有约。

架设知识桥梁,

繁荣学术文化,

我们在大学出版园地,

添加人类进步的阶梯,

为人作嫁追求灿烂。

百花齐放、百家争鸣,

投身商海弄潮,

我们在大学出版园地辛勤耕耘。

放歌书林、独秀东南,

收获学术之美，

我们是厦大一颗明珠止于至善。

作　　者

2015 年元旦于厦门大学

图书在版编目(CIP)数据

总编辑手记/陈福郎著. —厦门:厦门大学出版社，2015.1
ISBN 978-7-5615-5388-6

Ⅰ.①总… Ⅱ.①陈… Ⅲ.①出版工作－中国－文集②编辑工作－中国－文集
Ⅳ.①G23－53

中国版本图书馆 CIP 数据核字(2015)第 010468 号

官方合作网络销售商： dangdang.com　亚马逊amazon.cn　JD.COM京东

厦门大学出版社出版发行

(地址:厦门市软件园二期望海路 39 号　邮编:361008)

总编办电话:0592-2182177　传真:0592-2181253

营销中心电话:0592-2184458　传真:0592-2181365

网址:http://www.xmupress.com

邮箱:xmup @ xmupress.com

厦门集大印刷厂印刷

2015 年 1 月第 1 版　2015 年 1 月第 1 次印刷

开本:720×1000　1/16　印张:21.75　插页:6

字数:250 千字

定价:39.00 元

本书如有印装质量问题请直接寄承印厂调换